Dietmar Jaegle · Das Subjekt im und als Gedicht

Dietmar Jaegle

Das Subjekt im und als Gedicht

Eine Theorie des lyrischen Text-Subjekts am Beispiel deutscher und englischer Gedichte des 17. Jahrhunderts

M&P
VERLAG FÜR WISSENSCHAFT
UND FORSCHUNG

Die Deutsche Bibliothek – CIP-Einheitsaufnahme

Jaegle, Dietmar:
Das Subjekt im und als Gedicht : eine Theorie des lyrischen Text-Subjekts am Beispiel deutscher und englischer Gedichte des 17. Jahrhunderts / Dietmar Jaegle. – Stuttgart : M und P, Verl. für Wiss. und Forschung, 1995
Zugl.: Stuttgart, Univ., Diss.
ISBN 978-3-476-45131-6

ISBN 978-3-476-45131-6
ISBN 978-3-476-04227-9 (eBook)
DOI 10.1007/978-3-476-04227-9

M & P Verlag für Wissenschaft und Forschung
ein Verlag der J.B. Metzlerschen Verlagsbuchhandlung und
Carl Ernst Poeschel Verlag GmbH in Stuttgart

Ursprünglich erschienen bei J.B. Metzlersche Verlagsbuchhandlung
und Carl Ernst Poeschel Verlag GmbH in Stuttgart 1995

Meinen Eltern

Danksagungen

Der anregende und kritische Umgang mit Literatur in Theorie und interpretatorischer Praxis, wie ihn die Betreuer dieser Arbeit, Professor Klaus H. Hilzinger und Professor Hans Ulrich Seeber, pflegen, hat bereits mein Studium wesentlich beeinflußt. Für ihre vielfältige Unterstützung und Ermutigung, besonders während der Abfassung dieser Arbeit, möchte ich ihnen herzlich danken. - Meine Verlobte, Alexa Günther, hat genau und kritisch gegengelesen. Daß ich ihr für weit mehr als diese Mühe danke, weiß sie! - Die Diskussionen im Doktorandenkolloquium am Lehrstuhl für Neuere Deutsche Literatur II (Professor Klotz) und die Gespräche danach haben meinem praktischen und theoretischen Umgang mit literarischen Texten nicht selten neue Impulse gegeben. - Danken möchte ich schließlich dem Land Baden-Württemberg, das mir im Rahmen der Landesgraduiertenförderung zur Abfassung dieser Arbeit ein zweieinhalbjähriges Stipendium gewährte.

INHALT

1 An-, Vor- und Gegensätze

1.1 Ebenen der Subjektproblematik, grundlegende Konzepte

Die Literatur, in der das Subjekt unter verschiedensten Gesichtspunkten thematisiert wird, ist längst unüberschaubar geworden. Das ist kaum verwunderlich. Schließlich erweist sich die Frage nach dem Subjekt[1] zumeist als ganzes Fragenbündel, das die Probleme des (Selbst-)Bewußtseins, der Subjektivität, Personalität und Individualität miteinschließt. Wer nach dem Subjekt fragt, fragt letztlich nach den Grundlagen der (neuzeitlichen) westlichen Philosophie.

In der vorliegenden Arbeit werden Konzepte aufgegriffen, die der kulturellen und damit auch philosophischen Überformung des Phänomens Subjekt quasi zuvorzukommen suchen: im Mittelpunkt systembiologischer und kognitionswissenschaftlicher Interessen stehen nicht ding-fest gemachte 'Subjekte', sondern die Voraussetzungen jedweder Subjektkonstitution bzw. -konfiguration. Nicht (philosophisch) abstrakt, sondern in seinen (selbsterzeugten) Zusammenhängen suchen Humberto R. Maturana und Francisco J. Varela (und mit ihnen Systemtheoretiker und Konstruktivisten) den Menschen zu verste-

---

[1] *Die Frage nach dem Subjekt* ist ein von Manfred Frank, Gérard Raulet und Willem van Reijen herausgegebener Band überschrieben, der neuere Aufsätze v.a. deutscher und französischer Autoren zum Thema enthält und sich gut zur Einführung in die zeitgenössische philosophische Debatte um den Status des Subjekts eignet (Frank/Raulet/Reijen 1988). Mit der analytischen Philosophie der Subjektivität setzt sich Manfred Frank in seiner Essaysammlung *Selbstbewußtsein und Selbsterkenntnis* (Frank 1991) auseinander; für die philosophischen und psychologischen *Dimensionen des Selbst*, genauer: für *Selbstbewußtsein, Reflexivität und die Bedingungen von Kommunikation* interessieren sich die Beiträger eines Sammelbandes von Bertram Kienzle und Helmut Pape (Kienzle/Pape 1991). Christoph Riedels *Subjekt und Individuum* gibt Grundzüge zur Geschichte des philosophischen Ich-Begriffs. De facto verfolgt Riedel den "Ich-Gedanken als Bedingung der philosophischen Reflexion" (Riedel 1989, 146) von der (abendländischen) Antike bis zur (abendländischen) Gegenwart. - Interessiert v.a. an der krisenhaften Ich-Thematisierung in der (englischen) Prosa des 19. Jahrhunderts, gibt K. Ludwig Pfeiffers Aufsatz doch, entsprechend seinem Titel, einführend Auskunft über "Subjekte, Texte und Geschichte. Momente und Modelle einer historischen Subjekttheorie" (Pfeiffer 1989). *Multidimensionale Entwürfe* des *Bewußtsein[s]* in den (Natur-)Wissenschaften stellt schließlich der gleichnamige, anregende Sammelband zur Diskussion (Guttmann/Langer 1992).

hen.[2] Auch und besonders als Wesen, dessen (Bewußt-)Sein (nur) zusammen mit Sprache zu (be)denken ist (Maturana/Varela 1987, 221 ff.). Nicht zuletzt diese Reflexion auf die grundlegende Bedeutung von Sprache macht die Bedeutung der Gedanken Maturanas und Varelas im Zusammenhang dieser Arbeit aus.

Kognitionswissenschaft[3] und -technik, "die bedeutendste theoretische und technische Revolution seit der Atomphysik", "ist ein Mischgebilde aus mehreren Disziplinen, die alle ihre besonderen Ansätze und Überzeugungen haben und in starken Wechselwirkungen untereinander stehen" (Varela 1990, 25). Am Projekt einer Kognitionswissenschaft und -technik arbeiten Kognitive Psychologie,[4] Neurowissenschaften, Künstliche Intelligenz, Linguistik und Epistemologie (Varela 1990, 28). Die Vorstellung einer adäquaten Abbildung bzw. Wahrnehmung sogenannter Wirklichkeit wird in Varelas handlungsbezogener Kognitionswissenschaft ersetzt durch das Konzept der Gangbarkeit (Viabilität). Kognition bringt "in kreativer Weise eine Welt hervor[...], für die die einzige geforderte Bedingung die ist, daß sie erfolgreiche Handlungen er-

---

[2] So gelten z.B. soziales System und Individuum als untrennbar (vgl. Riegas/Vetter 1991, 32). Das Denken der Soziologen Niklas Luhmann (dem Maturana allerdings mit Skepsis gegenüber steht [s. Riegas/Vetter 1991, 39 f.]) und Peter M. Hejl (vgl. Hejl 1991) verdankt der Systembiologie und Kognitionswissenschaft denn auch bekanntlich entscheidende Impulse.

[3] *Grundlagen, Probleme, Perspektiven* der *Kognitionswissenschaft* darzustellen, verspricht der so überschriebene Sammelband von Dieter Münch (Münch 1992). Tatsächlich aber befassen sich sämtliche darin abgedruckten Beiträge nur mit Computermodellen des Geistes, d.h. mit der "inzwischen zur Orthodoxie der Kognitionswissenschaft verfestigt[en]" (Varela 1990, 19) Tradition des Kognitivismus, wie er v.a. von Forschern an der Ostküste der USA vertreten wird.

[4] Über den "gegenwärtigen theoretischen Umbruch in der Kognitionspsychologie" informiert Odmar Neumann (Neumann 1992). Neumanns kurzer Überblick, zu lesen auch als notwendige Korrektur des Münchschen Sammelbandes (Münch 1992), zeigt, wie und warum in der Psychologie der Informationsverarbeitung an die Stelle der kognitivistischen "Computer-Analogie [...] im Konnektivismus die Gehirn-Analogie" getreten ist; "'the ultimate metaphor for the brain: the brain', wie es der holländische Kognitionspsychologie Lex van der Heijden [...] sarkastisch [...] formuliert hat". Statt "regelrechte[r] Computer-Programme" treten in der konnektionistischen Psychologie der Informationsverarbeitung Modelle "quasi-neuronale[r] Netze" (Neumann 1992, 50).

möglicht: sie gewährleistet die Fortsetzung der Existenz des betroffenen Systems mit seiner spezifischen Identität." (Varela 1990, 110)[5]

Wenn in dieser Arbeit Thesen aus Systembiologie und handlungsbezogener Kognitionswissenschaft aufgenommen werden, so soll damit keineswegs die große Bedeutung eines philosophischen Selbstverständnisses in den Köpfen und Texten der Subjekte, d.h. auch: der Dichter und ihrer Leser, geleugnet werden. Schließlich funktioniert philosophisches Vokabular, die Bausteine jeder Ideengeschichte liefernd, bewußt oder unbewußt gleichsam als Filter der biologischen Grundlagen des menschlichen Bewußtseins. Auszugehen ist daher von zwei Ebenen der Subjektproblematik. Von

- einem kulturbedingten und kulturspezifischen (Nachdenken über das) Subjekt auf der Grundlage von
- allgemeinen und verbindlichen biologischen Möglichkeiten und Modifikationen des Denkens und damit auch der Subjektkonstitution.

Will man eine reduktionistische Diskussion über das Subjekt vermeiden, dann gilt es, beide Ebenen aufeinander zu beziehen und damit ihre wechselseitige Bedingtheit anzuerkennen.

1.2 Subjekt-Denken

1.2.1 Natur- und Geisteswissenschaften

Nicht allein in den (post)modernen Geisteswissenschaften werden traditionelle Subjektkonzepte allenthalben zum Streitpunkt. Auch in den Naturwissenschaf-

[5] Zurückgewiesen wird in Varelas Ansatz also die computionale Position des Kognitivismus, der Kognition als regelgeleitete Symbolverarbeitung begreift. Die handlungsbezogene Orientierung der Kognitionstheorie durch Varela geht vielmehr von der konnektivistischen (konnektionistischen) Vorstellung von Kognition aus und "noch einen Schritt weiter in die gleiche Richtung", bezieht sie doch auch "die Zeitlichkeit des Lebensprozesses ein, als Spezies (Evolution), als Individuum (Ontogenese), und als gesellschaftliches Muster (Kultur)" (Varela 1990, 111).

ten wird der Status des Subjekts intensiv in Frage gestellt.[6] So gibt es also nicht nur unter den Philosophen

> neben überzeugten Verteidigern des Ich als dem unumstößlichen Ausgangspunkt der [...] (Selbst-)Reflexion und jedes wissenschaftlichen Denkens [...] Skeptiker, die in der Vorstellung eines Ich, welches über sich selbst nachdenkt und über sich selbst etwas sagt und dabei zu bedingungslos gültigen Einsichten, sogar zur Grundlage jeder Wahrheit kommt, eine große Illusion sehen. (Reijen 1988, 373)

Daß Natur- und Geisteswissenschaften mit verschiedenen Absichten und vor dem Hintergrund jeweils verschiedener Erkenntnisinteressen und Machtansprüche forschen und fragen, also mit unterschiedlichsten Ergebnissen, macht Signifikanz und Komplexität der Fragestellungen nur um so deutlicher. Tatsächlich ist ein abendländisches a priori, das Subjekt, fragwürdig geworden. Oder, wenn man so will, als fragwürdiges erkannt worden. Und mit ihm jahrhundertealte Denkmuster. Sicher ist, daß mehr als ein Spiel auf dem Spiel steht, geht es doch um den Status des Spielers selbst, sozusagen um den archimedischen Punkt abendländischer Philosophie und Wissenschaft.

Die "Linien der Leugnung, die von gewissen Elementen bei Nietzsche zu Lacan und Foucault führen",[7] verzweigen sich heute also vielfach, die "Leere des Subjekts" (Steiner 1990, 261) wird von Philosophen, Psychologen und Soziologen entweder enthusiastisch verkündet oder energisch dementiert.[8]

---

[6] Besonders die moderne Physik wurde unter dem Einfluß von Relativitäts- und Quantentheorie zu einem richtungsweisenden Paradigmenwechsel gezwungen. Dabei galt es auch, die Rolle des (Versuchs-)Beobachters, des scheinbar unbeteiligten Erkenntissubjekts neu, d.h. als Partizipierenden, zu bestimmen. Mit Erkenntnissen und Theorien der neuen Physik, welche die Vorstellungen von subjektunabhängigem Forschen und einer 'wirklichen' Wirklichkeit obsolet erscheinen lassen, macht Gary Zukav vertraut (Zukav 1987). - Auffallend und inzwischen vielfach erörtert ist die oft weitgehende Übereinstimmung zwischen der modernen Physik und östlichen Philosophien, verstehen doch diese wie jene die 'Realität' als ein einziges nicht-duales Geflecht, als unauftrennbares Muster, das sich erst durch grenzziehende Begrifflichkeiten und Messungen in die problematische Vielfalt der Erscheinungen, in getrennte 'Objekte' und 'Subjekte' aufspaltet.

[7] Über Lacans, Foucaults und anderer französischer Denker Umgang mit dem Subjekt-Begriff verschaffen einen ersten Überblick: Frank 1983, v.a. 237-498, Taureck 1988, 95-179.

[8] "Subjekt- und sozialisationstheoretische Entwürfe zum imaginären Selbst der Moderne" in der heutigen Psychologie (Lorenzer, Lacan u.a.) und Soziologie (Habermas) diskutiert Werner Helsper in seiner Arbeit zum Thema *Selbstkrise und Individuationsprozeß* (Helsper

Mutmaßungen über den Status des Subjekts, gar über "eine historisch wahre Geschichte des Subjekts" (Gauchet/Westerwelle 1990)[9], haben sogar in den einschlägigen Feuilletons und Zeitschriften ihren Platz gefunden.

Vielleicht ist damit die Peripetie erreicht, denn es mehren sich die Anzeichen, daß sowohl die Verteidiger der *Unhintergehbarkeit von Individualität* (Frank 1986) als auch die Demonteure von Subjekt, Person und Individuum der Debatte langsam überdrüssig werden. Und das, obwohl - oder weil - ein wirklicher Dialog zwischen den konträren Positionen kaum stattgefunden hat bzw. stattfindet. Daß man der eventuellen Problematik einer der philosophischen westlichen Tradition verpflichteten Subjektkonzeption nicht dadurch entkommt, daß man sie ignoriert oder versucht, hinter ein bestimmtes Reflexionsniveau bzw. Problembewußtsein, zurückzugehen, sollte sich von selbst verstehen.

1.2.2 Die Historisierung des Subjekts

Einen Ausweg aus dem Prozeß, der dem Subjekt so oder so gemacht wird, eine Möglichkeit, um definitive 'ist gerichtet'- oder 'ist gerettet'-Rufe herumzukommen, scheint die Historisierung von Subjekt bzw. Subjektbegriff. Läßt sich doch die Geschichte seines Entstehens, seines Aufstiegs gegebenenfalls durch eine Geschichte seines Scheiterns bzw. Verschwindens ergänzen.[10]

1989). V.a. "an pädagogischen, aber auch an psychologischen, soziologischen und philosophischen Aussagen über das Zustandekommen einer Identität von Menschen" orientiert sich "in begriffskritischer Haltung" Annette M. Stross in ihrer Untersuchung zur *Ich-Identität [z]wischen Fiktion und Konstruktion* (Stross 1992, 1). Es ist im Rahmen der vorliegenden Arbeit nicht möglich, den anregenden Spuren der philosophischen, psychologischen und soziologischen "Suche nach dem Subjekt und nach der Subjektlosigkeit" (Taurek 1988, 5) explizit nachzugehen.

9 Bedenkenswerter als die kühne Behauptung bzw. Forderung, im Titel des Interviews mit Gauchet sind seine Argumente, d.h. die Annahme, "daß man das individuelle Subjekt nur als eingeschachtelt in eine Struktur verstehen kann, die auf ihre Art ein Subjekt ist. [...] Der essentielle Aspekt [...] besteht darin, die Idee vom Subjekt vollkommen zu öffnen, sie zu öffnen, indem ich das Individuelle und das Kollektive zusammendenke" (Gauchet/Westerwelle 1990, 675 f.).

10 Kapitel zu einer solchen Geschichte lieferte bekanntlich Michel Foucault, dessen erklärtes Ziel es war, "to study [...] the way a human being turns him- or herself into a subject" (zitiert nach: Taureck 1988, 165). Foucaults Methode ist - wie inzwischen vielfach kritisiert

Doch die grundsätzlichen Probleme und Aporien historischer Forschung bleiben.[11] Und so kann dem Subjekt beispielsweise auch in der von Philippe Ariès und Georges Duby herausgegebenen *Geschichte des privaten Lebens* (Ariès/ Duby 1989 f.) eben lediglich post festum und auf der unsicheren Grundlage oft zufällig überlieferter Texte nachgeforscht und über seine Ursprünge in der Geschichte nur gemutmaßt werden. Da einer solchen Suche nach dem Subjekt in der Geschichte bereits ein Begriff vom zu Suchenden notwendig vorausgehen muß, ist das Phänomen Subjekt aus der Geschichte allein nicht zu begreifen, der Begriff aus ihr allein nicht zu gewinnen. 'Momentaufnahmen', zu denen die Quellenlage den Historiker stets mehr oder weniger zwingt, können, so ist zu vermuten, stets als Bilder eines Anfangs ausgegeben werden.

So kann es nicht verwundern, daß *Die Erfindung des modernen Menschen*[12] je nach (Re-)Konstruktionsstandpunkt und -kriterien je verschiedenen Epochen zugeschrieben wird. Für Jacques Le Goff schlägt "die Geburtsstunde des europäischen Individualismus" bereits im 12. und 13. Jahrhundert.[13] Noch

---

- nicht unproblematisch. Zu idiosynkratisch ist vielleicht auch die Wahl der (brüchigen) Geschichten, als deren (Unterwerfungs-)Effekt Foucault das Subjekt verstanden wissen will. Manchmal zu schnell führen Foucaults Begrifflichkeit und Generalisierungen zur Verabschiedung des Subjekts. Daß Foucault das Verschwinden des Subjekts über weite Strecken seines privaten und schriftstellerischen Lebens positiv bewertete, vielleicht sogar, was ihm zu wanken schien, zu stürzen suchte, verringert die Bedeutung seines Werks nicht. Gerade in seiner Voreingenommenheit kann das Werk Foucaults deutlicher als manch anderes auf eine Korrelation von persönlichem Wunschdenken und wissenschaftlicher Argumentation aufmerksam machen, die als - meist verdeckte - Unterströmung den Diskurs über das Subjekt beherrscht.

11 Darauf, daß "[a]uch Klio dichtet", und auf "die Fiktion des Faktischen" hat wiederholt Hayden White hingewiesen; für ihn untersteht auch das von Historikern verwaltete Wissen den Gesetzen der Rhetorik (White 1991). U.a. zu diesem Problem beziehen führende Historiker (Emmanuel Le-Roy Ladurie, Claude Lévy-Strauss, Lawrence Stone, Paul Veyne u.a.) Stellung in Ulrich Raulffs Sammelband *Vom Umschreiben der Geschichte. Neue historische Perspektiven* (Raulff 1986).

12 So heißt ein Buch des Kultursoziologen und Mentalitätsforschers Robert Muchembled, in dem er - in Anlehnung an Norbert Elias - das Entstehen des 'modernen Menschen' aus der Gefühlsdifferenzierung und den kollektiven Verhaltensweisen der Menschen im 16., 17. und 18. Jahrhundert zu verstehen sucht (Muchembled 1990).

13 So nachzulesen u.a. in einem Gespräch mit Joachim Fritz-Vannahme: "Die Erfindung der Seele. Über Wucherer, Kopf-Arbeiter und die Geburt der Moderne aus dem Geist des Fegefeuers. Ein ZEIT-Gespräch mit dem französischen Historiker Jacques Le Goff", in: *Die Zeit*, Nr. 16 vom 12.4.1991. - Auch die Literaturwissenschaft hat sich für die Rolle(n) des

genauer glaubt Paul Oppenheimer *The Birth of the Modern Mind* ausmachen zu können. Für ihn gehören *Self, Consciousness, and the Invention of the Sonnet*, so der Untertitel seines Buchs, ursächlich zusammen (Oppenheimer 1989). Selbst wenn man Oppenheimers Thesen gegenüber skeptisch bleibt - er deutet "the great new facts of silence, introspection, and self-consciousness" als Ergebnis und Folge der "lyric of the private soul" (Oppenheimer 1989, 40) Giacomo da Lentinos und seines Kreises am Hof Friedrich des II. im 13. Jahrhundert -, deutlich wird doch einmal mehr, wie wichtig Schriftlichkeit als Bedingung der Möglichkeit von Selbstbewußtsein und Subjektivität genommen werden muß.[14]

Die Bedeutung der Renaissance für die Herausbildung von Individualität und Subjektbewußtsein ist seit Jacob Burckhardt bis heute vielfach betont und untersucht worden (vgl. z.B. Ariès/Chartier 1991). Virulentes Gedankengut brach sich in der Theologie der Reformation Bahn. Immanenz und Transzendenz berühren sich im einzelnen (protestantischen) Gläubigen, dem der unvermittelte, persönliche Kontakt zu Gott Möglichkeit und Pflicht zugleich wird. Daß man auch dem 17. Jahrhundert mit (mindestens) ebenso guten Gründen eine wichtige Rolle bei der Herausbildung eines Subjektbewußtseins zuweisen kann, ist eine Grundannahme dieser Arbeit (vgl. 1.7).

Ichs im Mittelalter interessiert. Im "Ich" des hochmittelalterlichen Minnesangs vermag Klaus Grubmüller jedoch (noch) nichts Individuelles zu erkennen, er betrachtet es als "Rolle" und "'Subjektivität' als höfische Kategorie" (Grubmüller 1986). Claudia Händl analysiert den Minnesang nach Walther von der Vogelweide bezeichnenderweise unter dem Aspekt *Rollen und pragmatische Einbindung* (Händl 1987). In der Lyrik des Spätmittelalters glaubt Albrecht Classen einen grundsätzlichen Wandel beobachten zu können: die europäischen Dichter erblickten "im literarischen Erzeugungsprozeß ganz unvermutet eine Möglichkeit [...], über sich selbst zu reflektieren und erst dadurch ihr Bewußtsein als Dichter zu konstituieren" - für Classen der Beginn *[a]utobiographische[r] Lyrik* (Classen 1991, 591). Überlegungen zum poetischen Ich in der altenglischen Lyrik bzw. zum Thema "[l]yrisches Ich und Öffentlichkeit bei den Trobadors" stammen von Ursula Schaefer (Schaefer 1989) bzw. Rainer Warning (Warning 1979). Genannt sei schließlich noch David Lindley, der im Rahmen seiner Überlegungen zum "lyric 'I'" "the variousness of the ways in which lyric poems deploy a first-person speaker" (Lindley 1985, 49) auch in bezug auf mittelalterliche Lyrik nachgeht (Lindley 1985, 51-57).

[14] So verstehen z.B. Ivan Illich und Barry Sanders "Denken und Sprache, Lüge und Gedächtnis [...] und vor allem das Selbst" (Illich/Sanders 1988, 10 f.) als parallele Phänomene sich entwickelnder Schreib- und Lesetechniken im 12. Jahrhundert und der Folgezeit. Vgl. auch Pfeiffer 1989, 645 f. (dort weitere Literatur).

Auf der Suche nach der Entstehung dieses Subjektbewußtseins in der (westlichen) Geschichte, soviel dürfte klar sein, stößt man auf wichtige Ereignisse, von denen aber letztlich keines absolute Priorität beanspruchen kann. Bis in unser Jahrhundert lassen sich die Spuren des kontinuierlichen Prozesses der Subjektwerdung (und seiner Gegenströmung: der Mechanisierung von Arbeit und Wahrnehmung) verfolgen, Spuren eines Prozesses, der vermutlich längst noch nicht abgeschlossen ist. Abschiede vom Subjekt und deren Dementis bestätigen letztendlich beide dasselbe: daß unser Denken (als Denken eines Subjekts) (noch) nicht um das Subjekt herumkommt. Auch in der postulierten Abwesenheit ist es gleichsam anwesend. Das Subjekt, das sich selbst verabschiedet, ob in philosophischen oder esoterischen Höhenflügen, wird sich darein zu finden haben, daß Selbst und Selbst-Losigkeit sich bedingen, daß eins nicht ohne das andere zu haben ist.

1.2.3 Psychologien

Wenn philosophische Versuche, das Subjekt in den (Be-)Griff zu bekommen, keine allgemeine Verbindlichkeit mehr haben, wenn Historiker und Philologen auf der Suche nach dem Subjekt ihre eigenen Voraussetzungen antreffen, dann scheint es angezeigt, die jeweiligen Fachgrenzen zu überschreiten. Vielleicht gelingt es interdisziplinär, die Ausgangsfrage zu modifizieren oder andere Antworten zu erhalten.

Westliche und östliche Psychologien z.B. haben viel zur Relativierung des Persönlichkeitsbegriffs beigetragen.[15] So hat die westliche Psyochologie das Subjekt - um mit Lacan zu sprechen - einerseits dezentriert, andererseits ein differenziertes Vokabular zur Analyse des 'Selbst' erarbeitet. Wenn es darum geht, die "*Essenz des Ego*" (Jack Engler) zu bestimmen, dann lassen sich sogar überraschende Ähnlichkeiten zwischen der (neueren) Psychologie des Westens und der alten (Religions-)Psychologie des Ostens feststellen. So definieren die psychoanalytische Theorie der Objektbeziehungen wie sie u.a. von

---

[15] Mit der 'Entdeckung' des Unbewußten durch Freud ist das Subjekt allerdings noch keineswegs seiner Individualität beraubt. Schließlich manifestieren sich nach Freud die Besonderheiten und Absonderlichkeiten des Individuums nicht nur im bewußten, sondern überdies noch im unbewußten Es, das individuelle Träume und Krankheitsgeschichten hervorbringt.

Otto Kernberg ausgearbeitet wurde und die buddhistische Psychologie eben diese "*Essenz des Ego ähnlich* [...]: als einen Prozeß von Synthese und Anpassung zwischen innerem Leben und äußerer Realität, der ein Gefühl persönlicher Kontinuität und Gleichheit in der gefühlten Erfahrung erzeugt, ein 'Selbst' zu sein". Die Theorie der Objektbeziehungen, so der Psychologe Jack Engler weiter, erklärt das "Auftauchen eines 'Ich'gefühls" also ähnlich wie der Theravâda-Buddhismus "als Endprodukt eines Identifikationsprozesses, in dem wir lernen, eine oder mehrere der verschiedenen Komponenten [...] aufzunehmen, die bewirken, daß wir Objekte als 'ich' oder 'ich selbst' wahrnehmen" (Engler 1988, 35 f.).

Engler, einer der führenden Vertreter einer "neuen Entwicklungspsychologie", die versucht, "die östliche und die westliche Sicht des menschlichen Reifungsprozesses" (Wilber/Engler/Brown 1988) zu verbinden, führt in seinem aufschlußreichen Vergleich zwischen der Theorie der Objektbeziehungen und buddhistischer Psychologie weiter aus:

> In beiden Psychologien wird also das Gefühl des "Ichseins", der personalen Einheit und Kontinuität - das Gefühl, in der Zeit, im Raum und in verschiedenen Bewußtseinsstadien dasselbe "Selbst" zu sein -, als etwas aufgefaßt, was der Persönlichkeit nicht angeboren ist, [...] sondern sich *aus unserer Erfahrung von Objekten und den Arten von Interaktionen, die wir mit ihnen haben, entwickelt.* [...] Dieses "Selbst", mit dem wir uns identifizieren und das sich für uns so präsent und real anfühlt, ist in Wirklichkeit eine verinnerlichte Vorstellung, eine zusammengesetzte Darstellung [...], konstruiert durch ein auswählendes und imaginatives "Erinnern" vergangener Begegnungen mit signifikanten Objekten in unserer Welt. [...] Tatsächlich wird das Selbst in beiden Psychologien als Repräsentation angesehen, die *in der Gegenwart von einem Augenblick zum anderen von neuem konstruiert wird.* Selbst als Repräsentation ist es keine festgelegte Einheit oder Prägung, sondern eine zeitliche Abfolge einzelner Bilder, von denen jedes eine neue Konstruktion, eine neue Synthese im gegenwärtigen Augenblick der Erfahrung darstellt. [...] Beide Systeme stimmen aber auch darin überein, daß das Selbst im Normalfall jedoch nicht auf diese Weise erlebt wird. Unser normales Selbstgefühl ist vielmehr durch ein Gefühl zeitlicher Kontinuität und Gleichheit charakterisiert, durch ein Gefühl der Konsistenz in unseren interpersonalen Aktionen und die Anerkennung dieser Kontinuität und

Konsistenz durch andere sowie durch unsere eigene Erkenntnis ihrer bestätigenden Reaktionen, daß ich stets dasselbe "Ich" bin (Engler 1988, 36).[16]

1.2.4 Exkurs I: Subjekt-Denken jenseits des westlichen Horizonts

> "Subjekt [...] *Ontologisch*: Das Subjekt als substantieller Träger von Eigenschaften, Wirkungen bzw. erkannten Objekten ist das vom Erkenntnisprozeß selbst unabhängige Seiende [...]." *Meyers kleines Lexikon Philosophie*

> "Das Objekt ist abhängig / vom Subjekt ein Objekt; / das Subjekt ist abhängig / vom Objekt ein Subjekt. // Wer diese beiden Aspekte / verstehen möchte, muß wissen, / daß beides ursprünglich eine Leere ist." *Seng-t'san (gest. 606?)*

In seiner spezifischen Ausformung, d.h. in einem spezifischen Kulturkreis, ist der Subjektgedanke nicht unwesentlich von den vorherrschenden religiösen und philosophischen Ideen bestimmt. Ideen, die meist auch politische und soziale Tatsachen schaffen. Ob und wie erfolg- und folgenreich die abendländische Kultur das Subjekt bisher gedacht hat, ist letztlich eine Frage des Standpunkts. Daß es Ausgangs- und Endpunkt fast aller westlichen Philosophien war und ist, dürfte außer Frage stehen.[17] Was William Blake für sein Dichten

---

[16] Auch die Überlegungen des Psychologen Kenneth R. Pelletier verdeutlichen, inwiefern *Unser Wissen vom Bewußtsein* durch *[e]ine Verbindung westlicher Forschung und östlicher Weisheit* zu profitieren vermag. Deutlich wird, wie immer man auch zu seinen Überlegungen steht, daß erst die Einsicht in die Grenzen und Folgen westlicher Philosophie und Naturwissenschaft und ein vorurteilsfreies Miteinbeziehen östlicher Philosophie(n) und Psychologie(n) einen Schritt *Toward a Science of Consciousness* - so der Originaltitel - ermöglichen (Pelletier 1982; mit reichhaltiger Bibliographie). Zur gleichen Ansicht kommt der Kernphysiker und Molekularbiologe Jeremy W. Hayward in seinem Buch *Die Erforschung der Innenwelt. Neue Wege zum wissenschaftlichen Verständnis von Wahrnehmung, Erkennen und Bewußtsein* (Hayward 1990). Auch Hayward zeigt, daß sich die Erkenntnisse und Welt-Anschauungen westlicher Physiker (Bohr, Heisenberg etc.) und östliches Denken nicht ausschließen, sondern ergänzen. Und das, obwohl westliche Wissenschaft bzw. Psycho-Logik, und buddhistische Psychologie natürlich verschiedene Erkenntniswege und Ziele verfolgen.

[17] Dieser These widerspricht übrigens die theozentrische Weltsicht des Mittelalters keineswegs. Geht es doch in christlicher Theologie, auch wenn sie de facto, d.h. als Kirche,

sich vornahm, charakterisiert (und karikiert) auch die Absicht vieler abendländischer Denker: "I go on & nothing can hinder my course:

> and in Melodious Accents I
> Will sit me down & Cry, I, I." (Blake 1966, 600).

Zwangsläufig stellt sich die Frage nach anderen Möglichkeiten, das Subjekt zu denken und zu dichten. Solche Möglichkeiten, die den universalen Geltungsanspruch mancher abendländischen Subjektphilosophie zweifelhaft erscheinen lassen, eröffnen sich, sobald man den Rahmen westlichen Denkens verläßt. Solchermaßen anders perspektiviert, wird auch die relative Homogenität abendländischer Denkweisen deutlich. Unübersehbar werden die gemeinsamen Grundtendenzen, z.B. das Denken in - wenn auch dialektisch verstandenen - Gegensatzpaaren, zu denen auch das von Subjekt und Objekt gehört. So gesehen erweist sich die abendländische Subjekt-Diskussion als Thema con variazioni, deren politische und soziale Folgen allerdings nicht unterschätzt werden sollten; wurden doch die Rechte des einzelnen in dem Maß einklagbar, in dem dieser sich als einzelner und damit einzigartiger zu begreifen lernte.

Darauf, wie jenseits des westlichen Horizonts, d.h. v.a. in Indien, China und Japan, über das Subjekt nachgedacht wurde und wird, kann im Rahmen dieser Arbeit natürlich nicht näher eingegangen werden.[18] Hier sei lediglich aus einem Werk des japanischen Linguisten und Sprachphilosophen Toshihiko Izutsu und seiner Frau Toyo zitiert. Im Zuge ihrer Erörterung der Theorie des Nô-Theaters und seines "metaphysische[n] Hintergrund[s]" (Izutsu/Izutsu 1988, 41) erläutern sie, was sie in diskursiver Rede die "Subjekt-Objekt-Beziehung in der japanischen Denkweise" (Izutsu/Izutsu 1988, 45) zu nennen gezwungen sind. In ihr wird "dem erkennenden Subjekt keinerlei Durch-sich-selbst-Existieren" zugestanden. Das Subjekt

> ist dasjenige, was das Objekt artikuliert, aber dasselbe Subjekt artikuliert sich selbst als Subjekt durch seine eigene Bestätigung dessen, was wir [...] die 'ins Dasein bringende Artikulation' genannt haben, die darin besteht, ununterbrochen in jedem Moment ein Objekt nach dem anderen zu artiku-

das Individuum geringachtet, um die Erlösung/Auferstehung bzw. Verdammung des einzelnen.

[18] Einige Bemerkungen zum Subjekt in der chinesischen und japanischen Sprache und Lyrik finden sich in Abschnitt 1.4.2.

lieren. Damit ist gemeint, daß das Subjekt, indem es sich vollständig mit seiner eigenen artikulierenden Betätigung identifiziert, sich selbst als SUBJEKT begründet, d.h. das alles vereinende Bewußtsein, das beides, Subjekt und Objekt, in ihrem gewöhnlichen Verständnis, umfaßt. (Izutsu/Itzutsu 1988, 47)

Eine solche Position wird letztlich getragen und verständlich erst vor dem Hintergrund der Shûnyatâ-Lehre des Mahâyâna-Buddhismus. Danach ist Form (also auch Subjekt und Objekt) nichts als Leere und Leere nichts als Form. Auch die fünf Konstituenten (skandha) der empirischen Person - Körper, (affektive) Empfindung, (begriffsbildende) Wahrnehmung, (begriffliche und emotionale) Geistesregungen und Bewußtsein[19] - werden als letztlich 'leer' angesehen: "weder einzeln noch in ihrer Gesamtheit [enthalten sie] ein Ich, eine den Tod überdauernde Seele" (Schumann 1990, 52).

1.3 Was Systembiologie und eine handlungsbezogene Kognitionswissenschaft zu (be)denken geben

Zu ähnlichen, ebenso folgenreichen Erkenntnissen kommen Systembiologie und Kognitionswissenschaft. Die Systembiologie, auch als Biologie der Kognition bekannt, begründet und vertreten v.a. von Humberto R. Maturana und Francisco J. Varela, hat inzwischen die Theoriebildung der verschiedensten Disziplinen ebenso beeinflußt wie sie in deren kritisches Kreuzfeuer geraten ist.[20]

---

[19] Übersetzung der skandha nach: Schumann 1990, 52.

[20] Eine Auswahl grundlegender Texte Maturanas zum Thema *Erkennen. Die Organisation und Verkörperung von Wirklichkeit* enthält der gleichnamige Sammelband (Maturana 1985). Ein Gespräch mit Maturana über Voraussetzungen und Ergebnisse seines Denkens sowie "Beiträge zur Diskussion seines Werkes" enthält der Band von Riegas/Vetter 1990. - Auch wenn Humberto R. Maturana und Francisco J. Varela nicht selten zusammen mit den (Radikalen) Konstruktivisten Heinz von Foerster, Ernst von Glasersfeld, Paul Watzlawick und Siegfried J. Schmidt publiziert und genannt werden (z.B. in Watzlawick 1985, Watzlawick/Krieg 1991), so ist doch vor einer allzu voreiligen Egalisierung dieser verwandten Ansätze zu warnen. (Einblicke in den *Diskurs des Radikalen Konstruktivismus* geben z.B. zwei von Siegfried J. Schmidt herausgegebene Sammelbände [Schmidt 1990, Schmidt 1992].) Könnten doch im vereinheitlichenden Blick leicht die teilweise nicht unbeträchtlichen Unterschiede im Denken innerhalb der einzelnen Richtungen (Radikaler Konstrukti-

Francisco J. Varela schlägt, wie erwähnt, einen "handlungsbezogene[n] Ansatz" (Varela 1990, 103) in der Kognitionswissenschaft und -technik vor. Er sucht damit zwischen zwei erkenntnistheoretischen Positionen zu vermitteln: zwischen der repräsentationistischen "*Hennenposition*" und der konstruktivistischen "*Eiposition*". Während nach repräsentationistischer Doktrin "die Welt da draußen [...] feste Gesetze" hat, die Welt also "dem Bild voraus[geht], das sie auf das kognitive System wirft", und dieses die Aufgabe hat, "diese Welt in angemessener Weise zu erfassen (ob in Symbolen oder in umfassenden Zuständen)" (Varela 1990, 102), "erzeugt" nach konstruktivistischer Überzeugung das "kognitive System [...] seine eigene Welt". "[D]eren augenscheinliche Stabilität" gilt als "Beweis für die internen Gesetze des Organismus." Varelas handlungsbezogener Ansatz "plädiert dafür, einen Mittelweg [...] zwischen diesen beiden Extremen zu gehen". Varela geht davon aus,

> daß - wie alle Bauern wissen - Henne und Ei einander definieren, aufeinander bezogen sind. Der ständig ablaufende Lebensprozeß hat unsere Welt im Hin und Her zwischen dem, was wir aus unserer Wahrnehmungsperspektive als externe Einschränkungen auffassen, und der intern erzeugten Aktivität gestaltet. Die Anfänge dieses Prozesses sind uns nicht mehr zugänglich, und unsere Welt ist für all unsere Handlungsziele stabil [...]. Diese scheinbare Stabilität muß aber die Suche nach den Mechanismen, die sie hervorgebracht haben, nicht verdunkeln. Es ist gerade die Betonung dieser wechselseitigen Bedingtheit (über Henne und Ei hinaus), die den Unterschied zwischen dem handlungsbezogenen Gesichtspunkt und jeglicher Form des

---

vismus, Kognitionsbiologie/Kognitionswissenschaft und -technik), v.a. aber die Unterschiede zwischen denselben unkenntlich werden. - Von der konstruktivistischen "Eiposition" (s.u.) grenzt sich Varela explizit ab. Auch Maturana versteht sich selbst nicht als Radikaler Konstruktivist, wiewohl "sein Ansatz als Beleg für eine radikal-konstruktivistische Kognitions-theorie verwendet [wird]" (Ziemke/Stöber 1992, 43). Zu unterscheiden gilt es darüberhinaus zwischen radikal konstruktivistischem bzw. kognitionsbiologischem Denken einerseits und der Systemtheorie Niklas Luhmanns andererseits. Luhmanns Übertragung und Umformung der systemischen Begrifflichkeit Maturanas (Autopoiese etc.) in eine soziologische wird von Maturana, wie erwähnt, durchaus mit Skepsis betrachtet. (Zur Kritik an Luhmanns Verwendung dieser Begriffe vgl. Hejl 1991, 220 ff.) - Die Probleme, die entstehen können, wenn Erkenntnisse und Erkenntnisinteressen von einer Disziplin in eine andere übernommen werden (sollen), dürfen keineswegs unterschätzt werden. Deswegen allerdings darauf zu verzichten, hieße wohl das Kind mit dem Bad ausschütten.

Konstruktivismus [...] oder des biologischen Neokantianismus [...] ausmacht. (Varela 1990, 103 f.)[21]

Worauf beruht nun die Attraktivität von Systembiologie und handlungsbezogener Kognitionswissenschaft auch und gerade für die Literaturwissenschaft? Welche Bedeutung haben deren Thesen im Rahmen dieser Arbeit? Zum einen bieten Systembiologie und handlungsbezogene Kognitionstheorie eine auch in den Literaturwissenschaften dringend benötigte Erkenntnistheorie an. Subjekt, Sprache, Bewußtsein, Wirklichkeit, Welt - Schlüsselbegriffe literaturwissenschaftlicher Interpretation im allgemeinen, Schlüsselbegriffe dieser Arbeit im speziellen - werden stringent und zusammenhängend konzeptualisiert. Ich-Bewußtsein ist hier "kein neurophysiologisches Phänomen", sondern vielmehr "ein Epiphänomen, das als unabhängiger Interaktionsbereich aus dem selbstorientierenden Verhalten entsteht und vollständig im sprachlichen Bereich liegt" (Maturana 1985, 65). Diese These vermag dem philosophischen und dem literaturwissenschaftlichen Subjektverständnis entscheidende Impulse zu geben.

Mit Maturana und Varela gehe ich in dieser Arbeit davon aus, daß Subjektkonstitution[22] in der Sprache stattfindet. Ein Selbst, ein Ich entstehen im Netzwerk der sprachlichen Interaktion, in dem man sich bewegt. In diesem Netzwerk wird "*eine andauernde deskriptive Rekursion aufrechterhalten, die wir unser 'Ich' nennen. Sie erlaubt uns, unsere sprachliche operationale Kohärenz zu bewahren sowie unsere Anpassung im Reich der Sprache.*" (Maturana/Varela 1987, 250)

Wissen, so behaupten Maturana und Varela weiter, auch wenn es mit wissenschaftlichen Methoden erworben wurde, "Wissen ist eine Ontologie" (Varela 1990, 98). Diese Position zu akzeptieren, heißt aber keineswegs die

---

[21] Beispiele für den konstruktivistischen bzw. neokantianistischen Standpunkt nennt Varela in den Fußnoten: einerseits den von Watzlawick herausgegebenen Sammelband *The Invented Reality. Essays on Constructivism*, New York 1985, andererseits die Wiener Schule von Konrad Lorenz, in welcher der Neokantianismus "[s]einen klarsten Ausdruck findet" (Varela 1990, 103).

[22] Oder, wenn man so will: Subjektsimulation. Der Begriff der Simulation, wenn man ihn denn verwenden wollte, müßte übrigens mitnichten als ein nur postmoderner verstanden werden. So halten, wie erwähnt, Philosophie und Psychologie des Buddhismus das Ich, d.h. die sogenannte Persönlichkeit, für eine Fiktion, eine Illusion. Für eine solche allerdings, die 'wirkliches' Leid mit sich bringt, d.h. bewirkt.

Bedeutung (literatur)historischen Forschens zu verkennen. Da wir "buchstäblich die Welt [erzeugen], in der wir leben, indem wir sie leben" (Maturana 1985, 269), kommt den Versuchen, das Entstehen des Subjekts in Geschichte und Literatur festzumachen, auch als Konstruktion große Bedeutung zu.[23]

Die "Auffassung der Erkenntnis als Inszenierung" (Varela 1991, 107) bzw. des "*Verstehens* [...] als eine zirkuläre Tätigkeit [...], in der Handeln und Erkennen, der Handelnde und das Erkannte in einem unzertrennbaren Kreis miteinander verbunden sind" (Varela 1990, 91),[24] bedeutet nicht nur "einen großen Schritt auf dem Weg [...], uns vom Gespenst des Geist/Körper-Dualismus und vom Gegensatz Geist-Natur zu befreien" (Varela 1991, 107). Sie hat auch Konsequenzen für die (inszenierende) Erkenntnis von Kunstwerken. "Ist die Welt, in der wir leben, [...] eher eine hervorgebrachte denn eine vorgegebene" (Varela 1991, 100), haben Sprache und Kunstwerk gemeinsam, daß *in* und *mit* ihnen Erfahrung gemacht/gehandelt werden kann, dann können und müssen Thesen und Hypothesen der Systembiologie und handlungsbezogenen Kognitionstheorie mit den Erkenntnisinteressen der Literaturwissenschaft enggeführt werden.[25] Wenn Sprache und Selbst, Text und Handlung sich wechselseitig bedingen, gleichermaßen Welt erzeugen, dann ist

---

[23] Wenn also "das Gehirn [...] vor allem dem ständigen Hervorbringen von Welten im Prozeß der viablen Geschichte von Lebewesen [dient]; das Gehirn [...] ein Organ [ist], das Welten festlegt, keine Welt spiegelt" (Varela 1990, 109), dann kann der Begriff der Repräsentation - in seiner 'starken' Bedeutung - keine zentrale Rolle mehr spielen. (Vgl. Varela/Thompson 1992, 189-200; Varela 1990, 97-102.) Doch gerade "unsere westliche Tradition [hat] im großen und ganzen (natürlich mit einigen Abweichungen) Erkenntnis stets als Spiegelung der Natur aufgefaßt" (Varela 1991, 100). - (Wider-)Spiegelung von Welt war und ist bekanntlich nicht selten das erklärte Ziel von Poetiken und Poeten. Dies in einer Interpretation notwendigerweise zu berücksichtigen ist eines, ein anderes ist die unkritische Übernahme der repräsentationistischen Doktrin.

[24] In Varelas zusammen mit Evan Thompson verfaßtem Buch *Der Mittlere Weg der Erkenntnis. Die Beziehung von Ich und Welt in der Kognitionswissenschaft* [...] wird Kognition folgerichtig "nicht als Wiederherstellung oder Projektion, sondern als verkörpertes Handeln" bestimmt (Varela/Thompson 1992, 237). (Fakten und Untersuchungen, welche diese Auffassung von Kognition nahelegen, breiten die Autoren im achten Kapitel ihres *Brückenschlag[s] zwischen wissenschaftlicher Theorie und menschlicher Erfahrung* aus.)

[25] Zu einem ähnlichen Ergebnis kommen bekanntlich auch die Vertreter und Begründer der Empirischen Literaturwissenschaft (vgl. z.B. Hauptmeier/Schmidt 1985). (Die theoretischen Grundlagen der Empirischen Literaturwissenschaft sind, da weitgehend dem Radikalen Konstruktivismus verpflichtet, - wie erwähnt - nicht ohne weiteres mit der handlungsbezogenen Kognitionswissenschaft im Sinne Varelas zu vereinbaren.) Bernd Scheffer for-

der Gegensatz zwischen Kunst und Wirklichkeit [...] als falsch erkennbar [...], dann beginnt man zu begreifen, daß Literatur und Kunst zwei von vielen Kommunikations- und Beschreibungsmöglichkeiten für unsere Erfahrung sind, die sich eben nicht durch ihre Konstruktivität, sondern nur durch den Gebrauch besonderer *Verfahren* von solchen wirklichkeitskonstruktiven Prozessen unterscheiden, die wir nicht als Kunst betrachten. Ein Blick auf die Kulturgeschichte zeigt, daß die kategoriale Auszeichnung bestimmter Teile gesellschaftlicher Wirklichkeitsmodelle als real oder fiktiv eine kulturelle und keine ontologische Frage war und ist und daß die Bindung des Literaturbegriffs an die Fiktivitätskategorie poetologisch sehr variant vorgenommen worden ist. (Schmidt 1990, 70)

1.4 Lyrik und Subjekt(ivität)

1.4.1 Anlaß und Voraussetzungen einer neuen Theorie des lyrischen Text-Subjekts I

Spätestens seit Hegel führte ein Zirkelschluß von der postulierten Subjektivität der Gattung Lyrik zu den Gedichten des Sturm und Drang, der Klassik (Goethes) und der Romantik. Hier fand die Literaturwissenschaft - was sie vorausgesetzt hatte; aus dem Kanon dieser Epochen wurden die Merkmale der Gattung Lyrik bestimmt. Die (un)verhüllte Selbstaussage des Dichters war und ist bei dieser Sicht der Dinge Ursache und Ziel des Gedichts. Lyrik wurde und wird zur subjektiven Gattung schlechthin erklärt.[26]

---

dert in seinem umfangreichen und höchst bedenkenswerten Beitrag *Zu einer konstruktivistischen Literaturtheorie* unter dem Titel *Interpretation und Lebensroman* dazu auf, Schmidts empirisch verfahrende Literaturwissenschaft zu ergänzen. "[G]erade weil Schmidts Plädoyer [...] überzeugt, muß nun komplementär auch der andere, der in konstruktivistischen Zusammenhängen bislang vernachlässigte Umgang mit Literatur um so deutlicher in den Blick gerückt werden: die von den üblichen Handlungsmustern abweichende Sonder-Beobachtung, die essayistische [sic!] Tätigkeit der Interpretation literarischer Texte" (Scheffer 1992, 50). Mit Scheffer bin ich der Meinung, daß mit "empirisch untadeligen Argumenten allein [...] anläßlich von Literatur niemand aus[kommt]" (Scheffer 1992, 50).

[26] Noch heute wird, zumeist in der Literaturkritik, die Gattung Lyrik bzw. ihre Qualität nicht selten über ihre vermeintliche Subjektivität bestimmt. So behauptet Ulrich Greiner: "Die Lyrik [ist] die subjektivste aller Formen, in ihr drückt sich das Individuum am unmit-

1.4.2 Exkurs II: Subjekt-Dichten jenseits des westlichen Horizonts

Die starke Subjekt-Fixierung europäischer Lyrik in Theorie und dichterischer Praxis wird besonders im Vergleich mit außereuropäischer, d.h. hier: chinesischer und japanischer Lyrik, deutlich. Selbst in guten, d.h. hier: möglichst wörtlichen, Übersetzungen lassen sich die Möglichkeiten einer Dichtung ohne zentrales Subjekt noch erahnen.[27] So konstituiert sich z.B. in der 'Naturlyrik' des Wang Wei (vermutl. 701-761 n. Chr.) unter dem Einfluß des Chan-Buddhismus ein Subjekt jenseits der Subjektivität. Auch in der japanischen Haiku-Dichtung, v.a. bei Matsuo Bashô (1644-1694), wird nicht selten eine "Ich-Losigkeit" angestrebt, "welche die Stellung des Dichters als Subjekt gegenüber einem Objekt aufhebt" (Brüll 1968, 87). Vermieden werden soll also ein "ich-verhaftetes Machwerk", das, so der Bashô-Schüler Hattori Dohô (1657-1730) in seiner Haikai-Poetik *Sansôshi*, entsteht, wenn "Ding und Selbst zweierlei" bleiben (Brüll 1968, 86).

Zugleich Folge und Ursache solch eines anderen Denkens und Dichtens ist wohl nicht zuletzt die Struktur der chinesischen bzw. japanischen Sprache. Wiewohl diese beiden Sprachen nicht verwandt sind, ist ihnen doch die Zentral-, d.h. Subjekt-Perspektive europäischer Sprachen gleichermaßen wesensfremd. - Es bleibt z.B. "in grob geschätzt sechzig Prozent aller japanischen Sätze das Subjekt unausgedrückt" (Morley 1987, 100). Des Weiteren fehlen im Japanischen "Kasus, Numerus, grammatisches Geschlecht und grammatische Person". Statt letzterer wird "am Verb die Beziehung zwischen Sprecher, angesprochener Person und besprochenen Personen bezeichnet (interpersonales Bezugssystem)" (Lewin/Müller-Yokota/Fujiwara 1990, 1). - Auch der sprachliche Umgang mit Zeit, dem anderen 'Raum', in dem ein Subjekt sich

telbarsten und am erkennbarsten aus. Mögen die Verse noch so kunstvoll sein, der Autor bleibt sichtbar durch sie hindurch. Im Roman kann er Maskenspiele betreiben [...]. Das Werk löst sich in gewisser Weise von ihm ab [...]. Das Gedicht ist schwieriger. Entweder ist sein Autor ganz anwesend, dann sehen wir ihn, schutzlos vielleicht oder in einer Pose. Oder er ist abwesend. Dann lohnt sich die Lektüre kaum." "Der Gesang des Engels. Poesie aus der Tschechoslowakei: Jan Skácel und seine wunderbaren Gedichte. Von Ulrich Greiner." In: *Die Zeit*, Nr. 13 vom 22. 3. 1991.

[27] Wiewohl natürlich auch in der Lyrik Japans und Chinas autobiographische und subjektive Momente eine Rolle spielen (können), man denke z.B. an die Lyrik des Tao Yuanming (365-427 n. Chr.).

entwirft, entspricht nicht (immer) dem europäischen. So wird im Chinesischen das Tempus teils durch adverbiale oder finale Hilfswörter ausgedrückt, teils aber muß es aus dem Zusammenhang entnommen werden. Ebenfalls nur aus dem Zusammenhang sind im Chinesischen Geschlecht und Zahl der 'Substantive' zu erschließen (vgl. Haenisch 1988, 193, 189 ff.). Im klassischen Chinesisch, das seinem "Wesen nach keine feste Unterscheidung zwischen den Worten 'ich' und 'wir' [besaß]", war "der Umkreis der Ausdrücke für die erste Person [...] erstaunlich groß" (Bauer 1990, 31 f.). Im chinesischen Regel-Gedicht (lü-shih) der T'ang-Zeit[28] jedoch werden Personalpronomen, v.a. die der 1. Pers. Sing., meist weggelassen. Dadurch kann die Relation Dichter-Subjekt - Natur-Objekt in einer eigenartigen Schwebe gehalten werden: ist doch oft nicht erkennbar, wer handelt, sieht etc.: das Subjekt oder das Objekt. Es entsteht "a language of two simultaneously present dimensions, one in which the poet describes the external world, and the other in which he evokes his interior world". Chinesische Verse, so François Cheng, evozieren durch das Auslassen der Personalpronomen also "a state of fusion in which the man and the mountain [d.h.: Natur, D. J.] become one" (Cheng 1986, 40).[29]

Einen engen Zusammenhang zwischen *Sprache, Mensch und Welt* (Werlen 1989), wie ihn die genannten (Sprach-)Tatsachen nahelegen, postuliert bekanntlich die kontrovers diskutierte Sapir-Whorf-Hypothese.[30]

---

[28] Die T'ang-Zeit (618-907 n. Chr.) gilt allgemein als das goldene Zeitalter der chinesischen Lyrik.

[29] Das Nichtaussprechen der Pronomen der 1. Pers. Sing. bezeichnet Hans H. Frankel ausdrücklich als poetisches Mittel (Frankel 1951, 128), dessen Ziel und Zweck er - aus einer anderen Perspektive als Cheng - so beschreibt: "to render the poet's self less conspicuous, and thus to enable to [sic!] reader to put himself in the poet's place". Die Pronomen der 1. Pers. sind, so Frankel, besonderen Absichten vorbehalten: "When the pronoun does not mark a contrast, it frequently points up something pertaining to the poet as an individual, something which he does not want the reader to transfer to himself" (Frankel 1951, 128 f.).

[30] Vgl. z.B. Seebaß 1981, 199-240 und ausführlich Werlen 1989 (mit umfangreicher Bibliographie). Exemplarisch und kritisch untersucht Heribert Lang *Die chinesische Sprache und das "Sprachliche Relativitätsprinzip"* (Lang [1981]). - Kurz, doch eindrucksvoll unterrichtet der Biologe Rupert Riedl über "Bewußtseins-Lenkung im sprachlichen Denken" (Riedl 1992).

1.4.3 Anlaß und Voraussetzungen einer neuen Theorie des lyrischen Text-Subjekts II

Bezeichnend für ein in seit dem 19. Jahrhundert (und teilweise bis in die jüngere Vergangenheit) favorisiertes Lyrikverständnis, sind folgende Sätze aus Grimms *Deutschem Wörterbuch* (Stichwort "ICH"):

> *wenn das epische gedicht um so vollkommener ist, je reiner und ungetrübter das object desselben hervortritt, [...] ist das lyrische, in welchem subject und object zusammenfallen sollen, um so lyrischer, je subjectiver es ist, je mehr es uns an den dichter gemahnt und was sein inneres bewegt zur anschauung bringt. daher pflegt denn auch der epische dichter von seinem* ich *zu schweigen [...], während der lyrische es immerdar auf der zunge hat* (*Deutsches Wörterbuch*, 1984, Bd. 10, Sp. 2019).[31]

Als Garant dieser Subjektivität galt (und gilt) häufig das Pronomen der 1. Pers. Sing. 1910 prägte die Lyrikerin Margarete Susman den Begriff des lyrischen Ich, um einen - wie ihr schien - (Kurz-)Schluß vom Gedicht auf den Autor zu verhindern. - Über fünf Jahrzehnte später avancierte das lyrische Ich zu einem Schlüsselbegriff germanistischer Gedichtinterpretation: mit seiner Hilfe scheint die Gefahr bzw. der Vorwurf, biographistischen Interpretierens gebannt. Wenn überhaupt,[32] dann wird der Begriff des lyrischen Ich in der heutigen Interpretationspraxis meist voraussetzungslos verwendet. Nicht selten dient er lediglich dazu, die Frage nach dem Verhältnis von lyrischem Ich und produzierendem Ich "auszuschließen". Damit erscheint der Begriff schließlich als "bloße[...] Kehrseite der naiven Ineinssetzung des Autors mit seinem Produkt" (Nägele 1988, 41). Es bleibt die grundsätzliche Frage

- inwiefern Subjektkonstitution und die Konstitution eines Subjekts im und als Text, Welt und literarische Kunstwelt sich als korrespondierend bzw. opponierend (re)konstruieren, d.h. verstehen, lassen.

---

[31] Ist es im *Deutschen Wörterbuch* die *Gattung* Lyrik, die implizit (und optativ) durch das Ineinsfallen von Subjekt und Objekt definiert wird, so versteht Heinz Schlaffer das *lyrische Ich* als "Oberbegriff von Subjektivität und Objektivität" (Schlaffer 1966, 12). Schlaffers bedenkenswerte Definition impliziert zwei Ebenen, die im lyrischen Ich in einer Einheit aufgehoben sind. Auch nach Herbert Lehnert bezeichnet das lyrische Ich eine "Einheit", diejenige jedoch "von Sprecher und Hörer" (Lehnert 1966, 10).

[32] Walther Killy z.B. verzichtet ganz auf ihn; er bezweifelt dessen "Nützlichkeit für die Mehrzahl der Zeiten und Gegenstände" (Killy 1983, 14).

Viel spricht dafür, diese Frage vor dem Hintergrund einer dezidierten Konzeption von Sprache und Subjekt, wie sie Systembiologie und handlungsbezogene Kognitionswissenschaft anbieten, neu zu stellen. Und gerade an Gedicht-Texte zu stellen. Gehorchen diese doch "Regeln, welche der normalen Sprache mit ihren Regeln (gegen einen gewissen Widerstand) vorgeschaltet werden" (Weimar 1980, 113). Am Beispiel des Gedichts, in dem - gegenüber der "Alltagsrede", die sich "gestaltlos ereignet und verliert" - "eine strenge Selektion des Wortschatzes und der Wortfügung [regiert]" (Schlaffer 1990, 107), spitzt sich die Frage zu, inwiefern das kunstvoll-künstliche Subjekt eines Texts parallel zu Mustern der Subjektkonstitution zu begreifen ist und diese Muster nach- oder um-schreibt.

Es kann - unter den genannten Voraussetzungen - nicht mehr um ein substantiell verstandenes Subjekt bzw. Subjekt im und als Gedicht gehen. Von Interesse sind vielmehr zwei aufeinander zu beziehende Muster bzw. Strukturen, mit anderen Worten:

- das Subjekt als Prozeß in Raum und Zeit und
- das Subjekt im und als Gedicht als Prozeß im Gedicht-Raum und der Gedicht-Zeit.

Mit dem Begriff des lyrischen Text-Subjekts soll mithin keinem - im Umkehrverfahren vermeintlich rekonstruierbaren - historischen (Autor-)Subjekt nachgefragt,[33] sondern vielmehr dieses von jenem zunächst unterschieden werden. Erst aufgrund einer solchen Unterscheidung[34] ist es möglich, in einem zweiten Schritt, eine mögliche Wechsel-Wirkung dieser beiden Subjekte zu bedenken (vgl. 3.3.6).

Das komplexe Phänomen des Subjekts im und als Gedicht suche ich mit Hilfe einer neuen Begrifflichkeit aufzuschlüsseln, um so auch verständlicher zu machen, wie ein Gedicht-Text mit einer distinkten Stimme zu 'sprechen' vermag. Ich entwerfe also das, was meist als Einheit, als *ein* Phänomen aufgefaßt wird, das sogenannte lyrische Ich, gewissermaßen als prinzipielles Interferenz-

---

[33] Antony Easthope spricht in diesem Zusammenhang von "the unnecessary and impossible search for a transcendental subject - the 'real man' 'behind' the text" (Easthope 1987, 122).

[34] "[D]ie Scheidung zwischen dem lyrischen Ich und dem autobiographischen Ich des Dichters" fordert - wenn auch aus anderen Gründen - Wolfgang G. Müller; er sieht darin die "einzige sichere Ausgangsposition, von der aus sich Lyrik als Kunstprodukt überhaupt beurteilen läßt" (Müller 1979, 64).

Phänomen, als Folge des Aufeinandertreffens *zweier* unabhängiger Phänomene. Dieses Interferenz-Phänomen - das lyrische Text-Subjekt - tritt, so meine These, unter bestimmten Bedingungen in (deutschen und englischen) Gedichten aller Epochen auf.

1.5 Die Versuchsanordnung: Epoche, Texte, Autoren

Eine Theorie des lyrischen Text-Subjekts ist eines. Ein anderes ist ihr heuristischer Nutzen für die Interpretation konkreter Texte. Dabei muß sich zeigen, inwiefern das theoretische Modell dazu beiträgt, daß Gedichte

- (neu) zueinander in Beziehung gesetzt und
- (neu) strukturiert und gelesen werden können.

Angeordnet zu einer imaginären Gedicht-Sammlung, spiegelt sich in der Auswahl und Anordnung der in Kapitel 4 und 5 interpretierten Texte die doppelte Bestimmung und der Wert[35] der Gattungen im 17. Jahrhundert: formal bestimmte Texte (Sonett etc.) schließen sich ebenso zu einer Gattung zusammen wie inhaltlich, d.h. durch ihren 'Gegenstand', definierte Texte in variabler Form. Die Auswahl der Sonette in Abschnitt 4.1.1 wurde überdies als Sammlung von Präzedenzfällen angelegt; das theoretische Modell trifft auf Texte, die mehr oder weniger explizit autobiographische Fakten thematisieren.

Weil es eine ganze, literarisch fruchtbare Epoche in zwei Nationalliteraturen zu berücksichtigen galt, war eine besonders strenge Auswahl der Gattungen und Texte unumgänglich. Möglich wurde ein exemplarisches Vorgehen aufgrund meiner Annahme,

- daß sich lyrische Text-Subjekte grundsätzlich nach vergleichbaren (sprachlichen) Regeln konstituieren (lassen);

[35] Verstand man vor zwei, drei Jahrzehnten die normativen Gattungen noch quasi als Prokrustesbetten des Individuellen, denen der Autor des 17. Jahrhunderts "das private Erlebnis, die persönliche Empfindung, das individuelle Ausdrucksverlangen [unterwarf]" Schöne 1963, VII), so wird von der neueren Gattungstheorie der Frei- und Spielraum betont, den die Gattungskonventionen eröffnen: "The function of genre conventions is essentially to establish a contact between writer and reader so as to make certain relevant expectations operative and thus to permit both compliance with and deviation from accepted modes of intelligibility" (Culler 1975, 147).

- daß einzelne deutsche und englische Gedicht-Texte des 17. Jahrhunderts, quasi holographisch, für wichtige Eigenarten des gesamten deutschen und englischen lyrischen Schaffens einzustehen vermögen.

Da mein Interesse den maximalen Möglichkeiten innerhalb bestimmter Rahmenbedingungen gilt, habe ich v.a. solche Autoren bzw. Gedichte, ausgewählt, deren Bedeutung zu ihrer Zeit und/oder heute relativ unumstritten war bzw. ist.[36] Dieser Arbeit liegen daher zu einem nicht geringen Teil 'Anthologie-Stücke' der poetae majores zugrunde. Kann sich doch gerade an häufig interpretierten Gedichten zeigen, ob die Fragestellung und das theoretische Modell dieser Arbeit fruchtbar zu machen sind.

Wenn im vierten Kapitel von Paul Fleming, Johann Christian Günther und John Donne[37] jeweils mehr Gedichte interpretiert werden als von den übrigen in dieser Arbeit vertretenen Autoren, dann nicht nur aufgrund der Qualität ihrer Texte, sondern auch deswegen, weil sich - wenn überhaupt - an ihnen die

---

[36] Es soll und kann in Kapitel 4 und 5 keine exemplarische Geschichte des (lyrischen Text-)Subjekts in der deutschen bzw. englischen, Lyrik und ihrer Gattungen geschrieben werden. Aus pragmatischen Gründen mußte z.B. auf umfangreichere Gedicht-Texte verzichtet werden, obwohl gerade sie im 17. Jahrhundert keine Seltenheit darstellen. - Unter den englischen Dichter-Schulen habe ich die sogenannten Cavalier-Poets und ihren 'Vater' Ben Jonson zugunsten der Metaphysical-Poets deutlich zurückgestellt. Im Zusammenhang dieser Arbeit haben letztere mehr zu interessieren, wird doch behauptet: "The metaphysical style hightens and liberates personality. It is essentially a style in which individuality is expressed" (Gardner 1985, 28). - Die wichtige Lyrik Weckherlins konnte ebensowenig berücksichtigt werden wie die Opitz', für dessen Tradition in gewissem Sinne Fleming einzustehen vermag. Auch Gedichtsammlungen, die offensichtlich als (in sich verweisendes) Ganzes konzipiert sind, konnten aus naheliegenden Gründen nicht in Betracht gezogen werden. Es fehlen also Texte aus Robert Herricks *Hesperides* ("needs to be read as a total collection", Hammond 1990, 279), Henry Vaughans *Silex Scintillans* und George Herberts *The Temple* ("there is no poem within [...] that does not echo against other poems", Goldberg 1986, 109).

[37] Obwohl ein Teil der Gedichte Donnes noch im 16. Jahrhundert entstand, darf John Donne als erster und stilbildender Metaphysical-Poet doch wohl dem 17. Jahrhundert zugerechnet werden. Auch wenn man sein Werk und das der anderen Metaphysical-Poets mit einem Großteil der englischen Forschung als Renaissance-Dichtung betrachtet (eine Ausnahme macht Judith Hook in ihrem Buch *The Baroque Age in England* [Hook 1976]), sollte man die barocken Züge im Werk Donnes (u.a. in den Predigten), Herberts, Marvells, Miltons und natürlich Crashaws nicht übersehen. (Immer vorausgesetzt, dem bekanntlich problematischen Barock-Begriff [vgl. z.B. Barner 1975] wird noch irgend aufschließende Fähigkeit zugebilligt.)

Diskussion um den Zusammenhang von Autor und Text, um 'Erlebnishaftigkeit' bzw. Subjektivität im 17. Jahrhundert immer wieder entzündet hat. So ist die Forschung im Falle Flemings "geteilter Meinung darüber, wieviel von Flemings gelebtem Leben in sein Werk eingegangen, inwieweit sich bereits eine persönliche Ausdruckssprache darin ankündigt" (Hoffmeister 1988, 212).[38] Auch die Günther-Forschung spaltet(e) sich in Anbetracht dieser Frage:

> Die Leitgedanken der einen Seite, die dem Begründer [...] Wolfgang Krämer [...] folgt, lauten schlagwortartig Gefühlssprache, Erlebnis, Erlebnisgedicht. [...] Auf der anderen Seite stehen Untersuchungen, die den rhetorischen Charakter der Gedichte und die Formelhaftigkeit ihrer Sprache betonen. (Trautwein 1987, 167)

Ähnliches ließe sich in Bezug auf die inzwischen unübersehbare Forschung zum Werk John Donnes sagen. Weitgehend einig ist sich die Forschung heute über den Charakter der Donneschen Rhetorik, die beschrieben wird als "generally self-reflexive, manifesting an acute consciousness of language and style as well as of the socioliterary circumstances of individual works" (Mariotti 1986, 21). Doch entziehen sich "Donne's Personae" - auch und gerade wenn man sie sinnvollerweise als "Process and Product" (vgl. Scott 1980) versteht - der interpretierenden Stillstellung.

Wie immer man die die Frage nach der (relativen) Modernität der Werke Donnes, Flemings und Günthers in ihrer Zeit beantwortet, zweifelsohne haben sich alle drei der rhetorischen Mittel ihrer Zeit bedient. So ist davon auszugehen, daß in ihren Texten Konventionalität und Individualität[39] bzw. konventionelles und individuelles Subjekt in einem komplexen Spannungsverhältnis stehen.

---

[38] Vgl. z.B. auch die symptomatische Titelformulierung Peter Krahés: "Persönlicher Ausdruck in der literarischen Konvention. Paul Fleming als Wegbereiter der Erlebnislyrik?" (Krahé 1987).

[39] Ausdrücklich nach "Konventionalität und Individualität im Barock" hat Volker Klotz am Beispiel von Paul Flemings Gedicht "An Anna, die Spröde" gefragt (Klotz 1972).

1.6 Interesse und Desinteresse am Subjekt der Lyrik des 17. Jahrhunderts

Daß die Frage nach dem Subjekt in dieser Arbeit gerade an Gedichte des 17. Jahrhunderts gestellt wird, mag zunächst überraschen. Weitgehend unbestritten ist schließlich, daß "das Ich" erst "[s]eit dem Sturm und Drang [...] als Zentrum einer je eigenen Welt [spricht]" (Kaiser 1988a, 325), daß erst die, meist als gattungsparadigmatisch verstandene, Lyrik der Goethezeit eine "unverhüllte Selbstaussprache" (Wieckenberg 1984, 258) kennt. Dagegen läßt sich das Gedicht des 17. Jahrhunderts nicht ohne weiteres aus dem (Er-)Leben des Dichters herleiten.[40] Ein Umstand, der es offensichtlich nicht nur ästhetisch weniger anziehend erscheinen läßt, sondern auch dafür sorgt, daß es auf dem Weg vom *klassischen lyrischen Ich zur Erfahrungswirklichkeit* nicht beachtet zu werden braucht. Wird doch dieser Weg, nicht nur von Hiltrud

---

[40] D.h. ein Erlebnis als Ursprung des Gedichts, seit Dilthey zugleich Gütesiegel und Kennzeichen der Poesie, ist - so die Forschung - in der Lyrik des 17. Jahrhunderts "nicht zu belegen" (Wehrli 1967, 211). Auf die unabweisbare Problematik des Begriffs Erlebnislyrik hat Harald Steinhagen hingewiesen. Er geht davon aus, daß der Begriff Erlebnisdichtung, "dem man zur Charakterisierung der Literatur vor 1750 den Begriff der Gelehrtenpoesie entgegengesetzt hat, [wenig] taugt [...], weil er leicht falsche Vorstellungen weckt: hier [...] bloß kunstfertige Gelehrsamkeit - dort lebendige, nachfühlbare Erlebnishaftigkeit. Mit diesem vereinfachenden Begriffspaar wird suggeriert, daß erst die Literatur nach 1750 persönliche Erlebnisse, eigene Erfahrungen und individuelle Probleme des Autors enthalte und sich durch deren subjektive Verarbeitung in der künstlerischen Produktion von der Literatur früherer Epochen unterscheide, der diese individuelle Substanz [...] noch fehle. Aber diese Entgegensetzung ist kaum zu halten [...]. Denn auch den Werken früherer Epochen [...] kann man individuelle Substanz nicht pauschal absprechen, mag sie auch weniger unmittelbar zu erkennen sein. Trotzdem besteht natürlich ein Unterschied. Aber er ist nicht primär einer der - vorhandenen oder nichtvorhandenen - individuellen Substanz, sondern einer der ästhetischen Ausdrucksmittel" (Steinhagen 1985, 11). - Unlängst hat Michael Feldt in einem voluminösen Band *Lyrik als Erlebnislyrik* [...] *zwischen 1600* [sic!] *und 1900* untersucht. Feldt versteht "Lyrik als Teil einer Mentalitätsgeschichte" (Feldt 1990, 27), klärt und entwickelt jedoch den Begriff der Mentalität zu wenig aus der Geschichte bzw. Gedichten. Die "Kategorie 'Erlebnislyrik'" sieht er "in bezug auf Funktion und Funktionszuweisung des Erlebnismoments in der Lyrikgeschichte" (Feldt 1990, 13). Damit sucht er weder den Weg "zu einem Verständnis von Lyrik als einer Geschichte des lyrischen Ich" (Feldt 1990, 43), noch geht es ihm um den "ontologischen Status des Erlebnisses bzw. der Erlebnisvergegenwärtigung". Sein Interesse gilt "dem Problem der *historischen Typenbildung*" (Feldt 1990, 34).

Gnüg, als Entstehung und Krise lyrischer Subjektivität (Gnüg 1983) verstanden. - Dem auffallenden Desinteresse in der Forschung zum lyrischen Ich an Texten des 17. Jahrhunderts entsprechen wiederkehrende Formulierungen der Barockforschung, mit denen die Lyrik des 17. Jahrhunderts fast schon präventiv aus dem Fragehorizont dieser Arbeit gerückt scheint. Sind womöglich die Probleme der Barockforschung und die der Forschung zum lyrischen Ich ähnlich gelagert? Unübersehbar scheint mir, daß hier wie dort Schlüsselbegriffe wie 'Rolle', 'Erlebnis', 'Authentizität' und v.a. 'Subjekt' nicht erläutert, sondern ungeklärt vorausgesetzt werden.[41]

1.6.1 Positionen der germanistischen Forschung

Gerhart Hoffmeister formuliert in seinem Urteil über die Kasuallyrik des 17. Jahrhunderts implizit wohl auch die germanistische opinio communis zur deutschen Lyrik des Jahrhunderts aller Gattungen: "Die Themen waren [...] gesellschaftsbestimmt, das 'lyrische Ich' gesellschaftsorientiert, und barocke Lyrik Typenkunst" (Hoffmeister 1987, 65). "Kein Interpret kann bei Texten dieses Jahrhunderts Rollengedichte von direkter Selbstaussprache unterscheiden", schreibt Ernst-Peter Wieckenberg (Wieckenberg 1984, 258).[42] Anders als Wieckenberg hält Christian Wagenknecht eine Unterscheidung zwischen Rollengedicht und 'direkter Selbstaussprache' manchmal für möglich und nötig. Zwar ist auch er der Ansicht: "Das Ich des Gedichts hat so wenig wie das Du eine historische, beide haben nur eine exemplarische Existenz". Doch spreche (ausnahmsweise?) Hoffmannswaldau als Verfasser selbst "in den *Gedancken bey Antretung des funffzigsten Jahres* und [...] vollends Gryphius in seiner

---

[41] Wie eine "uneingestandene, aber wirksame Prämisse" (Willms 1990, 78) Forschungsgeschichte diktiert und Paradoxien erzeugt, kann in paradigmatischer Weise Eva Willms Kritik der Minnesang-Forschung deutlich machen (Willms 1990, 59-88). Bezeichnenderweise polarisierte und entwickelte sich auch die Minnesang-Forschung über die wechselnde Einschätzung des 'Ich' als fiktives oder reales, d.h. über die Diskussion mittelalterlicher Liebesdichtung in den Termini Erlebnis- oder Rollenlyrik.

[42] Solche und ähnliche Aussagen, die ein Mißverstehen der Texte verhindern sollen, scheinen mir ihrerseits nicht unproblematisch. Bleibt doch z.B. unklar, welchen Erkenntniswert zwei Begriffe (Rollengedicht - direkte Selbstaussprache) noch haben können, wenn sie nicht auseinander zu halten sind. Gesetzt aber, die Differenz läßt sich fassen, nur eben nicht "bei Texten dieses Jahrhunderts", wie dann bei solchen anderer Jahrhunderte?

Trawrklage des Autoris / in sehr schwerer Kranckheit" (Wagenknecht 1984, 335). Gerade an solchen (scheinbaren) Ausnahmen zeigt sich die Problematik des in der Barockforschung so beliebten Begriffs der Rollenlyrik.

Mit Ferdinand van Ingen hält es Volker Meid (wie die Mehrzahl der Barockforscher) für "sinnlos, zwischen 'sog. Gelegenheitsdichtung und sog. Erlebnisdichtung aufgrund des Fehlens oder Vorhandenseins der inneren Beteiligung des Dichters' [zu] unterscheiden oder bestimmten Gattungen - etwa der geistlichen Dichtung - Erlebnisgehalt zusprechen [zu] wollen" (Meid 1986, 49). Dem ist beizupflichten. Sinnlos bei einer solchen Unterscheidung wäre aber v.a. das Unterscheidungskriterium: die "innere Beteiligung des Dichters".[43] Davon unberührt und immer noch unbeantwortet bleibt die Frage nach den Bedingungen und Möglichkeiten eines Sprechers im Gedicht.

Fragen, die auf ein Subjekt und (seine) Subjektivität zielen, werden gewöhnlich also nicht gestellt, da sie als unergiebig gelten.[44] Denn, so Christian Wagenknecht, stellvertretend für die Forschung: "oft bestimmt schon die *Gattung* des Gedichts über die Haltung, aus der darin zu sprechen ist [...]. Auf die Wahrheit persönlichen Gehalts wird kein Gewicht gelegt. [...] [I]ndividuelle Erfahrung [wird] sogleich als *Exempel* ausgelegt" (Wagenknecht 1969, 7).[45] Geht man jedoch von einer vollständigen Determination der 'Haltung'

---

[43] Vgl. auch Marian Szyrockis Unterscheidung zwischen "einer ausschließlich unpersönlichen Erfüllung vorgegebener Formen einerseits und jenen tiefen Erschütterungen z.B. eines Gryphius" (Szyrocki 1987, 68). Unklar bleibt auch hier, wie Szyrocki zwischen der Erschütterung des lyrischen Text-Subjekts und der des Andreas Gryphius, d.h. des Autor-Sub-jekts, unterscheidet.

[44] Der Unwille, (Gedicht-)Texte des 17. Jahrhunderts auf die ihnen eingeschriebenen Subjekte, gar auf Subjektivität hin zu befragen, ist natürlich auch vor dem Hintergrund der älteren Forschung zu sehen, die durchaus (gewaltsam) versucht hat, "den Begriff der 'subjektiven Bekenntnislyrik' bereits für die Dichtung des 17. Jahrhunderts als gültig zu erweisen" (Steinhagen 1974, 409, Fußnote 14). Noch 1954 überschrieb Herbert Cysarz eines der Kapitel seiner Anthologie *Deutsche Barock-Lyrik* mit den Worten "Das Ich" (Cysarz 1954, 78-89).

[45] Diese Formulierung belegt einmal mehr die terminologischen und sachlichen Probleme, welche die Barockforschung im Umgang mit Text- und Autor-Subjekt hat: Die individuelle Erfahrung, deren Vorhandensein bzw. Nachweisbarkeit im Text einerseits in Abrede gestellt wird, scheint sich andererseits eben doch insoweit im Text niedergeschlagen zu haben, als sich ihre Umformung zum Exempel feststellen läßt. Die Undeutlichkeit der Begriffe ist umso fataler, wenn 'Wahrheit' und 'Aufrichtigkeit' als (neues) Charakteristikum der Lyrik nach ca. 1750 ausgegeben, gleichzeitig und scheinbar folgerichtig die Lyrik vor diesem

durch die Gattungsgesetzlichkeiten und einer unteilbaren Wahrheit aus, dann läßt sich weder eine dynamische Spannung zwischen den Gattungsforderungen der Regelpoetiken und den konkreten Texten einerseits noch eine solche zwischen verschiedenen 'persönlichen' Wahrheiten andererseits (re)konstruieren.

Gerade die zweifelsohne wichtigen Einsichten der neueren Barockforschung sind also nicht immer unproblematisch. Unbestritten ist, um ein weiteres Beispiel zu nennen, der große Einfluß, den die Rhetorik des 17. Jahrhunderts auf Theorie und Praxis der Poesie hatte. Die Zusammenhänge von Poetik und Rhetorik sind heute gut erforscht und dienen zweifelsohne dem besseren Verständnis barocker Texte.[46] Doch werden mittlerweile berechtigte Bedenken angemeldet. So bezweifelt mittlerweile nicht nur Wolfgang Trautwein, daß Gedichte allein auf der Grundlage rhetorischer Systeme befriedigend interpretiert werden können:

> Zwar ist die Prägung der Regelpoetiken durch die Rhetorik evident, doch lassen sich die Aufbauprinzipien der einzelnen Gedichtgattungen nicht in ihrer Gesamtheit auf rhetorische Verfahren zurückführen. Mit anderen Worten, die Poetik geht, auch im 17. Jahrhundert, nicht voll in der Rhetorik auf. (Trautwein 1987, 168 f.)

Selbst wenn man davon ausgeht, daß "[b]arocke Lyrik [...] mit wenigen Ausnahmen unheilbar rhetorisch [ist]" (Wehrli 1967, 211), ein sicheres Indiz dafür, daß ihre Autoren (nur) in einer Rolle sprechen, liefert die Rhetorik der Texte keineswegs. Rhetorik spricht weder gegen noch für eine wie auch immer verstandene Authentizität. "Ein Autor kann schließlich auch im Gewand herkömmlicher Rhetorik die Wahrheit sagen" (Krahé 1987, 506), "[a]uch über tatsächliche Gefühle läßt sich mit Mitteln der Rhetorik reden" (Trautwein 1987, 169 f.). Genauer gesagt: auch über 'tatsächliche' Gefühle läßt sich nur mit Mitteln der Rhetorik reden.

Wohl war das deutsche Gedicht im 17. Jahrhundert, jedenfalls in bezug auf seine gesellschaftliche Funktion "auf weite Strecken hin tatsächlich, der Inten-

---

Zeitpunkt als defizient ange-sehen wird. - Versteht man jedoch mit Dieter Lamping alle lyrischen Gedichte strukturell als Einzelrede in Versen (Lamping 1989, 63), dann ist "[t]atsächlich [...] nicht einzusehen, warum in lyrischen Gedichten nicht auch wahre Aussagen möglich sein sollten" (Lamping 1989, 127).

46 Die wichtigsten Werke zu Poetik, Rhetorik und Bildlichkeit nennt Meid 1986, 147 f.

tion nach fast immer [...] eine Sache der Repräsentation und der Öffentlichkeit" (Haufe 1985, 395); wohl kann mit dem Begriff "Distanzhaltung"[47] (Günther Müller) ein bestimmter Zug in vielen Gedichten der Zeit beschrieben werden. Auch machen nicht wenige Gedichte des 17. Jahrhunderts in der Tat schon durch ihre Überschrift deutlich, daß das Ich *nicht* (unmittelbar) dem Autor(-Subjekt) entspricht.[48] Sicher, Conrad Wiedemann nennt ein wichtiges Kriterium damaliger Produktionsästhetik, wenn er die Schreibhaltung der Dichter des 17. Jahrhunderts als "literarische[s] Rollenverhalten" bezeichnet.[49] Ist es doch diese wechselnde Rollenperspektive, die es dem einzelnen Autor ermöglicht, auch konträre Positionen einzunehmen und auszuformulieren.[50]

Nicht unproblematisch scheint mir jedoch die Schlußfolgerung, nach der im literarischen Rollenverhalten "[n]icht nur die Individualität der Rede", "sondern auch die (ethische) Identität des Autors" (Wiedemann 1984, 446) aufgegeben wird. Läßt man einmal außer acht, daß das Argument lyrisches Text-Subjekt und Autor-Subjekt einfach identifiziert, dann fragt sich immer noch, welches Konzept von Identität einer solchen Aussage eigentlich zugrunde liegt. Nicht *gegen* (literarisches) Rollenverhalten, so meine ich, sondern gerade *im* (literarischen) Rollenverhalten entfaltet sich Individualität. Subjekte und Texte müssen sich, um überhaupt verstanden zu werden, bis zu einem gewissen Grad immer wiederhol- und übersetzbarer Formen, Formeln und Haltungen bedienen.

---

[47] Deren "Vorwiegen" hat Müller bereits 1925 zum Kennzeichen des deutschen Liedes zwischen 1570 und 1750 erklärt (Müller 1959, XI).

[48] So z.B. wenn der Titel ausdrücklich einen Sprecher bzw. eine Sprecherin nennt, der bzw. die anderen Geschlechts ist als der Autor bzw. die Autorin.

[49] Nicht eingelassen auf dieses Rollenverhalten hat sich, so Wiedemann, Andreas Gryphius. Dieser habe "zwar das späthumanistische Gebot des repräsentierenden, überindividuellen und regelhaften Sprechens [...], nicht aber das der situativen Auswechselbarkeit der Urteils- und Affekthaltungen" akzeptiert (Wiedemann 1984, 446).

[50] Man denke z.B. an die formal gleich gebauten, inhaltlich aber völlig entgegengesetzten Gedichte"Die Wollust" und "Die Tugend", die Christian Hoffmann von Hoffmannswaldau in seinen "Vermischte[n] Gedichte[n]" unvermittelt aufeinander folgen läßt (Hoffmannswaldau 1984, 813 ff. bzw. 815 f.). - Eine "Vielfalt von Haltungen und Erfahrungen der erotischen Partnerschaft, vom mystischen Erlebnis der Seelenverschmelzung bis zur Frauenverachtung und zur Pose des sexuellen Überdrusses" (Weiß 1991, 126 f.) kennzeichnet auch John Donnes *Songs and Sonnets*.

Auch Wiedemanns zweite implizite Behauptung, daß nämlich (Gedicht-) Texte - nur eben nicht solche des 17. Jahrhunderts - die "(ethische) Identität des Autors" aufbewahren können, scheint mir nicht unbedingt schlagend. Selbst wenn dem so wäre, sollten Autoren dann auf ein (ethisches) 'semper idem' verpflichtet werden? Das hieße wohl der Literatur das Literarische auszutreiben.[51]

Unanfechtbar, so ist wohl deutlich geworden, sind die sanktionierten Ver- und Gebote für den Umgang mit der deutschen Lyrik des 17. Jahrhunderts keineswegs. Denn aufs Ganze gesehen läßt eine "gegen die Ausdeutung der Texte als reine Ich-Aussprache gerichtete Rückbindung an die literarischen Normen der Epoche", wie sie heute üblich ist, nicht nur im Fall Johann Christian Günther die "Frage nach der unabweisbaren Individualität" ebenso unbeantwortet wie "das Problem einer historischen Einordnung [...] besondere[r] dichterische[r] Leistung innerhalb der Tradition" (Fischer 1990, 20).

1.6.2 Positionen der anglistischen Forschung

Während also in der Germanistik heute kaum mehr vom "Ich" in der deutschen Lyrik des 17. Jahrhunderts die Rede ist, fragt die angelsächsische Forschung zur Lyrik des entsprechenden Zeitraums unbefangen nach der "identity of the 'speaker'" (Goldberg 1986, 101). Jonathan Goldbergs Fragen im Hinblick auf das Werk George Herberts[52] sind - pars pro toto - durchaus bezeichnend für das Erkenntnisinteresse seiner Kollegen:

> Who is speaking? Roland Barthes's question in S/Z seems apt for the texts of *The Temple*. [...] The identity of the 'speaker' of Herbert's poems is [...] a perennial issue; [...]. Who speaks in Herbert's texts? A self or a *persona*? A lapsing voice or a regenerate one? These are elementary questions (Goldberg 1986, 101).

---

[51] Ist doch, mit Klaus Weimar zu sprechen, das "Schreiben als man selbst und ein anderer im Schein der Alteration" geradezu ein Kennzeichen der Literatur (Weimar 1980, 229).

[52] Das Interesse der angelsächsischen Forschung am Thema Subjekt(-Repräsentation), im Zusammenhang mit George Herbert, belegt einmal mehr Barbara L. Harmans Buch *Representations of the Self in George Herbert's Poetry* (Harman 1982).

(Auch) aufgrund anderer sozialer und (literatur)geschichtlicher Voraussetzungen,[53] anders verfaßter (Gedicht-)Texte und einer anderen Forschungs-Geschichte[54] konnte *Renaissance Self-Fashioning* (Greenblatt 1980) zu einem wichtigen Thema in der Anglistik werden.[55] Diese so entstandene Aufmerksamkeit für das Subjekt wird von den deutschsprachigen Vertretern des Fachs geteilt. So reflektiert z.B. Wolfgang Iser die Emanzipation des Ich "aus seiner bis dahin selbstverständlichen Funktion, ein Rollen-Ich zu sein", im England des ausgehenden 16. Jahrhunderts, "wo mit den metaphysical poets das Ich sich als Schnittpunkt der aus dem Weltbild der Epoche herausgebrochenen Diskursschemata konstituiert" (Iser 1979, 746). Und Manfred Pfister hält fest:

> Mit den *courtly makers* am Hofe Heinrichs VIII. setzt eine neue poetische Selbstdarstellung und Selbstinszenierung des Ich ein. Sie führt zu den großen Sonettzyklen des Jahrhundertendes [...] und spaltet sich dann auf in die gegenläufigen Stiltendenzen der bis zur Dunkelheit semantisch komplexen

---

[53] Man denke z.B. an das Phänomen der "Coterie Poets" (A. F. Marotti). Ausgehend von der Tatsache, daß Koterie-Dichtung im engen und vertrauten Bekanntenkreis des Autors zirkulierte, stellt A. F. Marotti am Beispiel John Donnes fest: "coterie work circulated in manuscript was often essentially self-advertising, deliberately part of the social performance of an individual who could play the [...] generalities of poetic conventions against perceived particularities of his personality and personal situation [...]. Donne used the literary and cultural languages of his time to fashion a self-reflexively autobiographical discourse" (Marotti 1986, 14).

[54] Die angelsächsische Forschung kann und muß 'ihre' Texte bekanntlich in weit geringerem Maß als die germanistische vor dem Hintergrund umfangreicher Regel-Poetiken lesen. Vielleicht aber ist die größere Unbefangenheit der angelsächsischen Forschung in gewisser Hinsicht auch Folge der Forschungsgeschichte selbst. So findet das editorische Werk, aber auch das wertende Urteil des Doyens der Forschung zu den Metaphysical-Poets, Herbert J. C. Griersons, durchaus noch - wenn auch kritische - Beachtung. Seine Autorität legitimiert das Interesse am Subjekt auch dann, wenn man seinen Formulierungen im einzelnen nicht mehr zustimmen wollte. (Grierson formulierte z.B. in seiner noch in den sechziger Jahren wiederaufgelegten Anthologie *Metaphysical Lyrics and Poems of the Seventeenth Century* [1921]: "In dealing with poets who lived and wrote before the eighteenth century we are always confronted with the difficulty of recovering the personal, the biographical element, which, if sometimes disturbing and disconcerting, is yet essential to a complete understanding of their work" [Grierson 1966, xvii].)

[55] Für die englische Lyrik des 17. Jahrhunderts konstatiert die Forschung also "[a] concern for fashioning the self as a dramatic character or performer" (Hannaford 1986, 97). Dem Interesse an der Selbst-Inszenierung im England des 17. Jahrhundert korreliert die Angst vor Selbst-Verlust: "To lose one's self is a haunting theme of seventeenth-century lyric poetry" (Hammond 1990, 210).

Metaphysical Poetry und der klassizistischen Eleganz der Dichtung Ben Jonsons und der *Sons of Ben*, der *Cavalier Poets*. Man wird dann lange warten müssen, bis zur Romantik, bis sich das Ich in lyrischen Texten wieder so insistierend und intensiv zum Thema machen wird. (Pfister 1991, 44 f.)

Daß im späten sechzehnten und frühen siebzehnten Jahrhundert, wie Historiker vermuten, "something like a mutation in human nature" stattgefunden habe, ist *eine* These. Eine *andere* ist die, daß "the changes were most dramatically marked in England" (Trilling 1974, 20). Wohl sind solche Thesen nicht im strengen Sinn beweisbar, letztere aber bestärkt zumindest ein Vorgehen, wie es hier versucht wird: nämlich deutsche und englische Lyrik des 17. Jahrhunderts im Rahmen der Fragestellung dieser Arbeit parallel zu lesen. Steht z.B. hinter den "Gedichten eines Donne [...] und Andrew Marvell" tatsächlich eine besonders ausgeprägte "Haltung des Fragens, des Nachfragens und Hinterfragens, des zweifelnden Ringens um die Wahrheit der eigenen Erfahrung" (Pfister 1991, 77), dann - so ist zu vermuten - sind in ihnen Möglichkeiten des lyrischen Text-Subjekts besonders hervorragend verwirklicht. Dann können diese Gedicht-Texte zu einer genaueren, weil vergleichsweisen Einschätzung und Bewertung des lyrischen Text-Subjekts im deutschen Gedicht des 17. Jahrhunderts beitragen.

1.7 Das Subjekt als Thema und Problem des 17. Jahrhunderts

Trotz benennbarer Gründe bleibt das Desinteresse der Germanistik am Subjekt der Lyrik des 17. Jahrhunderts verwunderlich. Bleibt es auch insofern, als - im Rückblick unübersehbar - das Subjekt gerade im 17. Jahrhundert in ganz Europa einerseits in vielfacher Hinsicht zum Problem und Thema,[56] andererseits

[56] Beispielsweise sei Sir Thomas Brownes programmatische Äußerung in *Religio Medici* zitiert: "That world which I regard is my selfe; it is the Microcosme of mine owne frame that I cast mine eye on" (Browne 1955, 95). In ihrem Buch *The Eloquent "I". Style and Self in Seventeenth-Century Prose* kommt Joan Webber zu dem Schluß, daß Browne, Donne, Bunyan, John Lilburne, Robert Burton, Richard Baxter, Milton und Thomas Traherne "[i]n their extreme self-consciousness [...] contributed to the development of self-conscious language, and of man's capacity for self-analysis and self-expression in life and in art" (Webber 1968, 255).

zum Ausgangspunkt neuer (Selbst-)Gewißheit (Descartes) wurde.[57] Auch wenn "bei Descartes [...] die befreite Selbstgewißheit des denkenden Ich und der Zwang des Mechanismus einander gesellt [waren]", aufs Ganze gesehen läßt sich - in Adornos weiterer Formulierung - doch ein Subjekt (re)konstruieren, "das, tastend nach seiner bürgerlichen Autonomie, sich selbst aussprechen will" (Adorno 1967, 155 f.).

Daß Individualität und Individuation im 17. Jahrhundert ein wichtiges Thema sind, gerade weil die Probleme erst akut werden und nicht schon gelöst scheinen, betont Niklas Luhmann. Ihm zufolge wird in diesem Jahrhundert

> Individualität [...] schon selbstreferentiell konzipiert, wird schon inneren Repressionen sozialer Inkonvenienzen ausgesetzt, schon mit Problemen der Aufrichtigkeit und Selbstzugänglichkeit konfrontiert, zugleich aber immer noch an den Inklusionskontext der stratifizierten Gesellschaft gebunden und nicht zur Exklusion freigegeben. (Luhmann 1989, 186)

Auch in der Kunst und Musik des 17. Jahrhunderts kommt dem Subjekt, trotz oder wegen seines Eingebundenseins - einerseits in soziale und religiöse Ordnungen, andererseits in Gattungen und Genres - eine zunehmend wichtigere Rolle zu. Zwar ist Rembrandts beinahe manische Suche nach (s)einem Selbst in einer großen Zahl von Selbstbildnissen keinesfalls die Regel, doch steht deren subtile Psychologie durchaus im Zusammenhang mit der zunehmenden Psychologisierung des (Selbst-)Porträts insgesamt. Überhaupt wächst das Interesse am Konterfei; so entsteht z.B. um 1600 für Porträt-Stiche ein eigener verlegerischen Markt. Unter den gefragten "Icones virorum illustrium" sind nun auch diejenigen der 'noblilitas literaria'.[58] In der Musik weist die 'seconda prattica' in Oper, Solokantate und 'Air' auf ein neues Interesse am Subjekt und dessen (Affekt-)Darstellung hin. Dem Jahrhundert selbst scheinen also die Probleme von Subjekt und Individualität weder unbekannt noch gleichgültig gewesen zu sein. Unwahrscheinlich, daß sich die deutsche Kunst und Literatur diesem Interesse ganz hätte verschließen können.

---

[57] "Subjekt ist in der Sprache der Philosophie seit dem 17. Jahrhundert das Individuum, sofern es sich erkennend wie handelnd zu dem Gegebenen in seinem ganzen Umfang als 'Objekt' verhält, es zum Gegenstand des Erkennens macht oder praktisch aneignet und verändert" (Ritter 1974, 11).

[58] Mit "[d]eutsche[n] Schriftsteller[n] des Barock und ihr[em] Umkreis in zeitgenössischen Kupferstichen" hat sich z.B. Erich Trunz beschäftigt (Trunz 1992, 118-160).

2 Zur Forschung oder Meta-Schicksale des lyrischen Ich

2.1 Das Problem als Problem

Theorien der Lyrik als (eigenständigen) Gattung wurden bekanntlich erst im Laufe des 18. Jahrhunderts ausformuliert.[1] Während man über Epos und Drama auf der Grundlage - aber auch im Bann - antiker Definitionsbemühungen (Aristoteles) nachdachte, mußte die übergeordnete Einheit in den einzelnen lyrischen Gattungen erst bestimmt werden. Bis heute ist die Lyrik diejenige der drei 'Haupt-Gattungen', die sich am meisten gegen allgemeine und theoretische Bestimmungen zu sträuben scheint. So heterogen die Lyrik als Gattung bestimmt wird - sei es früher durch v.a. inhaltliche, heute durch überwiegend formale Kriterien -, so heterogen ist auch die Diskussion um den Stellenwert eines so oder so aufgefaßten lyrischen Ich, d.h. der Sprecherinstanz im Gedicht.

Da gilt das lyrische Ich zwar als "ein[...] Liebling der Germanistik", wird aber als "unverwüstliche[r] Wiedergänger" seit den ästhetischen Theorien des späten Idealismus" 'entlarvt' (Killy 1983, 14). Da wird gefragt, ob es das lyrische Ich nur so 'gibt', "wie es einen Weihnachtsmann 'gibt'" (Stephens 1982, 54). Umstritten ist also, ob die "Frage nach dem lyrischen Ich [...] eine Grundfrage der Lyrik" (Müller 1979, 9) darstellt, d.h. "ein Verzicht" auf diesen Begriff "zugleich ein Absehen von einem der zentralsten poetologischen Probleme" (Spinner 1975, 1) bedeutet. Spielt das lyrische Ich, verstanden als Konstituens der Gattung (Sorg 1984) oder als "*der ihr eigene Gegenstand*" (Wapnewski 1979, 30), einerseits eine wichtige - wenn nicht sogar die entscheidende -Rolle in der germanistischen Lyriktheorie, so wird ihm diese andererseits ebenso entschieden abgesprochen.[2] Es ist abzusehen, daß bei einer solch konträren Einschätzung des Gegenstands in der Forschung eine vermittelnde Darstellung unmöglich ist.

---

[1] Vgl. Behrens 1940, 180 ff.; Scherpe 1971.

[2] Jürgen Link z.B. versteht das lyrische Ich nicht als "Figur", die "eine bestimmte, unverwechselbare Position" einnimmt, sondern als "absolut verwendetes 'Ich', das [...] austauschbar [ist] gegen 'man', 'du', 'er' usw." (Link 1981, 200).

Im folgenden werden die wesentlichen (deutschsprachigen) Forschungsbeiträge zum lyrischen Ich bzw. Subjekt in relativer Ausführlichkeit vorgestellt. Dies scheint notwendig, fielen doch die bisherigen älteren Forschungsberichte vergleichsweise summarisch aus.[3] Im folgenden gehe ich chronologisch vor, entwickeln sich Begriffsgeschichte und Forschung doch in der Auseinandersetzung mit dem jeweils aktuellen Stand. Die Funktion, welche die Forschung dem Begriff des lyrischen Ich notwendig unterstellt, kann - wie sich zeigen wird - auf zwei Ebenen begriffen werden: als Funktion von (Geschichte) und Funktion als (Lösung eines Problems).

2.2 Hypotheken des 19. Jahrhunderts: Hegel (1817) und Nietzsche (1872)

Auch wenn Lyrik bereits vor Hegel - und teilweise entschiedener als bei diesem - über ihr subjektives Moment definiert wurde[4] und das Subjektivitätsprinzip bei Hegel selbst gewissen Einschränkungen unterliegt,[5] kann Hegels Theorie der "Poesie", die er im dritten Teil seiner *Vorlesungen über die Ästhetik* als Teil eines weitreichenden philosophisch-ästhetischen Systems entfaltet, als die folgenreichste der subjektivistischen Lyriktheorien gelten.[6] Im

[3] Eine "[k]ritische Überprüfung bisheriger Definitionen des lyrischen Ichs", die auch anglo-amerikanische Definitionsversuche berücksichtigt, bringt Müller (1979, 11-30); kürzer fällt Kaspar Spinners Überblick zur germanistischen Forschung aus (Spinner 1971, 1-11). Auffallend ist, daß mitunter gerade neuere Beiträger zum Thema (z.B. Sorg 1984) die bisherige Forschung nicht (erkennbar) zur Kenntnis genommen zu haben scheinen.

[4] Jürgen Söring z.B. schließt nicht aus, "daß sich die für die Lyrik geltend gemachte Prinzipienfunktion der Subjektivität und Empfindung u.U. auch einem Systemzwang der von Baumgarten inaugurierten 'Wissenschaft von der sinnlichen Erkenntnis' verdankt" (Söring 1980, 237). Damit lägen die Wurzeln der idealistischen Lyrik-Theorie also in der Aufklärung und der damals neubegründeten Disziplin Ästhetik.

[5] Es sind in der Lyrik das "Subjektive und Partikuläre" nicht schon "an und für sich" von Interesse (Hegel 1971, 211), vielmehr besteht die "vornehmlichste Bedingung für die lyrische Subjektivität [...] darin, den realen Inhalt ganz in sich hineinzunehmen und zu dem ihrigen zu machen" (Hegel 1971, 210).

[6] So stehen z.B. auch Friedrich Theodor Vischers Überlegungen zur Gattung Lyrik - sie ist ihm bekanntlich "*punktuelles Zünden der Welt im Subjekte*" (Vischer 1923, VI, 208) - deutlich in der Nachfolge der Hegelschen Ästhetik. - Noch Walter Hincks Reflexionen über "Das lyrische Subjekt im geschichtlichen Prozeß" gehen von Hegel aus, fordern allerdings um einer "historischen Poetik der Lyrik" willen einen "umgewendete[n] Hegel" (Hinck 1979). Mit dem Hinweis auf die Lyrik Brechts, die mehr als Subjektivität bekunde, fordert

Zuge einer breiten, teilweise auch reduktionistischen Hegel-Rezeption, die schon früh einsetzte, entfaltete auch die Auffassung, daß es "im Lyrischen das *Subjekt* ist, das sich ausdrückt" (Hegel 1971, 205), ihre Wirkung. Suggestiv verbinden Hegels Formulierungen Indikativ und Imperativ, wenn er vom "echt lyrischen Dichter" sagt, daß dieser "für sich eine subjektiv abgeschlossene Welt" sei, "daß er die Anregung wie den Inhalt *in sich selber* suchen und deshalb bei den inneren Situationen, Zuständen, Begebnissen und Leidenschaften seines eigenen Herzens und Geistes stehen bleiben kann" (Hegel 1971, 211 f.).

Hegels Verständnis des lyrischen Gedichts läßt es als überflüssig erscheinen, beim Gedicht zwischen Urheber und Produkt zu unterscheiden, wird doch im Gedicht "sich der Mensch in seiner subjektiven Innerlichkeit selber zum Kunstwerk" (Hegel 1971, 212): "Als der Mittelpunkt und eigentliche Inhalt der lyrischen Poesie" hat sich "das poetische konkrete Subjekt, der *Dichter*, hinzustellen" (Hegel 1971, 223). Doch versteht Hegel den Dichter und sein Schaffen durchaus differenzierter als viele seiner Epigonen.

> [D]er Dichter [ist] er selbst und auch nicht; er gibt nicht sich, sondern etwas zum besten und ist gleichsam ein Schauspieler, der unendlich viele Rollen durchspielt, jetzt hier, dann dort verweilt, hier eine Szene, dort eine Gruppierung einen Augenblick festhält, doch, was er auch darstellen mag, immer zugleich sein eigenes künstlerisches Innere, das Selbstempfundene und Durchlebte lebendig darein verwebt. (Hegel 1971, 213)

Zumindest in ihrer verkürzten Lesart jedoch scheinen Hegels weitere Bestimmungen der Lyrik - "innere Subjektivität" ist ihr "eigentliche[r] Quell", "das Subjekt als Subjekt" gibt "die Form und den Inhalt" ab (Hegel 1971, 214 f.) - "verschiedene Möglichkeiten von vornherein aus[zuklammern], da sie sich dem Prinzip subjektiver Verinnerlichung widersetzen" (Gnüg 1983, 37). Problematischer als dieser ausgrenzende Blick, wenn es denn einer ist, scheint mir die an und durch Hegel fixierte Blickrichtung. Die Theorie der Lyrik, sofern sie sich auf Hegel bezieht, trägt nicht selten teleologische Züge und deutet - mit wohl beschränkter Gültigkeit - "die Geschichte der Lyrik als Prozeß fortschreitender Autonomie des lyrischen Subjekts" (Gnüg 1983, 38). Die Be-

---

Hinck dazu auf, die subjektive Perspektive notwendig zu ergänzen um ein "seine Soziabilität bekundende[s] und in konkrete gesellschaftliche Prozesse handelnd sich einlassende[s] Subjekt" (Hinck 1978, 137).

dingtheit des lyrischen Subjekts durch eine Struktur ist bei einer solchen Betrachtungsweise letztlich von geringem Interesse.[7]

In Hegels Kunstverständnis schlossen sich Subjekt(ivität) und Künstlertum keineswegs aus. Sie bildeten vielmehr die Grundlage seines Verständnisses der lyrischen Dichtung. Anders bei Nietzsche, dessen Kunstverständnis demjenigen Hegels ebenso entgegengesetzt ist wie seine Auffassung vom Subjekt. Für Nietzsche kann "das Subjekt, das wollende und seine egoistischen Zwecke fördernde Individuum nur als Gegner, nicht als Ursprung der Kunst gedacht werden" (Nietzsche 1973, I, 40). Und so stellt er folgerichtig in *Die Geburt der Tragödie aus dem Geiste der Musik* (1872) die Frage, "wie der 'Lyriker' als Künstler möglich ist: er, der, nach der Erfahrung aller Zeiten, immer 'ich' sagt und die ganze chromatische Tonleiter seiner Leidenschaften und Begehrungen vor uns absingt" (Nietzsche 1973, I, 36). Wie schon für Schopenhauer ist für Nietzsche die Vorstellung eines subjektiven Dichters quasi eine contradictio in adjecto. Schopenhauers Problem, die Lyrik, "eine Dichtungsart, in welcher das Ich im Vordergrund steht, in eine Philosophie der Kunst zu fügen, für welche das Kriterium höchsten Gelingens die Tilgung des Persönlichen ist" (Heller 1976, 61), sucht Nietzsche dadurch zu lösen, daß er die "Ichheit" des Lyrikers in Gegensatz setzt zu der "des wachen, empirisch-realen Menschen" (Nietzsche 1973, I, 38). Als "bewegender Mittelpunkt" seiner "Welt" darf der Lyriker "'ich' sagen", seine "Ichheit" aber ist "die einzige überhaupt wahrhaft seiende und ewige, im Grunde der Dinge ruhende [...], durch deren Abbilder der lyrische Genius bis auf den Grund der Dinge hindurchsieht" (Nietzsche 1973, I, 38). Die scheinbare Subjektivität des Lyrikers wird - am Beispiel des Archilochus - als "Einbildung" der "neueren Ästhetiker" entlarvt (Nietzsche 1973, I, 37). Der "subjektiv wollende und begehrende Mensch [kann] nie und nimmer Dichter sein": "In Wahrheit ist Archilochus, der leidenschaftlich entbrannte, liebende und hassende Mensch, nur eine Vision des Genius, der bereits nicht mehr Archilochus, sondern Weltgenius ist und der seinen Urschmerz [...] symbolisch ausspricht" (Nietzsche 1973, I, 38).

Nietzsche versteht also das Ich des Lyrikers als autonomes. Geboren und verständlich ist es gleichsam aus dem Geist der Musik, es "tönt [...] aus dem

---

[7] Bei Hegel selbst finden sich durchaus vereinzelte Hinweise auf strukturelle Phänomene. So deutet er z.B. den Reim als eine "Wiederkehr, in welcher das Subjekt sich seiner selbst bewußt wird und sich darin als die setzende und vernehmende Tätigkeit erkennt und befriedigt" (Hegel 1971, 96). Das Subjekt, bereits bei Hegel, (auch) ein Rekursionsphänomen?

Abgrunde des Seins" (Nietzsche 1973, I, 37).[8] Buchstäblich verflüchtigt aber hat sich mit der Substanz des Ich auch das Problem seiner Strukturbedingtheit.

2.3 Margarete Susman (1910) und Oskar Walzel (1916): Begründungen durch Dichtung und Wissenschaft

Dem *Wesen der modernen deutschen Lyrik* galt Margarete Susmans Interesse.[9] Untergeordnet dem "Zweck" ihres "Buches [...], die moderne deutsche Lyrik als Kulturerscheinung in ihren Grundlinien zu umreißen" (Susman 1910, 5), ist die Einführung des Begriffs "lyrisches Ich" zu verstehen. Mit Nietzsche teilt Susman die Ansicht vom "sich selbst aufhebende[n] Irrtum einer 'subjektiven Kunst'" (Susman 1910, 17). Doch was sich bei diesem als Postulat aus seinem Kunstverständnis ergeben hatte, die Trennung zwischen "lyrische[m] Genius und [...] Nichtgenius" (Nietzsche 1973, 38), entspringt bei Susman dem Wunsch der Dichterin, "das Esoterische der heutigen Kunst [...] aus der inneren Entwicklung der Lyrik [...] wie aus dem von außen her andrängenden Leben der Zeit" heraus zu verstehen und zu behaupten. Zugleich will sie den "Mythos, den unsere Dichter schaffen", verteidigen (Susman 1910, 14). So muß ihr eine Ästhetik, welche "die Lyrik als ein persönliches, ja subjektives Gebilde" betrachtet und "das in ihr redende Ich für das persönliche des Dichters" hält, als verfehlt erscheinen (Susman 1910, 16).

> Nur die ewigen Zusammenhänge des Mythos haben in der lyrischen Kunst Raum, nicht das Schicksal, sondern die über das persönliche Schicksal hinausgehobene Wahrheit des Dichters: die F o r m seines Schicksals. Und

---

[8] Auf die im 19. und später im 20. Jahrhundert beliebte Frage nach Maske und Rolle in der Lyrik, d.h. nach willentlich gewählten Haltungen des "empirisch-realen Menschen" (Nietzsche 1973, I, 38), geht Nietzsche in der *Geburt der Tragödie* also nicht ein. Stellvertretend für ein solches Interesse sei aus Wilhelm Scherers posthumer *Poetik* (1888) zitiert: "Der Redner kann in eigenem Namen sprechen oder in einem fremden, und zwar entweder in einer Maske [...], hinter der er er selbst bleibt, sich nur versteckt, aber erkannt werden will - oder in einer Rolle [...] sich selbst ganz verläugnend [...]. In der Lyrik ist es manchmal nicht leicht, ja oft ganz unmöglich, zwischen Maske und Rolle zu unterscheiden. Und selbst ob im eigenen Namen, ist nicht immer zu sagen" (Scherer 1977, 161 f.).

[9] Zu Susman, die dem George-Kreis nahestand, und ihrem Buch vgl. Pestalozzi 1970, 342-347.

darum kann es nie das personale, sondern nur das in den allgemeinen ewigen Zusammenhängen des Seins lebende Ich sein, das in ihr Raum hat: das lyrische Ich, das eine Form ist, die der Dichter aus seinem gegebenen Ich erschafft. (Susman 1910, 16)

Ein Zusammenhang zwischen dem empirischen und dem lyrischen Ich bleibt durchaus gewahrt, ist doch das empirische Ich des Dichters das Material zu jener Form, die er schafft. Aber auch wenn "das lyrische Ich mit dem einmaligen Ich des Individuums" sich in "der eigenen Zeit [...] tiefer und schwieriger verwickelt" als früher, darf "das lyrische Ich [...] um nichts weniger objektiv sein, weil ein individuelles Ich es bestimmt und hervortreibt" (Susman 1910, 17). Susman deutet eine historische Entwicklung an, die "vom allgemeinsten Ich, vom Vertreter und Mund einer allgemeinen Weise zu fühlen, [...] bis zum Ausdruck des kompliziertesten einmaligen Individuums unserer Zeit" (Susman 1910, 18) führt.

Margarete Susmans Begriff des lyrischen Ich steht im Dienst einer Kunstphilosophie, die mit organischer Metaphorik[10] für den Mythos und den Dichter, "dessen Verhältnis zum Leben mythisch ist" (Susman 1910, 14), werben will. Nicht als analytisches Werkzeug dient ihr also der Begriff, vielmehr soll mit ihm "das Objekt des Kunstwerks, in welchem das empirische Ich sich vernichtet hat", bezeichnet und begriffen werden. Das lyrische Ich ist für Margarete Susman "das umfassendste Symbol, das nach sich die ganze Welt der Symbole, die das lyrische Kunstwerk bilden, bestimmt" (Susman 1910, 20). Es besitzt, und dies ist entscheidend, eine "Einheit, die darin beruht, daß es kein Ich im real empirischen Sinne, sondern daß es A u s d r u c k, daß es F o r m eines Ich ist" (Susman 1910, 18).

An "Margarete Susmans Scheidung des lyrischen und des subjektiven Ichs" (Walzel 1968, 270) knüpfte Oskar Walzel zwei Jahre später in seinem Buch *Leben, Erleben und Dichten. Ein Versuch* ausdrücklich an. 1916 machte er das lyrische Ich quasi zum Titelhelden seines Aufsatzes "Schicksale des lyrischen Ichs". Darin führt er den Begriff in die Literaturwissenschaft ein und trennt ihn zugleich entschieden von allen biographistischen Lesarten. Bei seinem Überblick über die v.a. jüngste Lyrikproduktion (Trakl, Däubler, Heym, Werfel etc.) bleibt für ihn "der Schlußeindruck, daß dieses Ich [des Dichters,

[10] So spricht sie z.B. davon, daß das "empirisch gegebene Ich der Person [...] am lyrischen Kunstwerk genau soviel Anteil [hat] wie die Puppe am Schmetterling, der Keim an der Blüte" (Susman 1910, 19 f.).

D. J.] im Rahmen des Gedichts das Allergleichgültigste ist". Walzel spricht von einer "Entichung der Lyrik" (Walzel 1968, 264), die er, wenn auch nicht explizit, so doch durch sein Vorgehen, an der Verwendung bzw. Nichtverwendung, des Pronomens der 1. Pers. Sing. festmacht.

Walzel beobachtet also das Ich zunächst in seiner sprachlichen Erscheinung und macht es so zur "Kategorie der Gedichtinterpretation" (Müller 1979, 12). Es darf, so Walzel, "nicht übersehen werden, daß Lyrik in erster, zweiter und dritter Person spricht, überdies ebenso in der Mehrzahl wie in der Einzahl. Verschiedene Möglichkeiten der Lyrik ergeben sich [...], je nachdem sie mit Ich, Du, Er, Wir, Ihr und Sie arbeitet." (Walzel 1968, 265) Diese Differenzierung scheint mir, gerade weil sie auf ein einfaches sprachlich-grammatikalisches Kriterium rekurriert, bedeutsam. Walzel jedoch greift im folgenden Friedrich Theodor Vischers Unterscheidung zwischen einer "Lyrik des Aufschwungs zum Gegenstande", einer "Lyrik reinen Aufgehens des Gegenstands im Subjekt" und einer Lyrik "der beginnenden und wachsenden Ablösung vom Gegenstand" auf (Walzel 1968, 265). Im Verlauf seiner Argumentation - einem Plädoyer für die "echte[...] Lyrik", deren Kennzeichen es ist, daß "das 'Ich' mühelos durch ein 'Wir' ersetzt werden kann" (Walzel 1968, 270) - tritt Walzels anfängliches Interesse an den verschiedenen Personalpronomen und ihrer möglichen Bedeutung ganz zurück. Mehr noch. Im Banne Vischers erscheinen ihm die 1. und 3. Pers. Sing. bzw. Plural, zuletzt sogar austauschbar.[11]

2.4 Gottfried Benns Begriff des lyrischen Ich (1927 ff.)

Wiewohl Gottfried Benns Überlegungen zum lyrischen Ich abseits der wissenschaftlichen Diskussion des Begriffs stehen (wollen), gilt es doch, an sie zu erinnern. Denn indem Benn den Begriff bereits 1927 zum Titel eines Essays wählte (hier jedoch keine eigentliche Definition gab), indem er in späteren Veröffentlichungen immer wieder auf das lyrische Ich zurückgriff, trug er

---

[11] "Ist ein Dichter einmal zu solcher Fähigkeit gediehen, auf sein Ich zu verzichten und nur an der künstlerischen Formung eines anderen zu arbeiten, so bleibt es zuletzt fast gleichwertig, ob er diesen anderen oder dieses andere in der dritten Person auftreten läßt oder ob er ihm die Rechte der ersten schenkt" (Walzel 1968, 274).

zweifelsohne dazu bei, dem Begriff eine breitere Resonanz zu verschaffen. Seine zunächst undeutliche Vorstellung hat Benn 1952 im "Vortrag in Knokke" folgendermaßen präzisiert:

> dieser Begriff ist die Inkarnation alles dessen, was an lyrischem Fluidum in dem Gedichte produzierenden Autor lebt, ihn trennt vom epischen und dramatischen Autor, ihn befähigt und zwingt, in spezifischer Weise Eindrücke, innere und äußere, zu sammeln und sie in Lyrik zu verwandeln, er umfaßt die besonderen Beziehungen des Lyrikers zu den Worten (Benn 1959, 541).

Obwohl auch Benn das lyrische Ich also keineswegs vollständig mit der empirischen Person der Autors identifiziert, sucht er es doch nicht im Gedicht selbst auf. Benn unternimmt, wenn man so will, vielmehr den Versuch, Nietzsches Vorstellung vom lyrischen Genius zu rationalisieren. Der Begriff des lyrischen Ich dient nicht der Textanalyse, sondern erfüllt seine Aufgabe vielmehr im Rahmen der Bennschen Idee vom *Doppelleben*.[12]

2.5 Käte Hamburger und das lyrische Ich als Aussagesubjekt (1957)

Obwohl die Gedanken Hegels und Vischers noch lange die germanistische Lyrik-Diskussion bestimmten,[13] haben sich solche Positionen, die zwischen Autor- und Text-Subjekt unterscheiden und damit die Autonomie des Texts

---

[12] Ulrich Meister, der unter dem Titel *Sprache und lyrisches Ich* eine längere Studie zur *Phänomenologie des Dichterischen bei Gottfried Benn* vorgelegt hat, betont zu Recht, daß Benns "lyrisches Ich [...] in engstem Zusammenhang mit seiner allgemeinen Ich-Problematik [steht]" und rekapituliert: "sein [Benns, D. J.] lyrisches Ich ist die Quintessenz der zeitgenössischen Lage und eines Bewußtseins, das, um beidem dichterischen Ausdruck zu geben, sich zugleich subjektiv und paradigmatisch (übersubjektiv) verstehen muß" (Meister 1983, 101).

[13] So sprach z.B. Günther Müller noch 1941 davon, daß "in der Lyrik die lebendige Person des Dichters auf eine besonders unmittelbare Weise zugegen" sei (Müller 1941, 99). Das lyrische Gedicht stand für ihn "mit der Person des sprechenden Dichters in einem unmittelbaren Lebenszusammenhang" (Müller 1941, 106). Solche und ähnlich formulierte Positionen suchen, indem sie die direkte Korrelation von Kunst und Leben im Kunstwerk behaupten, auch die Bedeutung des Interpreten zu sichern. Der Interpret - als Deuter von Welt, Leben und Person des Dichters - tritt auch als Philosoph und Psychologe in Erscheinung.

betonen, auf die Länge der Zeit gesehen wohl inzwischen durchgesetzt.[14] Der vielleicht letzte Beitrag, der sich in der Nachfolge Hegels um eine Definition der Lyrik bemühte und auf breite Resonanz stieß, stammt von Käte Hamburger. Ihr Kapitel "Die lyrische Gattung" in dem seinerzeit viel diskutierten Buch *Die Logik der Dichtung* ist nicht nur "Apologie der Erlebnislyrik" (Müller 1979, 19), sondern auch der Versuch, die Lyrik im "System der Wirklichkeitsaussage" (Hamburger 1987, 207) zu verankern. Dem übergeordnet ist das Ziel, die klassische Gattungstrias Lyrik, Epos und Drama aufzubrechen und auf aussagelogischer Grundlage die Gattungen neu zu begründen. Lyrik, deren Aussagesubjekt in einer nicht-fiktionalen Rede-Situation steht, nimmt als nicht-fiktionale und nicht-mitteilende Gattung gegenüber den fiktiven Gattungen Epik und Drama eine Sonderstellung ein. Die dem Gedicht traditionell zugesprochene Unmittelbarkeit scheint aussagelogisch aufs Neue und Bessere begründet:

> wir [erleben] die lyrische Aussage als Wirklichkeitsaussage [...], die Aussage eines echten Aussagesubjekts, die auf nichts anderes bezogen werden kann als auf dieses selbst. Gerade das unterscheidet ja das lyrische Erlebnis von dem eines Romans oder Dramas, daß wir die Aussagen eines lyrischen Gedichtes *nicht* als Schein, Fiktion, Illusion erleben. Unsere verstehende, interpretierende Ergreifung des Gedichts ist eine in hohem Grade 'nacherlebende', wir müssen uns selbst befragen, wollen wir das Gedicht verstehen. (Hamburger 1987, 239)

---

[14] Früher als in der deutschen Kritik wurde in der angloamerikanischen die biographistische Identifikation des Ich im Text in Frage gestellt (vgl. Müller 1979, 20 f.). Auch der in Deutschland erst sehr spät rezipierte russische Formalismus und der tschechische Strukturalismus haben immer noch bedenkenswerte Differenzierungsversuche unternommen. Hingewiesen sei hier lediglich auf Jan Mukařovskýs anregenden Überlegungen zu den "Probleme[n] des Individuums in der Kunst" (Mukařovský 1986). Mukařovský hat sich wiederholt, differenziert und mit sich wandelndem Problembewußtsein zum "Problem des *Subjekts*" (Mukařovsky 1986, 47) geäußert. Um 1946/1947 formulierte er seine Einsichten in das Problem so: "[D]erjenige, der hinter dem Werk steht, von dem das Gedicht ausgeht und an den es sich wendet, [ist] keine konkrete psychophysische Persönlichkeit [...], sondern ein *Subjekt*, das innerhalb des Werks gegeben ist." Dessen "charakteristisches Zeichen [...] besteht in der *Konzentration des Werks* in einem Punkt; der Ort des Subjekts in der Struktur ist dadurch gegeben, daß die einzelnen Elemente sich zum Subjekt verbinden und es bezeichnen" (Mukařovský 1986, 81). Vgl. auch Mukařovský 1977. (Zu Mukařovskýs Erörterungen des Subjekts im Kunstwerk vgl. Sus 1981, 254 ff und Čivikov 1987, 127-131 und passim.)

Als Leser, so Käte Hamburger, erfahren wir das Gedicht also "grundstrukturell [...] als Aussage eines *Aussagesubjekts.*" D.h.: "*Das vielumstrittene lyrische Ich ist ein Aussagesubjekt*" (Hamburger 1987, 208) und

> immer identisch mit dem Aussagenden, dem Sprechenden [...] Darum ist das lyrische Aussagesubjekt identisch mit dem Dichter, ebensogut wie das Aussagesubjekt eines historischen, philosophischen oder naturwissenschaftlichen Werkes identisch mit dem Verfasser des jeweiligen Werkes ist. Identisch bedeutet im logischen Sinn identisch. (Hamburger 1987, 244)

Um ihren Standpunkt, der letztlich die "modernen Angriffe[...] auf den Subjektivitätscharakter der Lyrik" (Hamburger 1987, 241) abzuwehren sucht, behaupten zu können, muß Käte Hamburger den traditionellen Erlebnis-Begriff freilich modifizieren. Das Erlebnis, so Hamburger, kann durchaus "*'fiktiv' im Sinne von erfunden sein*" (Hamburger 1987, 246).[15]

Schwer verträglich sind Hamburgers Thesen zur "Logik der Lyrik" (Hamburger 1987, 251) mit literaturwissenschaftlicher Vorgehensweise. Da das "Problem des Verhältnisses von Dichtung und Wirklichkeit [...] logisch und phänomenologisch überhaupt nur für die fiktionale Gattung mit Sinn gestellt werden kann", kann die Lyrik als "lyrische Wirklichkeitsaussage [...] nicht mit irgendeiner Wirklichkeit verglichen werden, so wenig wie die nichtlyrische Aussage" (Hamburger 1987, 251). Das erkenntnistheoretische und aussagelogische Interesse an der Gattung führt schließlich nicht nur zu selbstgeschaffenen Ausschließlichkeiten, sondern sogar zum prinzipiellen Verzicht auf Erkenntnis, die ja letztlich immer relational - wenn auch nicht immer aussagelogisch - verfährt. Die "eigentliche sprachliche Reflexion auf die Funktion des Wortes 'ich' im Gedicht" wird übersprungen (Spinner 1975, 9). Was bleibt, ist Nacherleben.

---

[15] An anderer Stelle nennt Käthe Hamburger "das lyrische Gedicht eine Wirklichkeitsaussage [...], obwohl seine Aussage keine Funktion in einem Wirklichkeitszusammenhang hat", Hamburger 1987, 238). Den formallogischen Wirklichkeitsbegriff Käthe Hamburgers bezeichnete Gerhard Kaiser schlicht als "hölzernes Eisen" (Kaiser 1988, 568). (Zur Kritik an Hamburgers *Logik der Dichtung* vgl. die bibliographischen Angaben in: Spinner 1975, 9.)

2.6 Eva M. Lüders' Ansatz einer *Metakritik des lyrischen Ich* (1968)

Bereits 1965 hatte Eva M. Lüders ihre Überlegungen "Zur späten Lyrik Gottfried Benns" unter den Titel "Das lyrische Ich und das gezeichnete Ich" gestellt (Lüders 1965). Drei Jahre später veröffentlichte sie den "Kapitelanfang" ihres Buches *Metakritik des lyrischen Ich*, das - entgegen ihrer Ankündigung - jedoch nie erschienen ist. Lüders lehnt es ab, "das Gedicht als eine Art Lebensäußerung" zu betrachten, vielmehr will sie prüfen, "ob sich das Sprechen in der Ich-Form ganz vom Strukturzusammenhang des Gedichts her begreifen läßt, also als Funktionsträger innerhalb eines Ganzen" (Lüders 1968, 343 f.). Die, im Sinn einer literaturwissenschaftlichen Heuristik ergiebigen, "Grundgesetze der lyrischen Ich-Rede" werden aus der Analyse einer altägyptischen Papyrus-Notiz entwickelt.[16] Das lyrische Ich wird darin als Funktion des Texts aufgefaßt und kann zum Werkzeug der Textanalyse werden, weil es sich

> nicht nach der Perspektive und Erlebnisweise des Dichters richtet, sondern nach der Beschaffenheit des 'poetischen Einfalls' oder des Motivs, dem es eine maximale lyrische Wirkung ermöglichen soll. Die Ich-Rede ist also nicht einfach natürlich gegeben; sie ist ein Kunstmittel, das jeweils sachgerecht eingesetzt werden muß und das wir deshalb auch nur aus dem Funktionszusammenhang des Gedichts heraus begreifen können, nicht von der Situation des erlebenden und dichtenden Menschen her. (Lüders 1968, 348)

2.7 Karl Pestalozzis geistesgeschichtliches Interesse an der *Entstehung des lyrischen Ich* (1970)

Die Entstehung des lyrischen Ich steht in Karl Pestalozzis umfangreicher Arbeit im Mittelpunkt des Interesses. Nach Pestalozzi gehört "der Begriff des 'lyrischen Ich' [...] einer bestimmten geistesgeschichtlichen Situation an. Sein

[16] Lüders geht davon aus, daß ihre Beobachtungen "sich an komplexeren und ganz verschiedenartigen Beispielen der späteren Epochen im Prinzip stets wiederholen" (Lüders 1968, 349). Unangesprochen bleibt das Problem, inwiefern das lyrische Ich als sprachliches und textimmanentes Phänomen nicht doch den, sicherlich sehr langfristigen, Veränderungen/Möglichkeiten der Sprache bzw. Text-Formen unterliegt.

Aufkommen läßt sich aus den geschichtlichen Gestaltungen des Erhebungsmotivs verstehen" (Pestalozzi 1970, 348). In breit angelegten "Vorstudien", die von Dante bis zu Longfellow reichen, entwickelt Pestalozzi seine These vom Aufschwung und Aufstieg als "Bewegungen des Ich zu seinem Selbst, als Akte also, mit denen sich das Ich seiner Identität vergewissert" (Pestalozzi 1970, 348).

Nach Pestalozzis geschichtsphilosophischem und psychologischem Verständnis beruhte noch die Lyrik Goethes auf der "momentanen Übereinstimmung von empirischem Ich und Selbst im intensiven Gefühl", ist noch die "religiöse Sprache [...] zugleich Sprache des Gefühls". Doch beim

> klassischen Schiller wird diese enthusiastische Einheit von Gott und Selbst zerbrochen. [...] Von jenem geschichtlichen Moment an, den hier Schiller bezeichnet, kann vom "lyrischen Ich" gesprochen werden. Damit ist jenes Selbst benannt, das dem Ich, weil es auf keine andere Weise zu fassen ist, im Gedicht vermittelt wird. Der im Begriff des "lyrischen Ich" implizierte Gegensatz zum empirischen Ich des Dichters entspricht demjenigen von Ich und Selbst, der nun unüberbrückbar geworden ist. Das "lyrische Ich" ist der neue Repräsentant dieses neuen Selbst. [...] Reine Kunst, "lyrisches Ich", ungreifbares Selbst gehören somit zusammen. Für alle drei ist die Voraussetzung der proklamierte oder verschwiegene Tod Gottes. (Pestalozzi 1979, 348 f.)

Inhaltsbezogen, d.h. am Motiv des Aufschwungs festgemacht, besteht in Pestalozzis Verständnis des lyrischen Ich kein direkter Zusammenhang zwischen diesem und dem Pronomen der 1. Pers. Sing. Vielmehr erhebt das ganze Gedicht im Motiv des Aufschwungs "seinen Anspruch, 'lyrisches Ich' zu sein". Der Begriff ist weder Werkzeug der Textanalyse noch bezeichnet er ein Textelement; er ist vielmehr ein, unter bestimmten geistesgeschichtlichen Prämissen entstandener, Text, dessen Aufgabe und Wirkung es ist, "den Leser aus allen äußeren Verflechtungen herauszureißen und ihm das Bewußtsein zu geben, ein identisches autonomes Selbst zu besitzen" (Pestalozzi 1970, 352).

Im Rahmen dieser Konzeption sucht Pestalozzi auch in der deutschen Barocklyrik nach den "verstreuten Ausprägungen der Erhebungsmotivik" (Pestalozzi 1970, 45) und wird v.a. im Bereich der Emblemata fündig. Im Aufschwungmotiv, das "bei den mystischen Dichtern seine reinste und konsequenteste Ausprägung" findet (Pestalozzi 1970, 70), indirekt im Emblem des Adlers, sieht Pestalozzi "Modelle [...] dafür, wie der Einzelne inmitten der

Welt personenhafte Freiheit verwirklichen kann" (Pestalozzi 1970, 51). Das barocke Gedicht, so Pestalozzi,

> reproduziert und aktualisiert den vorgegebenen humanistischen oder religiösen Horizont [...]. [E]s formuliert diesen Horizont als Anrede an den einzelnen Menschen, es individualisiert ihn, wie die einzelnen Aufschwungmöglichkeiten die christliche Himmelfahrt aktualisieren. Damit ist auch gesagt, daß diese Individuation nicht zur Individualität im modernen Sinn führt. Die Welt, in der sich eine solche realisieren könnte, wird gerade verlassen. Im Aufschwung soll sich der Mensch als ewig und gottgleich, d.h. als einzelnes mit sich identisches Selbst erfahren. (Pestalozzi 1970, 76 f.)

Auch wenn diese geistesgeschichtliche Deutung eines Motivs richtig ist, bleibt der eventuelle Zusammenhang zwischen dem Aufschwung im und als Text und dem erlebten Aufschwung doch unklar. Der (sprachliche) Konnex von Leben und Literatur bleibt unreflektiert. Dabei läge dessen Problematisierung gerade auch im geistesgeschichtlichen Zusammenhang nahe.

2.8 Jürgen Peper. Das lyrische Ich als Einheit der transzendentalen Vorstellungsstruktur (1972)

Um aus dem Begriff des lyrischen Ich, "einem vage poetologischen, psychologischen und gelegentlich biographischen Begriff einen Strukturbegriff erkenntniskritischer Herkunft" zu machen (Peper 1972, 409), geht Jürgen Peper in seinem Aufsatz "Transzendentale Struktur und lyrisches Ich" "[v]on den n e w c r i t i c s über Coleridge" zurück "zu Kant" (Peper 1972, 381). Zwar gewährleistet Pepers erkenntnistheoretisch philosophische Auffassung des lyrischen Ich eine "Unterscheidung zwischen lyrischem Ich und empirischem Dichter-Ich" (Peper 1972, 413). Doch seine an Kants Begriff der "transzendentalen Einheit der Apperzeption" angelehnte Definition des lyrischen Ich als "die Einheit der transzendentalen Vorstellungsstruktur, die Einheit der in das Gedicht eingebrachten mentalen Synthesis" (Peper 1972, 408) wird in ihrer Allgemeinheit weder dem Lyrischen, d.h. der Eigenart der Gattung, noch dem Ich, d.h. den Besonderheiten des Pronomens der 1. Pers. Sing., gerecht. Der hohe Abstraktionsgrad seiner Definition und die Einschätzung der transzendentalen Struktur als letztlich sogar "dichtungs-, ja kunstneutral" (Peper 1972, 432) hat zur Folge, daß das lyrische Ich - so verstanden - als poetologischer Begriff nicht mehr greift. Auch Pepers Versuch, "Kants zeitloses transzendentales Subjekt" und ein "historisches Kultursubjekt" im Begriff des lyrischen Ich aufeinander zu "projizieren" (Peper 1972, 432), muß ein, wenn auch richtungsweisender, Versuch bleiben: der konkrete Zusammenhang von 'transzendentalem' und 'historischem' Subjekt ist nur undeutlich zu erkennnen, da Peper den Gegebenheiten Sprache und Text kaum Aufmerksamkeit schenkt.

2.9 Kaspar H. Spinner *Zur Struktur des lyrischen Ich.* Das lyrische Ich als Leerdeixis (1975)

Indem Kaspar Spinner linguistische Analyse, die Literaturtheorie des russischen Formalismus bzw. tschechischen Strukturalismus und die interaktionistische Ich-Psychologie[17] zusammenführt, gelingt ihm ein Zugriff auf das lyrische Ich, der dieses buchstäblich beim Wort nimmt: den Dimensionen des Ich wird Spinner im Rahmen seines Ansatzes ebenso gerecht wie denen der Lyrik. Spinner, der das Gedicht "als sprachlichen Geschehensvorgang" versteht (Spinner 1975, 25), führt das lyrische Ich zunächst auf seine Sprachlichkeit zurück und situiert es als Ich-Deixis im Sprechakt. Da nun in der Lyrik "weder eine fiktive noch eine tatsächliche Kommunikationssituation, auf die die Deixis verweisen könnte", faßbar ist (Spinner 1975, 14), der Bezug auf den Autor mithin bloß fakultativ ist, kann vom "fiktionale[n] Charakter des lyrischen Ich" gesprochen werden. Das Ich im Gedicht definiert sich also nicht in einer Kommunikationssituation, sondern "durch die Aussagen, die über es im Text

[17] Spinner greift George Herbert Meads Selbst-Konzept auf, das zwischen einem Subjektaspekt ("I") und einem Objektaspekt ("me") unterscheidet. Das lyrische Ich versteht Spinner "als ein 'me' [...], es ist als Element des Gedichts losgelöst vom Subjektpol und wird zum Objekt der Erfahrung". Die Problematik des lyrischen Ich, nämlich der "Schein von Subjektivität [...] entsteht dadurch, daß das lyrische Ich als 'me' sich loslöst vom unmittelbaren Bezug auf das 'I' und doch gerade dieses zu vertreten scheint". Das lyrische Ich ist jedoch grundsätzlich "nicht als Bezeichnung oder Ausdruck einer bestehenden Identität, sondern als Funktionsteil im Prozeß der Identitätsfindung zu sehen". Die Frage, ob das lyrische Ich den Autor oder eine andere, höhere Ich-Identität bezeichnet, "wird hinfällig durch die Einsicht, daß das Gedicht Teil eines Interaktionsprozesses ist, in dem sich Identität erst herstellen kann" (Spinner 1975, 24).

gemacht sind". "[D]as Ich ist gleichsam das abstrakte Etwas, dem die Eigenschaften, Handlungen, Erfahrungen des Gedichts zugeschrieben sind" (Spinner 1975, 17). Im Anschluß an W. Isers Begriff der "Leerstelle" bzw. E. Leibfrieds Wort von der "Leermeinung" bezeichnet Spinner das lyrische Ich als Leerdeixis, die ihre Funktion im Rezeptionsvorgang gewinnt. Im Gedicht ist die Ich-Deixis "e i n Mittel, eine neue Orientierung zu schaffen", sie kennzeichnet "den fiktiven Ort [...], von dem aus das Raum/Zeitgefüge des Ich-Gedichts sich entwickelt" (Spinner 1975, 18). Wenn Spinner nun aber den Leser einführt, der "um den Text zu verstehen, die durch die Ich-Deixis geschaffene Blickrichtung in einer Art Simulation" sich aneignen muß (Spinner 1975, 18), dann läuft er Gefahr, seinen Ansatz in die bekannten Probleme der Rezeptionsästhetik zu verwickeln. Obwohl Spinner das Ich im Gedicht doppelt betrachtet wissen will, sowohl "im Sinne der Autoreflexivität des Textes bezogen auf den innertextlichen Funktionszusammenhang" als auch "im Sinne seiner kommunikativen Rolle als Element, das den Rezeptionsvorgang steuert" (Spinner 1975, 19), gilt in seinen folgenden Strukturanalysen[18] das Interesse v.a. letzterem, d.h. Kommunikation und Rezeptionsbedingungen. Unabhängig davon, ob sich eine Strukturanalyse tatsächlich so strikt von der ihr scheinbar entgegengesetzten Interpretation trennen läßt, wie es Spinner beabsichtigt, ist sein Vorgehen, "im Hinblick auf das lyrische Ich" den "Funktionszusammenhang der Ich-Deixis im Gedicht und im poetischen Kommunikationsakt aufzuzeigen", ebenso richtig wie wichtig. Wenn Spinner allerdings so "die Bedingungen zu beschreiben" sucht, "unter denen ein Verstehen des Ich-Sagens im Gedicht sich vollzieht" (Spinner 1975, 20), dann überfliegt das lesende Interesse an Kommunikation und Rezeption meines Erachtens zu schnell das Problem der Produktion. Anders gesagt: das der Bedingungen und Folgen des Ich-Sagens überhaupt.

---

[18] Analysiert werden Gedichte von Klopstock bis Celan. Wenn Spinner die Reihe mit Klopstocks "Die künftige Geliebte" eröffnet, so scheint mir das eher die Folge einer Tradition als die Konsequenz aus Spinners eigenem Ansatz zu sein. Diesem wäre Erschließungskraft auch hinter Klopstock zurück zuzutrauen.

2.10 Wolfgang G. Müller. Das lyrische Ich als *Erscheinungsform*[...] *gattungseigentümlicher Autorsubjektivität* (1979)

Wie Kaspar Spinner versucht Wolfgang G. Müller, obwohl er eine psychologische Erklärung des Phänomens ablehnt, das lyrische Ich nicht ganz vom Autor abzuspalten, sucht es sozusagen als selbständiges aber nicht unabhängiges zu verstehen. Sichert bei Spinner der Rückgriff auf die Ich-Psychologie den Zusammenhang von Dichter und Gedicht, so bei Müller die Sprachform. Für Müller liegt das lyrische Ich

> objektiv vor in den Gebilden, in deren einzigartiger und unverwechselbarer Sprachform sich der Autor als Urheber bezeugt, in dem Bereich der Lyrik also, der die Beziehung von Autor und Werk am engsten und intensivsten zeigt. Das Vorkommen des lyrischen Ichs ist an eine formkünstlerische Leistung gebunden, in der sich die authentische Personalität des Autors manifestiert. (Müller 1979, 58)[19]

Damit wendet Wolfgang G. Müller den Begriff des Kunstwollens, mit dem der Kunsthistoriker Alois Riegl das Überindividuelle in Kunst und Kunsthandwerk einer Zeit bzw. Region zu fassen suchte, ins Gegenteil. Dem persönlichen Willen zur Form wird die Fähigkeit zur unverwechselbaren Manifestation attestiert. Die "Eigentümlichkeiten der sprachlichen Form der Komposition bezeugen", so Müller, "das Personale des Autors stärker als jeder autobiographische Gehalt. Die Sprachform hat Identifikationskraft". Sie ist es, welche "die Urheberschaft als stärkster Zeuge und Garant [verbürgt]" (Müller 1979, 57). Müller sieht in der Lyrik "*per definitionem* die subjektiv-monologische Gattung". Zwar ist das "Vorkommen des Personalpronomens der 1. Person [...] grundsätzlich ein Gattungskennzeichen" (Müller 1979, 12). Doch darf das lyrische Ich, das nach Müller nicht gattungskonstitutiv für die Lyrik ist, keinesfalls mit dem Personalpronomen der 1. Pers. Sing. gleichgesetzt werden (vgl. Müller 1979, 12 und 56).[20]

Müllers Überzeugung, das lyrische Ich liege "objektiv vor in den Gebilden, in deren einzigartiger und unverwechselbarer Sprachform sich der Autor als

---

[19] Unklar bleibt der spezifische Konnex zwischen dem so verstandenen lyrischen Ich und der Gattung Lyrik. Schließlich ist nicht nur das Gedicht "sprachkünstlerische[s] Gebilde" und Produkt "intensive[r] Arbeit an der Sprache" (Müller 1979, 57).

[20] Auch wenn Pronomen "zu den sprachlichen Mitteln" gehören, "die bei der Konstituierung des lyrischen Ichs eine Rolle spielen können" (Müller 1979, 56).

Urheber bezeugt" (Müller 1979, 58), präsuponniert, was nicht leicht zu beweisen sein dürfte: daß 'Sprachform' unzweideutige 'Identifikationskraft' (s.o.) zukommt. Nicht nur Zuschreibungsprobleme[21] lassen dies fraglich erscheinen.

2.11 Karlheinz Stierle. Das lyrische Subjekt als "Subjekt auf der Suche nach seiner Identität" (1975)

Für "Die Identität des Gedichts" interessiert sich Karlheinz Stierle und weist unter diesem Gesichtspunkt und innerhalb seines Konzepts vom "Text als Handlung" (Stierle 1975) dem lyrischen Ich eine wichtige Funktion zu. Denn zunächst kommt dem Text als sprachlicher Gegebenheit lediglich Kohärenz, aber noch keine Identität zu. "Verknüpfung und Rekurrenz werden [...] erst dann zu Momenten der Identität, wenn sie in die Dimension des Diskurses übersetzt werden". Dessen Identität wiederum, notabene "eine notwendige Identifikationsfiktion, ohne die der Diskurs seine Handlungsdimension gar nicht gewinnen könnte" (Stierle 1979, 508), erweist sich in der "apriorischen Vorgabe" als "zurückbezogen auf die Identität eines Subjekts, das sich an die Identität einer Rolle entäußert" (Stierle 1979, 508 f.).[22] Doch steht der lyrische Diskurs, für den die "Transgression eines primären Textschemas"[23] bezeichnend ist (Stierle 1979, 518), nicht in der "Perspektive eines faktischen, sondern lyrischen Subjekts". Dieses erweist sich

> von vornherein als problematisches Subjekt, das am ehesten wohl als ein Subjekt mit sentimentalischer Identität zu bestimmen ist. Es ist ein Subjekt auf der Suche nach seiner Identität, das sich in der Bewegung dieser Suche

---

[21] Man denke, um nur zwei Beispiele aus dem Bereich der Germanistik zu geben, an die Zuschreibungsprobleme in der Minnesang-Philologie (Minnelyrik allerdings schlösse Müller wohl ebenso "aus der Reihe der Träger von Zeichen eines lyrischen Subjekts" aus, wie "Volkslied und [...] volksliedhafte[s] Kunstlied" [Müller 1979, 57]) oder die Diskussionen über die von Ludwig Tieck herausgegebenen *Phantasien über die Kunst*, deren Großteil von Wilhelm Heinrich Wackenroder stammt.

[22] Stierle spricht auch von der "Paradoxie artikulierter Identität", die "sich nur identisch artikulieren [kann] in einem identischen Diskurs, der seinerseits gesichert ist durch ein Diskursschema. Im Hinblick auf dieses aber ist das sujet de l'énonciation immer schon determiniert durch eine Diskursrolle, die das Diskursschema selbst vorzeichnet" (Stierle 1979, 519).

[23] Stierle definiert diese "negative Kategorie" positiv auch als "Multiplikation der simultanen Kontexte des lyrischen Gedichts" (Stierle 1979, 517).

> lyrisch artikuliert [...]. [D]as lyrische Subjekt [ist] als sujet de l'énonciation wie als sujet de l'énoncé, als setzendes wie als sich selbst setzendes Subjekt, eine Subjektkonstellation, eine Subjektfigur, an der problematische Identität als Bedingung des problematischen Diskurses sinnfällig werden kann. (Stierle 1979, 520)

Die Frage nach autobiographischer oder fiktionaler Ursprungskonstellation spielt keine Rolle. Relevant ist vielmehr "die Artikuliertheit dieser Figur im lyrischen Diskurs", ihre Möglichkeit, die problematische Identität des Subjekts in der problematischen Identität des Diskurses zu spiegeln. Die Identität des lyrischen Subjekts erweist sich als "unvorgreiflich und doch in spezifischer Weise gesellschaftlich vermittelt" (Stierle 1979, 520). Es eröffnet dem Leser, versteht er es denn mit Stierle als "Identitätsfigur, nicht aber eine faktische Identität", die Chance, "eine Möglichkeit von komplexer Identität gleichsam von innen zu erfahren" (Stierle 1979, 522).

Auf hohem theoretischen Niveau kreist Stierle Funktion und Charakteristika des lyrischen Subjekts ein: seine Dynamik und Diskursgebundenheit werden herausgestellt. Jenseits des Interesses bleibt indes die Rolle der 1. Pers. Sing. und der mögliche Zusammenhang zwischen dem lyrischen Ich, der 1. Pers. Sing. anderen möglicherweise identitätsstiftenden Figuren im Text.[24]

Explizit an Stierles Überlegungen schloß Wolfgang Iser im selben Band von *Poetik und Hermeneutik* seine Thesen zum Thema "Figurationen des Lyrischen Subjekts" an. Iser will "aus der Struktur des Subjekts die Bedingungen seiner Geschichte" ableiten (Iser 1979, 746). In der neuzeitlichen Lyrik, so Iser, ist die "Identitätsfigur des Ich" sozusagen doppelt bedingt, nicht nur durch "bestimmte Diskursschemata", deren Selektivität dem lyrischen Subjekt "individuelle Prägnanz" verleiht, sondern auch durch "bestimmte Beziehungen, die zwischen den Schemata dominant waren". In dieser "Selektivität der Beziehungen der Schemata untereinander gewinnt es seine historische Prägnanz. [...] Die Figur des lyrischen Subjekts manifestiert sich immer als Bedingung über versammelte Kontexte" (Iser 1979, 748).

---

[24] Quasi als Weiterführung (aber auch Einschränkung) der Stierleschen Überlegungen lassen sich - wenn man so will - die Thesen von Antony Easthope lesen. Easthope, der hier stellvertretend für neue poststrukturalistische bzw. diskurstheoretische Überlegungen zum lyrischen Subjekt zitiert sei, hält fest: "subject position is effected across the text and its readings" (Easthope 1987, 122). Der im Gedicht scheinbar geisterhaft sprechende Autor entpuppt sich als "material effect of discourse": "A full voice, a coherent presence as subject of the enounced is represented through poetic artifice" (Easthope 1987, 125).

2.12 Warnungen. Anthony Stephens (1982)

Nicht eine neue Theorie, sondern kritische Reflexion auf die Forschung und sozusagen deren Gebrauchsanleitung bieten Anthony Stephens' "Überlegungen zum lyrischen Ich". Stephens, der das lyrische Ich als "Geschöpf der Sekundärliteratur" betrachtet (Stephens 1982, 58), sieht die Nützlichkeit des Begriffs nur dann gewährleistet, wenn man es als "Werkzeug und nicht als Wesenheit" betrachtet (Stephans 1982, 56), als "Mittel einer jederzeit möglichen aber keinesfalls notwendigen Art der Gedichtanalyse" (Stephens 1982, 65). Um diese eingeschränkte Nützlichkeit des Begriffs zu wahren, darf ihm - wie oft geschehen - nicht zuviel aufgebürdet werden. Einzustehen vermag das lyrische Ich weder als "die eine wesentliche Eigenschaft des lyrischen Ausdrucks" für "übergreifende geschichtliche Enwicklungen"[25] noch "für eine Definition der lyrischen Gattung" (Stephens 1982, 60 f.).

2.13 Bernhard Sorg: *Das lyrische Ich. Untersuchungen zu deutschen Gedichten von Gryphius bis Benn* (1984)

In seiner Habilitationsschrift versucht Bernhard Sorg "in exemplarischer Deutung die Entstehung der lyrischen Form als Resultat der Spannung von Autonomieanspruch des Subjekts und empirischer Heteronomie" und die "Veränderung in der Konstruktion von lyrischer Subjektivität" aufzuzeigen (Sorg 1984, 13 f.).[26] "[E]igentliche[s] und einzige[s] Konstituens von Lyrik" (Sorg 1984, 9), die verstanden wird "als Abdruck eines Ringens von Ich-

---

25 Stephans warnt ausdrücklich vor dem "'organischen' Trugschluß", der darin besteht, "eine jeweils verwirklichte Möglichkeit des lyrischen Ausdrucks für eine notwendige Ausgeburt der Literatur- oder Weltgeschichte zu halten" (Stephens 1982, 58).

26 Ein Jahr vor dem Erscheinen der Sorgschen Arbeit erschien Hiltrud Gnügs Buch zur *Entstehung und Krise lyrischer Subjektivität. Vom klassischen lyrischen Ich zur modernen Erfahrungswirklichkeit.* Ziel ihrer Untersuchung ist es, "unterschiedliche Ausprägungen lyrischer Subjektivität im geschichtlichen Wandel differenzierter [...] zu bestimmen", ihre Leitthese lautet - wenig überraschend -, "daß die Herausbildung lyrischer Subjektivität mit dem ästhetischen Autonomieprinzip des bürgerlichen Individuums einhergeht" (Gnüg 1983, 3). Zwar führt Gnügs Arbeit das lyrische Ich im Untertitel, tatsächlich aber spielt der Begriff in ihrer Monographie, wie auch das Literaturverzeichnis belegt, "als Terminus der Lyrikdiskussion [...] keine Rolle" (Kaiser 1988, 582).

Bewußtsein und Welt-Präsenz *und* als Ausdruck einer nur hic et nunc gefundenen Synthese" (Sorg 1984, 13), ist für Sorg das lyrische Ich bzw. dessen "Selbstbestimmung" (Sorg 1984, 9). Indem Bernhard Sorg das lyrische Ich so zur alleinigen conditio sine qua non der Gattung macht, argumentiert er potentiell tautologisch und ahistorisch. Letzteres aber entspricht keineswegs seiner erklärten Absicht. Denn eigentlich ist ihm das lyrische Subjekt "ein geschichtlich entstandenes und somit auch geschichtlich vergehendes Formprinzip" (Sorg 1984, 13 f.). Ein Formprinzip gewiß, doch innerhalb welcher Form? Die Gattung selbst, das legt Sorgs identifizierende Definition von Gattung und lyrischem Subjekt ja nahe, entsteht und verschwindet doch quasi mit dem lyrischen Subjekt.

Sorgs Arbeit inszeniert das Drama der Subjektivität, ihre Entfaltung, ihr Blühen und Verblühen: "eine Entwicklungsgeschichte der Lyrik, die die Entfaltung und Regression von lyrischer Subjektivität beschreibt" (Sorg 1984, 14). Auch diese Entwicklungsgeschichte entgeht nicht dem Dilemma, ihren Protagonisten - das lyrische Ich - proteisch auffassen zu müssen, als stets anderes und doch gleiches wird es sozusagen doppelt verrechnet. Sorgs Interesse an "lyrischer Subjektivität" setzt nicht nur das lyrische Subjekt als den Träger der Subjektivität stillschweigend voraus (und übergeht so dessen Bedingungen und damit Bedingungen des Wandels von Subjektivität), sondern, was höchst problematisch ist, "das Bewußtsein der unwiederholbaren Individualität in einer von keinem vorgegebenen Sinn strukturierten Welt" (Sorg 1984, 15).

Unter solchen Voraussetzungen bleibt das Problem der Subjektivität letztlich ebenso unreflektiert wie eine mögliche Funktion der 1. Pers. Sing.[27] "[D]ie Lyrik der Vor-Goethezeit" schließlich wird als eine "meist defizient" wirkende bezeichnet (Sorg 1984, 29). Wenn Sorg das Ich in Paul Flemings Sonett "An sich" als ein "nur im formalen Sinn [...] lyrisches" bezeichnet und das Sonett deswegen tadelt, weil es keine "lyrische Situation, sondern [...] gereimte Philosophie" entfaltet (Sorg 1984, 47 f.), dann wird Sorgs Umgang mit (barocken) Texten vollends deutlich.

[27] Tatsächlich nennt nicht einmal das Literaturverzeichnis die wichtigsten Arbeiten zum Problemfeld Subjekt/Subjektivität und lyrisches Ich.

2.14 Ulrich Charpa: "Das poetische Ich - persona per quam " (1985)

In Abweisung kommunikationstheoretischer und semiotischer Ansätze sucht Ulrich Charpa "das poetische Ich als aktives Selbst auszuweisen", d.h.:

> Im Anschluß an eine sich der Instrumentalisierung der handelnden Personen widersetzende terminologische Tradition [...] soll die Präposition [im Begriff der persona per quam, D. J.] als eine k a u s a l e ausgezeichnet werden und die persona in die Stellung eines Individuums rücken. (Charpa 1985, 153 f.)

Einer solchen Idee des poetischen Ich, als dessen Sonderfall das der Lyrik zu gelten hat, sucht Charpa zunächst durch den Rückgriff auf Mythos und Altes Testament "vorargumentative Plausibilität" zu verschaffen. Der antike Topos der Erweckung des Dichters durch die Musen lege, so Charpa, als Konsequenz nahe, "das eigentliche Aussagesubjekt und damit das poetische Ich abseits des realen Literatentums zu suchen" (Charpa 1985, 154 ff.). Vorläufig in meist negativen Bestimmungen nähert sich Charpa dem Problem des Wortes 'ich' im poetischen Text. Gerade im poetischen Text nämlich, der "sich nicht in den Rahmen einer kalkulierbaren Intentionserfüllung" fügt (Charpa 1985, 158), ist das Problem weder durch "die Verbannung des poetischen Ego in den Bereich bloßer Kunstgriffe" noch durch "die naive Ineinssetzung mit dem realen Dichter" zu lösen (Charpa 1985, 156). Am Beispiel der Eingangszeilen von Hofmannsthals Gedicht "Der Kaiser von China spricht" weist Charpa darauf hin, daß die poetische Ich-Rede anderes bedeutet als "die bloße Wahl eines Standpunktes". Denn soweit "ein solches Ich zum Aussagesubjekt wird, greifen die besonderen Restriktionen der Wahrnehmung und Weltauffassung, die nicht auf ein anderes Ich übertragbar sind" (Charpa 1985, 159). Die Kunstwerke selbst - wie z.B. Bachs "Canon per tonos" aus dem *Musikalischen Opfer* - zeigen, so Charpa, daß zuweilen "verursachendes menschliches Handeln und Werkdynamik auseinanderfallen" (Charpa 1985, 162). Auch in bezug auf das poetische Ich gilt es "Irreduzibilität und Selbsttätigkeit" (Charpa 1985, 163) einzugestehen.

Auf der Suche nach "den Motiven der Erschaffung und lesenden Rekonstruktion" (Charpa 1985, 163)[28] eines solchen poetischen Ich erweitert Charpa seine These insofern, als er das poetische Ich auch "als Begleiter einer Erkenntnisbemühung" ernstgenommen wissen will (Charpa 1985, 164). Zwar ist dem literarischen Subjekt die Einlassung von Illusionsmomenten eigen (Charpa 1985, 165), trotzdem gehört die "Annahme der Verläßlichkeit des sich als Ich Verbürgenden [...] zu den Bedingungen des Schreib- wie auch des Lesevorganges" (Charpa 1985, 169). Charpas philosophische Reflexion auf das poetische Ich, wichtig und anregend in ihrem grundsätzlichen Anspruch, zeigt welche Chance das poetische Ich dem Lesenden und Schreibenden (erst) unter diesen Bedingungen eröffnet, nämlich

> die Chance, der Frage nachzugehen, was es für ein anderes Subjekt bedeutet, es selbst zu sein. [...] In der Mitteilung darüber, was Identität und die Schwierigkeiten mit der Identifizierung, was Selbstwahrnehmung und die Auffassung des Umgebenden für sie selbst bedeuten, vermehrt die persona per quam unser Wissen über die Welt auf eine ihr allein vorbehaltene Art. (Charpa 1985, 167 f.)

2.15 Andreas Höfele über "Rollen-Ich und lyrisches Ich" im Erkenntnishorizont einer Poetik des *dramatic monologue* (1985)

Höfele knüpft an Robert Langbaums "Versuch, die Eigenart des *dramatic monologue* als Vorgabe einer spezifischen Rezeptionshaltung zu erfassen" an (Höfele 1985, 188). "[A]nstelle eines vorwissenschaftlichen Verständnisses von der Wirklichkeit des Ichs" setzt Höfele "die Axiome der modernen Persönlichkeitspsychologie". Mit dieser verzichtet Höfele auf die "Vorstellung eines substanzhaften, realen Ichs" (Höfele 1985, 192 f.) und tut damit einen folgenschweren Schritt. Wenn nämlich "sämtliche Ich-Vorstellungen als quasifiktive Konstrukte anzusehen sind", dann kommt dem lyrischen Ich kein prinzipiell anderer Realitätsstatus zu "als denjenigen Ich-Konzepten, die sich nicht

[28] Eine psychologische Betrachtung lehnt Charpa im "Zuge einer Kritik von Pragmatisierung" ab; der pragmatische Kontext ist ihm notwendige jedoch nicht hinreichende "Bedingung für das Dasein eines literarischen Ich" (Charpa 1985, 163 f.).

als Dichtung manifestieren". Auch "im lyrischen Ich schafft der Dichter ein Selbst-Konstrukt, eine Fiktion, in der er eine Vorstellung von seiner eigenen Identität zum Ausdruck bringt" (Höfele 1985, 194).

Das Verhältnis von Autor- und Sprecher-Ich ist also nicht "als Opposition von *fact* und *fiction* zu bestimmen, sondern als Differenz zweier Arten von Fiktion" (Höfele 1985, 192). Wodurch aber, so fragt Höfele, unterscheidet sich das Sprecher-Ich im *dramatic monologue* "vom lyrischen Ich und auch vom autobiographisch geprägten Rollen-Gedicht wie 'Wanderers Sturmlied'" (Höfele 1985, 204)? Am Beispiel von Robert Brownings Gedicht "My Last Duchess" sucht Höfele zu zeigen, daß das Sprecher-Ich des *dramatic monologue* kenntlich wird in der "historischen Distanz des Autors wie des Lesers zu der im Monolog sich darstellenden Subjektivität": "Brownings Herzog und Goethes Prometheus trennt die Erfahrung der Geschichtlichkeit" (Höfele 1985, 204). Subjektivität und (deren) Geschichtlichkeit, Gattung und Status des Sprechers richtig zu bestimmen, bleibt - so Höfele - Aufgabe des (kompetenten) Lesers.

2.16 Renate Böschenstein über "Das Ich und seine Teile" (1990)

"Überlegungen zum anthropologischen Gehalt einiger lyrischer Texte", genauer: zu lyrischen Texten, "in welchen das Ich, von sich sprechend, Teile seiner selbst evoziert" (Böschenstein 1990, 75), stellt Renate Böschenstein an.[29] Ihre Gedanken zur "Stückhaftigkeit des Ich" (Böschenstein 1990, 75) beziehen dezidiert philosophische, psychologische und linguistische Überlegungen zur Struktur des Ich mit ein; besondere Bedeutung gewinnen das Vokabular der Psychoanalyse[30] und die Thesen Elmar Holensteins. Holenstein betont die "*eigenartige Grammatik des Wortes 'Ich'*" (Holenstein 1982), die darin be-

---

[29] Zwei Jahre vor Böschensteins Überlegungen erschien Gerhard Kaisers Aufsatz über "Das Ich im Gedicht: Wandlungen seit der Goethezeit". Kaiser verzichtet in seinem Text explizit darauf, das Problem des lyrischen Ich, des Ich als Sprechinstanz, zu erörtern (Kaiser 1988, 99).

[30] Tiefenpsychologische Erklärungen (vgl. z.B. Böschenstein 1990, 90, Fußnote 56) stehen in Böschensteins Argumentation also neben der Absicht, "Dichtung [als] einen eigenständigen und unersetzlichen Beitrag zur Erkenntnis" der "Struktur des Ich" zu verstehen (Böschenstein 1990 75).

steht, daß das Wort 'ich' "als solches ineins, wenn auch in unterschiedlicher Weise, das Subjekt des Sprechereignisses und das Subjekt des besprochenen Ereignisses" bezeichnet (Holenstein 1982, 327).

Renate Böschenstein nun versteht das Pronomen 'ich' als "eine Art Mantel-Ich", "das verschiedene Ich-Teile einhüllt, wie auch solche Teile selber" bezeichnen kann (Böschenstein 1990, 74); ein Ansatz, der die Beschreibung verschiedener Zustände eines 'Ich' erleichtert (z.B. "Das Ich in Erregung" [Böschenstein 1990, 79]). Der Blick auf Teile und Zustände (des 'Ich') birgt jedoch die Gefahr, die prinzipielle Relevanz des (Wortes) 'ich', seine Bedingungen und Leistungen im Gedicht zu übersehen. Tatsächlich ist Renate Böschenstein (mit Holenstein) der Ansicht, daß Personalpronomen "in gewissem Grade austauschbar" sind (Böschenstein 1990, 78), Texte also "von der ersten in die dritte Person umgeschrieben werden können und umgekehrt, wobei sie gewiß modifiziert werden, ihre Individualität aber behalten" (Böschenstein 1990, 78). Begründet wird die relative Austauschbarkeit aller Personalpronomen durch ihre gemeinsame Aufgabe, korrelativ aufeinander zu verweisen, d.h. ein "*plurizentrisches Orientierungsgeflecht*" zu inszenieren (Holenstein 1982, 339). Die Aufgabe, die dem System der Personalpronomen insgesamt zukommt, ist damit anschaulich beschrieben. Doch ein Geflecht wird von verschiedenen 'Orten' aus geknüpft. Auf die differenzierende Unterscheidung dieser 'Orte', d.h. der konkreten Inszenierungs- und Beobachtungs-Perspektiven, wie sie je unterschiedlich durch die verschiedenen Personen des Personalpronomens bezeichnet und konstituiert werden, sollte jedoch nicht ohne Not verzichtet werden. "[E]twas anders zu sagen, bedeutet" - auch und gerde im Gedicht - "etwas anderes zu sagen" (Kaiser 1987, 22).

2.17 Blick zurück auf die Forschung als Blick nach vorn

Begriffs- und Gattungsverständnis, das ist wohl deutlich geworden, sind in der Diskussion um das lyrische Ich manchmal fast deterministisch verflochten.[31]

---

[31] Dieser Zusammenhang läßt sich auch in der Literaturkritik nachweisen, die selbst bei der Beurteilung zeitgenössischer Lyrik auf den Begriff des lyrischen Ich nicht verzichten mag. Der (ungeklärte) Begriff führt nicht selten zu problematischen Formulierungen. So schafft z.B. Michael Braun in einer Rezension von Thomas Klings Gedichtband *brenn-*

An ein normatives Lyrikverständnis gebunden, lassen sich Texte mit Hilfe des wie auch immer verstandenen Begriffs vom lyrischen Ich schwerlich anders als denn als Norm-Texte strukturieren. Auch der Versuch, diesen Begriff mit einem Motiv (vgl. Pestalozzi) zu identifizieren, schränkt seine Verwendungsmöglichkeit stark ein. Versagen muß das lyrische Ich schließlich als Definiens der Gattung Lyrik ebenso wie als alleiniges Indiz für eine so oder so verstandene historische Entwicklung.

Der Ort, an dem das lyrische (Text-)Subjekt - nicht als (Ur-)Sache,[32] sondern als Ereignis - konstruiert werden muß, ist der Text. Es gilt zumindest implizit Sprache und Text, verstanden als Bedingungen des lyrischen (Text-)Subjekts, zu reflektieren. Definiert man das lyrische Text-Subjekt als Struktur(element) des Texts, macht es also in der Sprache fest, dann - auch das hat der Gang durch die Forschung gezeigt - besteht am wenigsten die Gefahr, das Ereignis 'Subjekt' fälschlich als Gegenstand dingfest zu machen bzw. über den Begriff (des lyrischen Ich) ins "Gedanklich-Amorphe" (Stephens 1982, 54) abzugleiten.

Grundsätzlich festzuhalten ist an der - u.a. von Spinner, Stierle und Höfele propagierten - Entdichotomisierung der Frage nach der Identität von (Autor-) Subjekt und lyrischem (Text-)Subjekt. Geradezu leitmotivisch durchzieht diese Gretchen-Frage nach der Identität von dichtendem und gedichtetem Subjekt die Forschung. Solange diese Frage aber im Modus des Entweder-Oder entschieden wird, solange sitzt man m.E. einmal mehr der klassischen zweiwertigen Logik auf, einer Logik, zu der es ja durchaus Alternativen gibt. Sowohl die eindeutig identifizierende als auch die eindeutig nicht-identifizierende Position führ(t)en letztlich in eine Sackgasse. Daran ändert sich auch dann nichts, wenn das Problem - wie z.B. in der Barockforschung - mit den Begriffen 'authentisch' versus 'unauthentisch' diskutiert wird. Nur wenn Antworten im Modus des Sowohl-als-auch nicht (länger) als unentschiedene

---

stabm wohl eher Verwirrung als Klarheit, wenn er schreibt: "das gute alte lyrische Ich tritt als [sic!] biographisches Autor-Ich gänzlich unmaskiert auf". Wer hier als wer bzw. was 'auftritt', bleibt in Brauns Formulierung ebenso unklar wie die Frage, ob der Begriff des biographische Autor-Ich ein nicht-biographisches impliziert. ("'zimmer mit eingebauter nachtigall'. Wortgestöber. Thomas Klings Gedichtband 'brennstabm'. Von Michael Braun". In: *Die Zeit*, Nr. 19 vom 3. Mai 1991.)

[32] Wer das lyrische Ich als (Ur-)Sache voraus- und einsetzt, präsupponiert, was allererst doch zu klären wäre: wie es nämlich zu einem solchen kommt.

abgetan, sondern als oftmals notwendige erkannt werden, sind weiterführende Denkschritte möglich.[33]

Text und lyrisches Text-Subjekt sind, als Ereignisse in der Sprache, zwar selbständig, aber nicht unabhängig. Das sollte es möglich machen, beide, Text und lyrisches Text-Subjekt, in den Zusammenhang einer ebenfalls sprachlich geprägten Handlungswelt zu stellen, in Beziehung zu setzen zu sich (auch) durch Sprache (er)findenden Subjekten.

[33] Wie immer man zu den 'Verfahren' der dekonstruktivistischen Literaturwissenschaft steht, nicht zu unterschätzen ist der Wert einer v.a. von ihr entdeckten/erfundenen Sprache, die, wenn auch als paradoxe, doch immerhin jenseits binärer Oppositionen (ent)steht. So formuliert, um auf das lyrische Ich zurückzukommen, Kinereth Meyer - angeregt auch durch Überlegungen Paul de Mans - das lyrische Ich als: "a constant crossing of boundaries between self and versions of the self, between the myth of a voiced presence and the written conventions which deny that presence" (Meyer 147).

3 Das Subjekt im und als Gedicht: Eine Theorie des lyrischen Text-Subjekts

3.1 Anmerkung zur Theorie der Theorie[1]

Im folgenden soll das das lyrische Text-Subjekt, wie angedeutet, nicht als Ursprung, sondern als Folge modelliert werden. Vorgestellt wird ein Modell, das, mit Giambattista Vico zu sprechen, als gemachtes "wahr ist", insofern "etwas durch seine Ursachen beweisen, das gleiche [heißt] wie, es bewirken."[2] Das vorgestellte Modell (re)konstruiert das lyrische Text-Subjekt unter *einem*, allerdings wesentlichen Aspekt, sinnvoll ist das vorgestellte Modell, wie alle Modelle, nur unter bestimmten Rahmenbedingungen. - Wie in Kapitel 1 ausgeführt, bilden die Thesen der Systembiologie und einer handlungsbezogenen Kognitionswissenschaft die Eckpunkte der folgenden Theorie des lyrischen Text-Subjekts. Dieser wie jener kommt also keineswegs der von den Geisteswissenschaften häufig vergebene Rang einer 'Hilfswissenschaft' zu.[3]

3.2 Bezugsrahmen einer Theorie des lyrischen Text-Subjekts

3.2.1 Epistemologische Voraussetzungen

> "Nachdem die falsche Hoffnung auf eine feste Grundlage verschwunden und die Welt ersetzt ist durch Welten, die nichts als Versionen sind, nachdem Substanz sich in Funktion aufgelöst und das Gegebene als Genomme-

---

1 Erst die Theorie entscheidet, nach Albert Einsteins bekanntem Diktum, darüber, was man beobachten kann. Jeder Lektüre geht, ob reflektiert oder nicht, eine Entscheidung für oder gegen einen Bezugsrahmen, ein zielgerichtetes Interesse voraus; mithin: Theorie. So habe ich das Theorie-Kapitel nicht nur aus Gründen der Darstellung den Text-Analysen vorgeschaltet.

2 Das Zitat stammt aus Vicos 1710 erschienener Schrift *De Antiquissima Italorum Sapientia* (Kap. III, § 1,2), übersetzt von und zitiert nach: Glasersfeld 1985, 28.

3 Vgl. die "außer-" und "innerliterarischen Wege der Literaturwissenschaft" sensu Wellek /Warren (Wellek/Warren 1972).

nes erkannt wurde, stehen wir nun vor den Fragen, wie Welten erzeugt, getestet und erkannt werden." *Nelson Goodman*

Im Anschluß an Varelas "Mittelweg" in den Kognitionswissenschaften (Varela 1990, 103) können zwei ebenso traditionelle wie extreme Standpunkte der Erkenntnistheorie abgewiesen werden. Der "'Repräsentationismus', der annimmt, daß 'da draußen' eine vollkommen determinierte reale Welt ist, die der Organismus in sich selbst repräsentieren kann, wenn er durch die Sinne genügend Informationen über diese Welt enthält" und der "'Konstruktivismus', der behauptet, daß der Organismus seine Wahrnehmungswelt gänzlich aus sich selbst heraus aufbaut." Auf dem von Varela skizzierten Mittelweg bahnt sich, so Jeremy Hayward zusammenfassend,

> der Organismus gleichsam einen Weg durch diese Welt, und dieser Weg ist nur in groben Zügen festgelegt [...].Welt und Organismus entstehen also von Augenblick zu Augenblick gemeinsam in ständig wechselnder Verkoppelung. Weder dem Organismus noch der Welt kommt in diesem Prozeß eine Priorität zu. (Hayward 1990, 151 ff.)

Kurz: "Erkennender und Erkanntes, Subjekt und Objekt [konstituieren] einander wechselseitig [...] - [entstehen] gemeinsam" (Varela 1991, 102). Mehr noch: Wissen/Erkennen und Handeln sind in einer Welt, die (nur) erfindend entdeckt werden kann, letztlich nicht zu trennen: "Jedes Tun ist Erkennen, und jedes Erkennen ist Tun" (Maturana/Varela 1987, 32).[4]

3.2.2 "Angelpunkt Sprache"[5]

"Jede Reflexion [...] findet notwendigerweise in der Sprache statt, die unsere spezifische Form des menschlichen Seins und Tuns ist. Deshalb ist die

[4] Ausdrücklich hingewiesen sei auf die empirischen Grundlagen solcher Überlegungen; z.B. auf die Arbeit von Maturana/Uribe/Frenk zur "relativistischen Farbkodierung in der Primatenretina" (Maturana 1985, 88-137). - Übrigens sollte die postulierte grundsätzliche Subjektabhängigkeit der Erkenntnis nicht als Neuauflage solipsistischer Positionen mißverstanden werden (vgl. Maturana 1985, 310), auch widerspricht sie einem erfolgreichen Operieren in der Umwelt keineswegs: "Menschen arbeiten in ihrer Kognition induktiv und prognostisch: Sie nehmen an, daß das, was sich als konstante Erfahrung gezeigt hat, auch wirklich ist [...]. [D]as, was einmal geschehen ist, [wird] wieder erwartet, und es wird das wiederholt, was funktioniert hat" (Hauptmeier/ Schmidt 1985, 27 f.).

[5] Maturana/Varela 1987, 32

Sprache auch unser Ausgangspunkt, unser Instrument des Erkennens und unser Problem." *Humberto R. Maturana / Francisco J. Varela*

Eine zentrale Rolle in Maturanas und Varelas handlungsbezogener Theorie nimmt die Sprache ein, läßt sie sich doch begreifen als eine Fortsetzung des Handelns mit anderen Mitteln: "Sprache entsteht in dem Augenblick, wo eine Art von Handeln, ein Sprechakt, an die Stelle einer anderen Art von Handeln, also von 'quasi-sprachlichem Verhalten', gesetzt wird" (Hayward 1990, 155). Oder mit Maturanas Worten:

> Wenn sprachliches Verhalten in rekursiver Weise stattfindet, d.h. in einem konsensuellen Bereich zweiter Ordnung,[[6]] und zwar so, daß die Bestandteile des konsensuellen Verhaltens in rekursiver Weise im Prozeß der Erzeugung neuer Bestandteile des konsensuellen Bereichs kombiniert werden, dann wird eine Sprache erzeugt. (Maturana 1985, 259).

In und mit Sprache handeln, heißt aber auch, Abstand schaffen. Durch Sprache[7] entsteht "eine Distanzierung von anderen Formen des Handelns: Wir treten einen Schritt zurück und nehmen gegenüber unserem eigenen Handeln die Position des Beobachters ein" (Hayward 1990, 155). Der insistierende Blick Maturanas und Varelas auf (sich selbst als) den Beobachter, der zu einer Theorie des Beobachters führt, hat weitreichende Folgen. Sprache, Beobachter und Objekte stehen nach Maturana und Varela in Beziehung: es herrscht das Prinzip des wechselseitigen Bedingens.

> Wenn Sprache entsteht, dann entstehen auch Objekte als sprachliche Unterscheidungen sprachlicher Unterscheidungen, die die Handlungen verschleiern, die sie koordinieren. So koordiniert das Wort 'Tisch' unsere Handlun-

---

6 Konsensuelle Bereiche entstehen zwischen strukturell gekoppelten Systemen, also zwischen Systemen, die eine "Geschichte wechselseitiger Strukturveränderungen" teilen, "solange sich Einheit und Milieu nicht" auflösen (Maturana/Varela 1987, 85). Es lassen sich konsensuelle Bereiche erster und zweiter Ordnung unterscheiden. Während in konsensuellen Bereichen erster Ordnung die "Interaktionen [...] keine neuen Elemente ihrer selbst [erzeugen]" und "nicht über eine Ebene der 'semantischen Beschreibung'" verfügen (Gumbrecht 1988, 725), zeichnen sich konsensuelle Bereiche zweiter Ordnung dadurch aus, "daß hier die durch rekursive Interaktionen zwischen Organismen allererst erzeugten Verhaltensweisen in die Interaktion einbezogen werden. [...] [D]amit werden konsensuelle Bereiche zweiter Ordnung 'produktiv'", d.h. sie "erzeugen [...] ständig neue Bestandteile ihrer selbst" (Gumbrecht 1988, 724 f.).

7 Sprache und Denken verrechnet Maturana übrigens getrennt. Für ihn ist der neurophysiologische Prozeß des Denkens, "der darin besteht, daß das System mit einigen seiner eigenen internen Zustände so interagiert, als ob diese unabhängige Größen wären, [...] notwendigerweise unabhängig von Sprache" (Maturana 1985, 54).

gen in Hinsicht auf die Handlungen, die wir ausführen, wenn wir mit einem 'Tisch' umgehen. Der Begriff 'Tisch' verschleiert uns jedoch die Handlungen, die (als Handlungen des Unterscheidens) einen Tisch konstituieren, indem sie ihn hervorbringen. Mit anderen Worten: Wir sind in der Sprache, oder - noch besser - wir 'sprachen' nur dann, wenn wir durch eine reflexive Handlung eine sprachliche Unterscheidung einer sprachlichen Unterscheidung treffen. [...] Für unsere Zwecke können wir [...] das *Grundmerkmal* der Sprache, die auf radikale Weise die menschlichen Verhaltensbereiche modifiziert und dabei neue Phänomene wie die der Reflexion und des Bewußtseins ermöglicht, identifizieren. Dieses Merkmal ist, daß die Sprache dem, der damit operiert, *die Beschreibung seiner selbst* und der Umstände seiner Existenz erlaubt - und zwar mit Hilfe sprachlicher Unterscheidungen von sprachlichen Unterscheidungen. (Maturana/Varela 1987, 227)

3.2.3 Sprache, Selbst-Beschreibung und Ich-Bewußtsein

"Jeder Mensch *ist* eine einzigartige Erzählung, die fortwährend und unbewußt durch ihn und in ihm entsteht - durch seine Wahrnehmungen, seine Gefühle, seine Gedanken, seine Handlungen und nicht zuletzt durch das, was er sagt, durch seine in Worte gefaßte Geschichte." *Oliver Sacks*

Sprache, so Maturana, ist also ein Phänomen in 'konsensuellen Bereichen zweiter Ordnung': in der rekursiven Interaktion zwischen Organismen werden Elemente erzeugt und in die Interaktion einbezogen (vgl. Gumbrecht 1988, 724). Aufgrund der

Produktivität ihrer Interaktionen und der stets neuen Reaktionen auf die produzierten neuen Bestandteile ihres konsensuellen Bereichs gewinnen die über einen konsensuellen Bereich zweiter Ordnung verbundenen Organismen den Status von '*Beobachtern*' (Gumbrecht 1988, 725).

Und

[i]mmer wenn ein Beobachter die Interaktionen zwischen zweien oder mehreren Organismen so beschreibt, als würde die Bedeutung, die er den Interaktionen zuschreibt, den Verlauf dieser Interaktionen bestimmen, gibt der Beobachter eine *semantische Beschreibung*. (Maturana/Varela 1987, 224)

Maturana und Varela folgend, lassen sich nun 'Beobachter' und 'Beschreibung'[8] gleichsam kurzschließen. D.h. man kann diese Kategorien auf sich selbst anwenden und so das Phänomen des (Ich-)Bewußtseins folgendermaßen begreifen/erzeugen:

> Mit Sprache interagieren wir in einem Bereich von *Beschreibungen*, in dem wir notwendigerweise auch dann verbleiben, wenn wir über die Welt oder über unser Wissen darüber Behauptungen aufstellen. Dieser Bereich ist begrenzt und unendlich zugleich; begrenzt, weil alles, was wir sagen, eine *Beschreibung* ist, und unendlich, weil jede *Beschreibung* in uns selbst die Basis für neue Orientierungsinteraktionen und folglich neue *Beschreibungen* konstituiert. Aus diesem Prozeß der rekursiven Anwendung von *Beschreibungen* entsteht das (Ich-)Bewußtsein als ein Epiphänomen, als ein Bereich der Selbstbeschreibung, der kein anderes neurophysiologisches Substrat als das neurophysiologische Substrat des Orientierungsverhaltens selbst besitzt. (Maturana 1985, 73 f.)[9]

Maturanas Auffassung des (Ich-)Bewußtseins - der Intuition bzw. philosophischen Tradition, mag sie als "unheimliche[r] Prozeß der Spaltung eines Systems in zwei Systeme" (Maturana 1985, 155) erscheinen - führt Jeremy W. Hayward folgendermaßen aus:

> Mit der durch die Sprache entstandenen Distanzierung von der Welt und unserem eigenen Handeln entstand auch die Möglichkeit der distanzierten Beobachtung unserer selbst. Indem wir einen Teil unserer selbst, den Beobachter, gleichsam von unserer Ganzheit ablösen, erfahren wir uns als Wesen, die Gedanken und Vorstellungen 'haben': Unser Bewußtsein spaltet sich, und wir werden 'unserer selbst bewußt'. Dieser beobachtende und beschreibende Aspekt unserer geistigen Prozesse ist es, den wir unser 'Ich' nennen [...]. Die Erfahrung, ein 'Innenleben' der Gedanken und Bilder zu haben, ist unmittelbare Folge dieser Bewußtseinsspaltung, die uns vorgau-

---

8 "Beschreiben heißt, die tatsächlichen oder möglichen Interaktionen und Relationen aufzählen [...]. Die letztmögliche Bezugsgröße für jede Beschreibung ist [...] der Beobachter selbst" (Maturana 1985, 34).

9 "Diese Bestimmung des (Ich-)Bewußtseins wird sicherlich zunächst als unbefriedigend empfunden werden, da sie nicht der *Erfahrung* individuellen Bewußtseins, d.h. der *Beschreibung* dieser Erfahrung entspricht. Es ist aber völlig unnötig, daß die Erklärung des Phänomens '(Ich-)Bewußtsein' der *Beschreibung der Erfahrung* des (Ich-)Bewußtseins gleicht oder ähnlich ist, sie sollte vielmehr den Mechanismus aufweisen oder beschreiben, der das Phänomen des (Ich-)Bewußtseins *erzeugt* und die entsprechende Erfahrung ermöglicht" (Maturana 1985, 26).

kelt, unsere Wahrnehmung und deren innere Beschreibung seien zweierlei. (Hayward 1990, 155 f.)

Die Vorstellung eines Organismus, der "dadurch, daß er sich selbst als sich selbst *beschreibend* in rekursiver Weise *beschreibt*, zu einem selbstbeobachtenden System" wird, "das den Bereich des Ich-Bewußtseins als Bereich der Selbstbeobachtung erzeugt" (Maturana 1985, 65), impliziert nun keineswegs eine Welt monadischer Systeme jenseits von Geschichte und Soziabilität. Das Gegenteil ist der Fall. Denn wird die Annahme akzeptiert, daß kognitive Systeme "Welt innerhalb ihres kognitiven Bereichs konstruieren, dann müssen Konzepte wie Wahrheit, Sinn, Wert und Identität als Konstrukte sozialisierter Aktanten im Prozeß sozialer Interaktion modelliert werden" (Schmidt 1988, 142).

Auch wenn "das Ding, das wir 'Ich' nennen, das wir abtrennen und zum abstrakten Subjekt unserer Erfahrung machen, ein Produkt der Sprache, ein Knoten im Sprachgeflecht ist" und in einer "Metaphernwelt lebt" (Hayward 1990, 172),[10] so folgt daraus weder, daß die Sprache (das Subjekt) spricht, wie Heidegger und die Neostrukturalisten bzw. Dekonstruktivisten annehmen, noch, daß das Subjekt Sprache tatsächlich (system)ungebunden spricht. Sprache und Sprecher scheinen vielmehr zirkulär verbunden zu sein. Die Frage nach der Priorität von Individuum (Sprecher) oder System (Sprache) wird gegenstandslos, sobald auf das Postulat eines Ursprungs bzw. exogenen Fixpunkts verzichtet wird.[11]

---

[10] An dieser Stelle sei auf Hubert Schleicherts *Bedeutungsanalyse des Begriff[s] Bewußtsein*[...] hingewiesen. Verstehen Maturana und Varela Sprache als Bedingung der Möglichkeit von (Ich-)Bewußtsein, so verfährt Schleichert, dem es freilich nicht um "Theorien über die Entstehung von Bewußtsein" (Schleichert 1992, 212), sondern um die "Rekonstruktion der philosophisch-psychologischen Bedeutung von 'Bewußtsein'" geht, in seinem Ansatz noch entschiedener. Indem er nicht "diverse[...] Bewußtseinstheorien, sondern die kanonische Phraseologie" heranzieht, kommt er zu dem Schluß, "daß alles, was kanonisch vom Bewußtsein ausgesagt wird, alles also, was dem Bewußtsein nach allgemeiner Meinung zugeschrieben werden muß, ebensogut als Eigenschaft der Sprache angesehen werden kann: Mitteilbarkeit, Inhaltlichkeit, Reflexivität, [...] spezielle logische Eigenheiten". Schleicherts "Identitätsthese behauptet, die Wörter 'Bewußtsein' und 'Sprache' seien zwei verschiedene und mit verschiedenen Assoziationen verbundene Bezeichnungen desselben Phänomens in zwei verschiedenen Dialekten" (Schleichert 1992, 206). Mit anderen Worten: das, "was man als das Bewußtsein bezeichnete, ist kein geheimnisvolles Etwas hinter oder über dem Sprechen, sondern das Sprechen selbst" (Schleichert 1992, 215).

[11] Daß dies möglich (und nötig) ist, zeigen Jean-Pierre Dupuys und Francisco J. Varelas Überlegungen "Zum Verständnis der Ursprünge" unter dem programmatischen Titel:

3.2.4 Kommunikation, Bedeutung, Rezeption

> "Daß es in alltäglicher Sprechweise akzeptabel erscheint, von einer Übertragung von Information zu sprechen, hat seinen Grund darin, daß der Sprecher stillschweigend voraussetzt, der Hörer sei mit ihm selbst identisch und besitze folglich den gleichen kognitiven Bereich wie er selbst (was nie der Fall ist)." *Humberto R. Maturana*

Indem Maturana und Varela die Orientierungsfunktion der Sprache für den zu Orientierenden (vgl. 3.2.2) betonen, kann Sprache nicht mehr als Mittel der Informationsübertragung vom Sender auf den Empfänger modelliert werden.[12] Kommunikation stellt sich unter dieser Voraussetzung dar

> als wechselseitige Gestaltung einer gemeinsamen Welt über gemeinsames Handeln [...]: Wir erschaffen unsere Welt im Rahmen sozialen Handelns durch *Sprache*. Dieses gesellschaftliche Hervorbringen bezieht mehrere Dimensionen der Sprache ein. Wir arbeiten ständig mit Sprechhandlungen wie Aussagen, Versprechungen, Forderungen und Erklärungen. Ein solches gewachsenes Netzwerk von Sprechakten stellt eigene Anforderungen und ist kein Kommunikationsmittel, sondern genau jenes Geflecht, über das wir uns als Individuen definieren. (Varela 1991, 105)

Versteht man unter Kommunikation also "das gegenseitige Auslösen von koordinierten Verhaltensweisen unter den Mitgliedern einer sozialen Einheit" (Maturana/Varela 1987, 210), dann erweist sich die Metapher der 'Kommunikation durch eine Röhre',[13] die impliziert, daß es 'Etwas' gibt, das kommuniziert wird, als grundsätzlich falsch:

"Kreative Zirkelschlüsse" (Dupuy/Varela 1991). Darin gehen sie der 'Logik der Ergänzung' (Jacques Derrida) nach: "Jedesmal wenn in einem theoretischen Text ein Terminus auftaucht, der [...] einen Begriff als sich selbst genügend zitiert, setzt ein *circulus vitiosus* ein, der von innen heraus den Anspruch auf Autonomie untergräbt. Dies geschieht, weil ein anderer Terminus, der angeblich sekundär und untergeordnet ist und der nichts weiter sein sollte als eine Ableitung oder Unterkategorie des ersten Begriffs (beispielsweise: Kultur, Literatur, Form [...]), als unerläßlich für die Aufstellung des letzteren erscheint" (Dupuy/Varela 1991, 249 f.).

[12] Modelle nach dem Muster: Sender - Botschaft - Empfänger lassen sich zurückführen auf Claude E. Shannons Modell zur Lösung eines kommunikations- bzw. nachrichtentechnischen Problems aus dem Jahr 1949. (Zum Modell von Shannon und zur "Kritik einiger abgeleiteter Kommunikationskonzepte" vgl. Köck 1990, 342-358.)

[13] D.h.: Kommunikation beginnt auf der einen Seite einer Röhre oder Leitung, durch die 'Etwas' geschickt wird, um auf der anderen Seite (mehr oder weniger) gleich herauszukommen.

> Jede Person sagt, was sie sagt, und hört, was sie hört, gemäß ihrer eigenen Strukturdeterminiertheit; daß etwas gesagt wird, garantiert nicht, daß es auch gehört wird. Aus der Perspektive eines Beobachters gibt es in einer kommunikativen Interaktion immer Mehrdeutigkeit. Das Phänomen der Kommunikation hängt nicht von dem ab, was übermittelt wird, sondern von dem, was im Empfänger geschieht. Und dies hat wenig zu tun mit "übertragener Information". (Maturana/Varela 1987, 212)

Kommunikation - "als parallele Konstruktion von Informationen im kognitiven Bereich von Individuen [...], die durch strukturelle Koppelung bereits einen konsensuellen Bereich ausgebildet haben" (Schmidt 1990, 64) - und Rezeption können sinnfällig mit dem physikalischen Phänomen der Resonanz verglichen werden. Dabei bringen "Oszillatoren praktisch ohne Energieübertragung andere Oszillatoren zum Schwingen in der gleichen Energiefrequenz oder in veränderten Frequenzen" (Jantsch 1978, 109).

Im Rahmen eines solchen Kommunikations-Verständnisses ist folgerichtig "Bedeutung eine kontextuelle Relation [...], die theoretisch als mehrstelliger Begriff konzipiert werden muß (relativ zu Kommunikationsteilnehmern, Kommunikationssituationen und Zeitpunkten" (Schmidt 1990, 64). Subjekt erzeugen "Welt-Versionen" (Nelson Goodman) in Prozessen, in denen sie (sich) in Beziehung setzen, d.h. (Eigen-)Sinn schaffen.[14]

Kommunikation in der Sprache ist, wie gezeigt, ein höchst komplexes Phänomen, mithin ein Wagnis, dessen (gelegentliches) Gelingen[15] an die Ausbildung konsensueller Bereiche gebunden ist. Dieses Wagnis ist noch größer, wenn Produzent und Rezipient räumlich und/oder zeitlich getrennt sind, d.h. keinen gemeinsamen konsensuellen Bereich teilen oder ausbilden können. Die Verwendung von Schrift, dem traditionellen Medium, Zeit und Raum zu überbrücken, bringt ganz eigene Probleme mit sich. Mehr noch:. "*schriftliche Kommunikation*" - so Gebhard Rusch - kann nicht einmal als "*eine Fortsetzung der mündlichen Kommunikation mit anderen Mitteln*" (Rusch 1992, 255) verstanden werden.

---

[14] Nietzsches Wort vom Sinn als Beziehungs-Sinn und Perspektive hat Uwe Japp zum Ausgangspunkt seines *Konzept[s] der Literaturgeschichte* genommen (Japp 1980).

[15] Pointiert bezeichnet Bernd Scheffer "*gelungene Kommunikation*" als "*eine Art Mißverständnis, das sich für alle Beteiligten in akzeptablen Grenzen hält*" (Scheffer 1992, 118).

3.2.5 Differenz, Bewußtsein und Referenz

Wesentlicher Faktor im interdependenten Prozeß der Subjekt- und Welterzeugung, beim sinn-machenden In-Beziehung-setzen, ist, auch in der Sprache, abgrenzende *Differenz*. Es kommt tatsächlich "bei allen *Bezeichnungen* (Referenzen, Identifikationen usw.) auf die *Unterscheidung* an[...], in deren Kontext sie die eine (und nicht die andere) Seite als Ausgangspunkt für weitere Operationen wählen" (Luhmann 1991, 69). Auch Varela betont in seinem "Kalkül der Rückbezüglichkeit" den "Urakt der Trennung" und seine immense Bedeutung. Mit dem anfänglichen "Setzen einer Unterscheidung" nämlich "scheiden wir Erscheinungsformen voneinander, die wir dann für die Welt selbst halten" (übersetzt von und zitiert nach: Watzlawick 1991, 9). Differenzen sind also nicht bereits *in* der Welt und als solche lediglich nachzuziehen, sondern *erzeugen* wahrnehmbare Welt, indem sie gesetzt werden. Als Folge und Ursache des Differenzierens lassen sich auch bestimmte Probleme und Phänomene des (Subjekt-)Bewußtseins verstehen. Die "Probleme von Aufrichtigkeit und Authentizität" sind vermutlich so lange nicht lösbar, wie den Lösungsversuchen das klassische "Konzept des einen und unteilbaren Individuum[s]" zugrunde liegt. "Die Einführung der Einheit [Bewußtsein, D. J.] in die Einheit [in das Individuum, D. J.] erzeugt Differenz. Identität ist deshalb nur als Differenz zu haben" (Schwanitz 1990, 91).[16] Identität wird jedoch nicht nur in interner Differenz gesucht/gefunden, sondern auch in externer.[17]

Ein weiterer Faktor im interdependenten Prozeß der Subjekt- und Welterzeugung und Folge des Differenzierens ist die Möglichkeit der *Referenz*: Bezugnahme auf ein 'Objekt' als (sprachliche) Unterscheidung einer (sprachlichen) Unterscheidung (vgl. 3.2.2).

---

[16] Auf diese Differenz in der Identität bzw. auf die Notwendigkeit, Identität und Nicht-Identität zusammen zu denken, macht - in einem anderen Argumentationszusammenhang - auch Annette M. Stross aufmerksam (vgl. Stross 1992, 1).

[17] Selbstverständlich sind sowohl interne als auch externe Grenzziehungen im obigen Sinne kulturabhängige Variablen. So ist "[i]n den Kategorien einer Weltanschauung, die eher vom Menschen-in-der-Natur" ausgeht "als vom Menschen-und-der-Natur [...] der Versuch, das eine vom anderen zu trennen, indem man den Urheber einer Handlung deutlich als grammatikalisches Subjekt identifiziert[...], paradox, vielleicht sogar unverständlich." John David Morley legt denn auch nahe, das "elliptische Subjekt, das ein [...] wichtiges Merkmal der japanischen Sprache war, [...] als unmittelbares Resultat [...] der Einheit menschlichen Handelns und selbstbewegter natürlicher Ereignisse" (Morley 1987, 111) zu begreifen.

3.2.6 Das Subjekt im Rahmen dieser Arbeit

Zwar ist "die gesamte biologische und kognitive Welt eines Menschen [...] seine 'Identität'" (Scheffer 1992, 104).[18] Zugänglich und im Rahmen dieser Arbeit von Interesse ist jedoch nicht das "Subjekt [...] als empirischer 'Ort' der Konstruktion (sozusagen als materiales Substrat)" (Schmidt 1988, 142). Vielmehr wird das Subjekt im folgenden verstanden/verständlich nur als

- Figur/Objekt der (Selbst-)Referenz und Differenz unter der Verwendung von Sprache, die/das von einem (selbst)referentiellen und differenzierenden Beobachter unter der Verwendung von Sprache (re)konstruiert wird.

3.2.7 (Sprachliche) Kunstwerke als Versionen der Welt

Sprache und (sprachliches) Kunstwerk haben gemeinsam, daß in und mit ihnen Erfahrung gemacht/gehandelt werden kann. Autor und Rezipient schaffen Versionen der Welt. Sowohl Autor als auch Rezipient verfügen (potentiell) über den jeweils vorhandenen - und damit unterschiedlichen - Vorrat an Welt-Versionen, also auch über (sprachliche) Kunstwerke. "[D]as uns bekannte Welterzeugen geht stets von bereits vorhandenen Welten aus; das Erschaffen ist Umschaffen" (Goodman 1990, 19).

3.2.8.1 Rahmenbedingungen des (sprachlichen) Kunstwerks

Nicht zuletzt die Anwendung bestimmter *Verfahren* und *Kunstmittel* unter bestimmten *Rahmenbedingungen* erlaubt es, ein (sprachliches) Kunstwerk von anderen, nicht-(sprach)künstlerischen Versionen der Welt bzw. von anderen (sprachlichen) Kunstwerken zu unterscheiden. Hierbei ist zu differenzieren zwischen invarianten Rahmenbedingungen, d.h. der räumlichen und/oder zeitlichen Begrenzung des (sprachlichen) Kunstwerks, und seinen variable Rahmenbedingungen, d.h. sozialen Systemen und Gesellschaft.

---

[18] Daß Emotionen Teil der kognitiven Welt sind, versteht sich zwar von selbst, wird aber trotzdem (deswegen?) in vielen kognitiven Theorien auffallend oft vernachlässigt. (Nicht so von Scheffer, vgl. Scheffer 1992, 83.)

3.2.8.2 Soziale Systeme und Gesellschaft

Nach Peter M. Hejl sind "*soziale Systeme als synreferentielle Systeme*" aufzufassen, da ihr "zentrale[s] Charakteristikum [...] die soziale Ausbildung einer Realitätskonstruktion als Bezug des Kommunizierens und Handelns im System ist". Synreferentiell ist also "*jene Teilmenge selbstreferentiell erzeugter Wahrnehmungen, Denkprozesse und mit ihnen zusammenhängender Handlungen, die in sozialen Interaktionen erzeugt werden*" (Hejl 1991, 217 f.).

Gesellschaft kann nach Hejl konzeptualisiert werden "als ein Netzwerk sozialer Systeme mit den Individuen als 'Knoten'". Im Gegensatz zu Sozialsystemen hält Hejl es "für angemessener, *Gesellschaften nicht als Systeme* zu definieren. [...] Systeme kann man allgemein verstehen als Netzwerke von Komponenten, zwischen denen Interaktionen stattfinden" (Hejl 1991, 219).

Der Ort des (sprachlichen) Kunstwerks ist nicht primär die Gesellschaft, sondern das soziale System, insofern Synreferentialität und die Fähigkeit des Diskriminierens Voraussetzung der Erkennbarkeit des (sprachlichen) Kunstwerks bilden. Da aber jedes Individuum "in modernen, intern differenzierten Gesellschaften an der Konstitution mehrerer sozialer Systeme beteiligt [ist]" (Schmidt 1990, 51), (ent)steht das (sprachliche) Kunstwerk für das gleiche Individuum oft gleichzeitig unter den Bedingungen verschiedener sozialer Systeme.

3.2.9 Verfahren und Kunstmittel[19]

Verfahren nenne ich die Komposition und Dekomposition, Gewichtung, Ordnung, Tilgung und Ergänzung von Kunstmitteln,[20] Kunstmittel diejenigen Elemente des (sprachlichen) Kunstwerks, die sich unter gleichen oder ähnlichen Rahmenbedingungen als jeweils gleiche beschreiben lassen.

---

[19] Diese Begriffe verwende ich *nicht* synonym, wie das die deutschen Übersetzungen des russisch-formalistischen Terminus "prijom" sowohl als "Verfahren" als auch als "Kunstmittel"/"Kunstgriff" vielleicht mißverständlicherweise nahelegen könnten.

[20] Die Kategorien Komposition, Dekomposition, Gewichtung, Ordnung, Tilgung und Ergänzung übernehme ich von Nelson Goodman, der mit ihrer Hilfe "einige der Prozesse illustrieren und kommentieren [möchte], die bei der Welterzeugung eine Rolle spielen" bzw. "bestimmte Beziehungen zwischen Welten" klären will (Goodman 1990, 20).

Interferenzen von Rahmenbedingungen, Verfahren und Kunstmitteln untereinander bzw. deren Konstruktion auf divergierenden Zeitebenen in verschiedenen sozialen Systemen, erlauben keine Stillstellung des (sprachlichen) Kunstwerks. Wahrnehmbar wird das (sprachliche) Kunstwerk als konstituiertes und konstituierendes.

3.2.10 (Sprachliches) Kunstwerk und/als Welt. Postscriptum ad libitum

Als konstituiertes und konstituierendes läßt das (sprachliche) Kunstwerk sinn(en)fällig erkennen, daß wir "buchstäblich die Welt [erzeugen], in der wir leben, indem wir sie leben" (Maturana 1985, 269). Das gemachte (sprachliche) Kunstwerk und die u.a. aus und in Sprache erzeugte Welt sind als (selbst)-referentielle Sinnsysteme je nach Standpunkt 'Fülle' oder 'Nichts', quasi Kippfiguren.

Insofern das (sprachliche) Kunstwerk als Produkt (sprach)künstlerischer Verfahren unter begrenzenden Rahmenbedingungen (ent)steht, erscheint es als Insel im endlosen Meer der Autopoiese und Selbstreferenz. Als Gemachtes, Sekundäres ist es transparent, transparent auch aus der Freiheit heraus, nicht da zu sein. Das (sprachliche) Kunstwerk verweist so auf die "absolute Freiheit, 'nicht ins Dasein [...]'" zu kommen, ohne jedoch selbst tatsächlich von der "Möglichkeit der Abwesenheit" (Steiner 1990, 205) Gebrauch gemacht zu haben.

3.3 Theorie des lyrischen Text-Subjekts

3.3.1 Subjekt und (lyrisches) Text-Subjekt: strukturelle Parallelen

Mehrfach bereits wurden die Begriffe (lyrisches) Text-Subjekt, (Gedicht-) Text als Subjekt und Subjekt im (Gedicht-)Text verwendet. Sie gilt es im folgenden genauer zu bestimmen. Prima vista könnte sonst der Eindruck entstehen, daß hier begrifflich gleich-gesetzt wird, was kategorial nicht vereinbar ist:

das Artefakt (Gedicht-)Text und dessen (Autor-)Subjekt, d.h. Produkt und Produzent. Tatsächlich gilt es zunächst strikt zwischen dem (Autor-)Subjekt einerseits und dem (lyrischen) Text-Subjekt andererseits zu unterscheiden. Erst eine solche Unterscheidung ermöglicht es, sinnvoll über deren Verhältnis zueinander nachzudenken (vgl. 3.3.6).

Wenn im Rahmen dieser Arbeit vom (Gedicht-)Text als Subjekt bzw. vom (lyrischen) Text-Subjekt die Rede ist, dann also nicht primär, um deren 'Eigenleben' anzudeuten. Diese Begrifflichkeit nimmt vielmehr bezug auf ein Tertium comparationis, das (Autor-)Subjekt, (Gedicht-)Text als Subjekt und (lyrisches) Text-Subjekt vergleichbar macht. Denn ob man Subjekte mit Maturana als autopoietische kognitive Systeme definiert oder nicht,[21] unabweisbar dürfte die (subjekt)konstituierende Eigenschaft *selbstreferentieller*, d.h. *rückbezüglicher*, *Strukturen* sein. Vom (Gedicht-)Text als Subjekt bzw. (lyrischem) Text-Subjekt soll und kann also gesprochen werden hinsichtlich dieser *strukturellen* Parallelen zur allgemeinen Subjektkonstitution: sowohl das (Autor-)Subjekt als auch das (lyrische) Text-Subjekt bzw. der (Gedicht-)Text als Subjekt lassen sich als differenzierende, selbstbezügliche Strukturen (re)konstruieren.

Im (Gedicht-)Text unterscheide ich zwischen zwei selbstbezüglichen Ebenen:

- dem (Gedicht-) Text als Subjekt (vgl. 3.3.2),
- dem Subjekt im (Gedicht-)Text (vgl. 3.3.3).

Auf beiden Ebenen können sowohl semantische als auch Form-Elemente als selbstbezügliche verstanden werden. Das *Verhältnis* von (Gedicht-)Text als Subjekt und Subjekt im (Gedicht-)Text *im (Gedicht-)Text* fasse ich auf einer neuen Ebene als lyrisches Text-Subjekt (vgl. 3.3.4.1).

3.3.2 Der (Gedicht-)Text als Subjekt

Ein (Gedicht-)Text

- vermag einerseits den Prozeß der Selbstbeobachtung/Subjektkonstitution unter bestimmten semantischen Aspekten zu beschreiben,

[21] Zur Kritik an Maturanas Gleichsetzung von Autopoiese und Kognition bei kognitiven Systemen vgl. Schmidt 1990, 80, Anmerkung 26.

- kann diesen aber auch, zumindest teilweise, 'verkörpern.' Denn "Form", auch und v.a. die des Kunstwerks, "ist unausgesprochene Selbstreferenz" (Luhmann 1986, 629). Das Phänomen der 'Verkörperung' kann als *strukturelle Mimesis* bezeichnet werden: Der (Gedicht-)Text erzeugt aufgrund (formaler) Eigenheiten sowie Referenzen in seinen Rahmenbedingungen Rück- bzw. Selbstbezüglichkeiten die (Text-)Kohäsion gewährleisten *und* als Simulation von Selbstbeobachtung/-beschreibung verstanden werden können. Der (Gedicht-)Text erscheint als Subjekt, das Subjekt erscheint als Gedicht.

Die oben genannten Eigenheiten und Referenzen lassen sich (text)linguistisch fassen mit dem Begriff der Isotopie im Sinne François Rastiers, nämlich als:

- "wiederholte[s] Vorkommen einer sprachlichen Einheit", "die auf jeder Ebene [auf der phonologischen, syntaktischen und semantischen, D. J.] eines Textes auftreten [kann]" (Rastier 1974, 157).

Unter Rastiers weitgefaßten Isotopie-Begriff lassen sich also auch diejenigen Elemente des Texts subsumieren, die gewöhnlich der Poetik zugeordnet werden (z.B. Reim, Metrum und Rhythmus).

Den *(Gedicht-)Text als Subjekt* definiere ich als die Gesamtheit der Sätze und Satzteile, die ein *unpersönliches Paradigma* bilden. *Zum unpersönlichen Paradigma zählen*

- *diejenigen Sätze*[22] *und*
- *Satzteile, d.h. Worte eines Satzes, die sich - eventuell umgestellt - zu einem (u. U. elliptischen) Satz zusammenfügen,*

in denen kein Personal-, kein Reflexiv- und kein Possessivpronomen der 1. Pers. Sing. vorkommt. Das unpersönliche Paradigma beantwortet (sich) also die Frage nach der Welt im (Gedicht-)Text, d.h. nach der *Welt der Objekte* bzw. nach der *Welt als Objekt im (Gedicht-)Text.* Doch 'repräsentiert' das unpersönliche Paradigma keineswegs eine 'objektive' Sicht der Dinge. (Auch) es steht vielmehr im Dienste der Selbstbeschreibung des Subjekts. Schließlich müssen "'Außenwelt'-Ereignisse [...] gleichsam wiederholt werden, wenn sie überhaupt wirksam werden sollen; in der individuell spezifischen Wiederho-

[22] Da sich - auch wegen der oft willkürlichen Interpunktion historischer Texte - Satzgrenzen in manchen Fällen nicht eindeutig bestimmen lassen, kann es in manchen (Gedicht-) Texten zu unterschiedlichen Bestimmungen des unpersönlichen Paradigmas durch unterschiedliche Interpreten kommen. Dies ändert jedoch nichts am grundsätzlichen Befund hinsichtlich Anordnung und Anteil des unpersönlichen Paradigmas im Text-Ganzen.

lung liegt [...] die Möglichkeit, 'Außenwelt' zu kontrollieren, zu begrenzen" (Scheffer 1992, 70). Das unpersönliche Paradigma komprimiert/simuliert diesen allgemeinen Vorgang der spezifischen, kontrollierenden und begrenzenden 'Außenwelt'-Wiederholung.

In den folgenden Analysen soll der Gedicht-Text als Subjekt optisch gekennzeichnet werden. Ich unterstreiche die Sätze und Satzteile des unpersönlichen Paradigmas, d.h. in summa den Gedicht-Text als Subjekt.[23]

3.3.3 Das Subjekt im (Gedicht-)Text und die Pronomen der 1. Pers. Sing. als Pronomen der Selbstbezüglichkeit

Zwar ist allen Personalpronomen gemeinsam, daß sie "der gleichen Familie an[gehören] wie die deiktischen: *dieses, jenes, dort, hier, jetzt, gestern*" (Lyotard 1988, 183),[24] doch bildet - u.a. bei Karl Bühler und John Lyons - die "Person-Kategorie *ich* [...] meist das Zentrum bzw. den Nullpunkt des deiktischen Systems" (Lewandowski 1984, 1998).

An der Besonderheit der 1. Pers. Sing. gilt es also, trotz mancher Einwände,[25] festzuhalten. Tatsächlich sind die Pronomen der 1. Pers. Sing. und - mit Einschränkung - die der 1. Pers. Pl. Pronomen der Selbstbeschreibung[26] und setzen als selbstbezügliche nicht (implizit) noch ein anderes oder andere Subjekte (voraus). Als singulärer Terminus - so referiert Manfred Frank Peter Strawson - erreicht die 1. Pers. Sing. ihren "Gegenstand nur, sofern derselbe durch Prädikate genauerhin bestimmt wird" (Frank 1986, 82). Wer also 'Ich' sagt, sagt im Bezug auf (s)eine Welt, was er hat / nicht hat und ist / nicht ist. (Auch wenn ein 'Ich' scheinbar keine Auskunft gibt, gibt es Auskunft.)

---

[23] Die hier und im folgenden vorgeschlagene typographische Auszeichnung eines Gedicht-Texts macht natürlich die originale Schriftauszeichnung unkenntlich. Auf diese ist deshalb immer dann hinzuweisen - eventuell durch die zusätzliche Wiedergabe des Texts in originaler Schriftauszeichnung -, wenn ihr entscheidende Bedeutung zukommt.

[24] Lyotard betont die Gemeinsamkeit der deiktischen Pronomen (ich, du, wir, sie bzw. dieses, jenes, hier, jetzt, gestern): "Ihre Präsenz in einem Satz macht aus ihm einen ostensiven Satz, d.h. einen Satz, der eine Instanz des Universums, das er darstellt, bezeichnet" (Lyotard 1988, 183).

[25] So betont Willem van Reijen die Ambivalenz der 1. Pers. Sing.: "Jeder kann 'Ich' sagen und weiß, daß ebenso andere es sagen können. 'Ich' ist das Persönlichste, Konkrete und zugleich das Unpersönlichste, Abstrakte" (Reijen 1988, 373).

[26] Sie sind, wenn auch nicht deren Ursache, sozusagen deren bevorzugte Auslöser.

Als partielle Selbstprädikation/-beschreibung kann unter bestimmten Umständen auch die 1. Pers. Pl. verstanden werden. Dann nämlich, wenn ein 'Ich' in einer Äußerung bzw. einem (Gedicht-)Text vom 'Ich' zum 'Wir' übergeht, sich also weiterhin selbst, nun aber als einen von mehreren, als Teilmenge sozusagen, definiert.

Ich unterscheide von dem bereits bestimmten (Gedicht-)Text als Subjekt das *Subjekt im (Gedicht-)Text*, d.h. die 1. Pers. Sing., die im (Gedicht-)Text nicht obligatorisch ist und deswegen als fakultatives Kunstmittel einzuschätzen ist.[27] Das Subjekt im (Gedicht-)Text organisiert sich in den (flektierten) Personal-, Possessiv- und Reflexivpronomen. Die Personalpronomen der 1. Pers. Sing. - verstanden als Kette im (Gedicht-)Text - sind in und wegen der Rahmenbedingtheit des (Gedicht-)Texts rück- bzw. selbstbezüglich; die Kette der Personalpronomen der 1. Pers. Sing. sichert (Text-)Kohäsion und simuliert sozusagen Selbstbeobachtung/-beschreibung: *das Subjekt im Gedicht.*

Das Subjekt im (Gedicht-)Text definiere ich als die Gesamtheit der Sätze und Satzteile, die ein *persönliches Paradigma* bilden. *Zum persönlichen Paradigma zählen*

- *diejenigen Sätze*[28] *und*
- *Satzteile, d.h. Worte eines Satzes, die sich - eventuell umgestellt - zu einem (u. U. elliptischen) Satz zusammenfügen,*

in denen ein Personal- und/oder Reflexiv- und/oder Possessivpronomen der 1. Pers. Sing. vorkommt. Das persönliche Paradigma beantwortet (sich) also die Frage nach der 'subjektiven' Welt im (Gedicht-)Text. Es hält fest, woran in 'Ich' festhält, was die 1. Pers. Sing. als ihr Sein und Haben in Sprache (er)faßt.

In den folgenden Analysen soll das Subjekt im Gedicht-Text ebenfalls optisch gekennzeichnet werden. Ich verwende für die Sätze und Satzteile des persönlichen Paradigmas, d.h. in summa für das Subjekt im Gedicht-Text, eine *Kursive*. (Sätze und Satzteile der 1. Pers. Pl. werden durch **Fettschrift** markiert.)

[27] Als solches bereits von Eva M. Lüders erkannt und bezeichnet, vgl. Abschnitt 2.5.

[28] Da sich - auch wegen der oft willkürlichen Interpunktion historischer Texte - Satzgrenzen in manchen Fällen nicht eindeutig bestimmen lassen, kann es in manchen (Gedicht-)Texten zu unterschiedlichen Bestimmungen des persönlichen Paradigmas durch unterschiedliche Interpreten kommen. Dies ändert jedoch nichts am grundsätzlichen Befund hinsichtlich Anordnung und Anteil des persönlichen Paradigmas im Text-Ganzen.

3.3.4.1 Das (lyrische) Text-Subjekt

Wie jedes Kunstmittel macht auch die 1. Pers. Sing. - als Kunstmittel - nur relational Sinn: "Die künstlerische Wirkung eines 'prijom' ist immer Resultat einer Relation [...]. Außerhalb einer solchen Relation existiert die künstlerische Wirklichkeit einfach nicht. Keine wie auch immer geartete Aufzählung der 'prijomy' ist imstande, uns irgendetwas zu geben" (Lotman 1986, 144 f.). Als Kunstmittel entfaltet sich die 1. Pers. Sing., d.h. das Subjekt im (Gedicht-) Text, in Relation zum (Gedicht-)Text als Subjekt. Das Mit-, Gegen- und Nebeneinander von persönlichem und unpersönlichem Paradigma, faßbar im Neben-, Mit- und Nebeneinander sowohl *semantischer* als auch *formaler* Isotopien, läßt sich, aufs Text-Ganze gesehen, auf einer dritten Ebene als etwas Neues begreifen: als *(lyrisches) Text-Subjekt*. Metaphorisch gesprochen: die Wechselwirkung zweier Muster/Strukturen erzeugt ein Moiré, d.h. ein neues Muster.

Das (lyrische) Text-Subjekt läßt sich als Produkt zweier Faktoren, des persönlichen und des unpersönlichen Paradigmas, verstehen. Im lyrischen Text-Subjekt aufgehoben sind die 'subjektiven' Ansichten wie sie das Subjekt im (Gedicht-)Text festhält und die 'objektive' Sicht der Dinge wie sie der (Gedicht-)Text als Subjekt (wieder)gibt.

Typographisch zu veranschaulichen nach dem oben vorgeschlagenen System ist nur der sequentiellen *Wechsel* von unpersönlichem und persönlichem Paradigma bzw. deren *Überschneidung*[29] nicht jedoch die *dynamische*, sozusagen vertikale, Beziehung von unpersönlichem und persönlichem Paradigma.

Aus dem Verhältnis zwischen persönlichem Paradigma - Subjekt im (Gedicht-)Text - und unpersönlichem Paradigma - (Gedicht-)Text als Subjekt - im (Gedicht-)Text-Ganzen leite ich die idealtypische Unterscheidung von über-, unter- und bestimmtem (lyrischem) Text-Subjekt ab; Bezugspunkt dieser Unterscheidung ist das Subjekt im (Gedicht-)Text.[30]

---

29 D.h.: Wenn ein und derselbe (Teil-)Satz sowohl zum persönlichen als auch zum unpersönlichen Paradigma zu zählen ist, erscheint dieser in der typographischen Auszeichnung sowohl kursiv als auch unterstrichen.

30 Ein anderer Bezugspunkt würde selbstverständlich die Terminologie umkehren: aus der Perspektive des unpersönlichen Paradigmas, d.h. des (Gedicht-)Texts als Subjekt, ist ein (lyrisches) Text-Subjekt, das tendenziell vom Subjekt im (Gedicht-)Text dominiert wird, als unterbestimmtes zu bezeichnen. Ein vom Gedicht-Text als Subjekt dominiertes lyrisches Text-Subjekt, ist - bezogen auf das unpersönliche Paradigma - als überbestimmtes anzu-

- *Überbestimmt* nenne ich ein tendenziell vom Subjekt im (Gedicht-)Text, d.h. vom *persönlichen* Paradigma, dominiertes (lyrisches) Text-Subjekt.
- *Unterbestimmt* nenne ich ein tendenziell vom (Gedicht-)Text als Subjekt, d.h. vom *unpersönlichen* Paradigma, dominiertes (lyrisches) Text-Subjekt.
- *Bestimmt* nenne ich ein (lyrisches) Text-Subjekt, wenn sich tendenziell keine der oben genannten Dominanzen ergibt.

Diese Unterscheidung läßt zwei Extreme zu. Dem *vollständig überbestimmten* (lyrischen) Text-Subjekt, d.h. dem (Gedicht-)Text im ausschließlich persönlichen Paradigma, steht diametral der reine (Gedicht-)Text als Subjekt gegenüber.[31] Ist im ersten Fall das unpersönliche Paradigma sozusagen als Null-Paradigma 'anwesend', so im zweiten das persönliche Paradigma. Da im reinen Text als Subjekt (diesem) kein Subjekt im Text (ent)spricht, das Kunstmittel der 1. Pers. Sing. sozusagen nur *abwesend* anwesend *ist*, kann in diesem Fall - will man nicht grundsätzlich jedem (lyrischen) Text ein (lyrisches) Text-Subjekt zuschreiben - von keinem (lyrischen) Text-Subjekt gesprochen werden.[32]

Jeweils in sich zu differenzieren sind die drei Ideal-Typen des lyrischen Text-Subjekts anhand der konkreten semantischen und/oder formalen Beziehungen der beiden Paradigmen *zueinander*: anhand des jeweils besonderen Mit-, Neben- und Gegeneinander von persönlichem und unpersönlichem Paradigma im ganzen (Gedicht-)Text. Zu berücksichtigen sind überdies die se-

---

sprechen. Im übrigen ist die vorgeschlagene *deskriptive* Terminologie selbstverständlich nicht nur abhängig vom (primären) Bezugspunkt, sondern auch wertneutral zu denken. Das *bestimmte* (lyrische) Text-Subjekt ist also nicht ohne weiteres - aufgrund seiner 'Ausgewogenheit' - als ideales aufzufassen.

31 Vgl. z.B. Goethes Gedicht "Ein gleiches" und Flemings Sonett "Er redet sich selber an" (s. Abschnitt 4.1.1.4). - Nicht solche (Gedicht-)Texte ohne Pronomen der 1. Pers. Sing., sondern das Volkslied, bezeichnet Wolfgang G. Müller als "Lyrik ohne lyrisches Ich". Zwar hat nach Müller das Volkslied seinen Platz im "Gesamtbereich der Lyrik", doch schließt er es - wie erwähnt - "aus der Reihe der Träger von Zeichen eines lyrisches Subjekts" aus (Müller 1979, 50).

32 Das (lyrische) Text-Subjekt eines ausschließlich im unpersönlichen Paradigma stehenden Texts könnte allenfalls als *unbestimmtes* bezeichnet werden. - In Literaturen, deren Sprache zur Ellipse des Subjekts (und damit oft auch der Personalpronomen) neigt, wie z.B. der chinesischen und japanischen, finden sich solche unbestimmten (lyrischen) Text-Subjekte natürlich häufiger. Macht man - wie hier vorgeschlagen - den Begriff des (lyrischen) Text-Subjekts an der Verwendung von Personalpronomen fest, dann kann aus dem zunächst bloßen Eindruck, daß sich z.B. in der japanischen Haiku-Dichtung oft ein ganz anderes als das uns vertraute 'lyrische Ich' konstituiert, ein Argument werden (vgl. Abschnitt 1.4.2).

mantischen und formalen Verhältnisse *innerhalb* der verschiedenen (An-) Teile der jeweiligen Paradigmen. Denn zwei Texte, die sich in der Binnenstruktur der jeweiligen Paradigmen stark unterscheiden, lassen sich im ganzen oft durchaus dem gleichen Typus zuordnen, haben also beide z.B. ein überbestimmtes (lyrisches) Text-Subjekt.

3.3.4.2 Das *andere* (lyrische) Text-Subjekt

Vom oben charakterisierten (lyrischen) Text-Subjekt zu unterscheiden ist ein - sozusagen - zitiertes. Ein solches zweites (drittes, viertes ...) (lyrisches) Text-Subjekt steht meist als überbestimmtes, besteht oft nur aus einem Satz bzw. Sätzen des persönlichen Paradigmas. Der 'Text' dieses - wie ich es nennen möchte - *anderen (lyrischen) Text-Subjekts* steht gewöhnlich in Anführungszeichen (oder läßt sich in solche setzen). Das *andere lyrische Text-Subjekt* ist besonders charakteristisch für das erzählende Gedicht (Ballade): im erzählenden Gedicht sprach-handelt oft eine Figur (Figuren), die offensichtlich nicht identisch ist (sind) mit dem beherrschenden[33] (lyrischen) Text-Subjekt.[34]

3.3.4.3 Besonderheiten des lyrischen Text-Subjekts

Das Text-Subjekt der Prosa und das lyrische Text-Subjekt lassen sich grundsätzlich nach den gleichen Struktur-Prinzipien konstruieren. Doch insofern als sich gerade das Gedicht in vielen und vielfältigen Isotopien und dazu auf verhältnismäßig kleinem, überschaubarem Raum strukturiert, kann das Problem des Text-Subjekts beinahe paradigmatisch als/am Problem des *lyrischen* Text-Subjekts diskutiert werden.

Überdies weist die Sprache des Gedicht-Texts, "gemachte Sondersprache mit eigenen Regeln auf der Basis der normalen Sprache" (Weimar 1980, 114),

---

[33] In wenigen Fällen können die Rede-Anteile des (lyrischen) Text-Subjekts und des *anderen* (lyrischen) Text-Subjekts bzw. der *anderen* (lyrischen) Text-Subjekte annähernd gleich sein, so daß es schwer fällt, ein beherrschendes lyrisches Text-Subjekt auszumachen.

[34] Jürgen Link spricht in diesem Zusammenhang vom "Ich in dialogischer Rede" (Link 1974, 336). Links Formulierung läßt jedoch leicht übersehen, daß ein Gegenüber des ersten "Ich", d.h. des lyrischen Text-Subjekts, nicht (immer) "Ich" zu sagen braucht, um seine Funktion im Text zu erfüllen.

in erhöhtem Maße die Merkmale Selbstreferenz bzw. Rückbezüglichkeit auf, mithin Eigenschaften, die bereits als strukturelle Kennzeichen des Subjekts und des (Selbst-)Bewußtseins genannt wurden. In keiner anderen Gattung findet eine solche Fülle rekursiver Verfahren Verwendung. Man denke nur an die Phänomene Metrum und Rhythmus.[35]

Bereits 1924 hat Jurij N. Tynjanov das Prinzip des Metrums bzw. die metrische Gruppierung als rekursives Phänomen gedeutet, d.h. bestimmt durch 1. dynamisch-sukzessive Vorbereitung und 2. dynamisch-simultane metrische Ausführung. Die Vorbereitung bezeichnet Tynjanov als das progressive, die Ausführung als das regressive Moment der Gruppierung (vgl. Tynjanov 1977, 57 f).

Explizit als rekursives Phänomen beschreibt Tynjanov auch Reim und Strophenformen. "Wie das Metrum ist auch der Reim Resultat einer dynamisch progressiven Vorbereitung und einer dynamisch regressiven Ausführung" (Tynjanov 1977, 61). Und hinsichtlich der Strophenform bemerkt er: "Vorbereitung und Ausführung [...] können auch höhere Gruppen bestimmen und zum Bewußtsein einer *metrischen Form* führen (Sonett, Rondo [...])" (Tynjanov 1977, 58). - Zu den genannten rekursiven Phänomenen lassen sich schließlich auch (vorwiegend) lyrikspezifischen Erscheinungen wie Alliteration, Refrain und Zyklenbildung rechnen.[36]

---

[35] "Rhythmus und Sinn" hat H. U. Gumbrecht u.a. im Rekurs auf Maturanas Biologie der Kognition untersucht. Konstitutiv für die gebundene Sprache sei das "Changieren, die Interferenz zwischen der Phänomenebene konsensueller Bereiche erster Ordnung ('Rhythmus') und konsensueller Bereiche zweiter Ordnung ('Sprache')" (vgl. Fußnote 6). Gumbrecht schlägt vor, "diese Interferenz als *Spannung*" zu thematisieren, "statt sie mit Theoremen wie jenem von der 'Überstrukturiertheit lyrischer Texte' (durch die Unterwerfung des Phänomens 'Rhythmus' unter die Dimension der Repräsentation) zu harmonisieren" (Gumbrecht 1988, 727 f.). Nach Gumbrecht besteht also die Besonderheit des in Versen verfaßten sprachlichen Kunstwerks gerade darin, daß es nicht in seiner Sprachlichkeit aufgeht und "die über Rhythmus verbundenen Organismen [...] nicht den Status von Beobachtern [haben]". Die über den Rhythmus gekoppelten Organismen stehen, als im konsensuellen Bereich erster Ordnung gekoppelte, in einem Wechselverhältnis, das sich strukturell mit dem "zwischen Maschinen oder Organen des menschlichen Körpers" (Gumbrecht 1988, 725) vergleichen läßt. Damit aber ist auch das Subjekt im und als Gedicht mehr als ein bloß sprachliches Phänomen. Gumbrechts Thesen und ihren Konsequenzen kann hier leider nicht nachgegangen werden, deutlich(er) aber dürfte auch in seinem Ansatz geworden sein, was im Zusammenhang dieses Kapitels besonders interessiert: der Rhythmus als (folgenreiches) radikales Rekurrenzphänomen.

[36] Man denke z.B. an die Elisabethanischen Sonnet Sequences bzw. die Sonett-Zyklen des deutschen Barock.

Keine literarische Gattung, so meine These, war und ist also geeigneter, das Struktur-Phänomen Subjekt bzw. (Selbst-)Bewußtsein zu verkörpern als die Gattung Lyrik. Es ist also mitnichten Zufall, daß - wenn auch vielfach aus den falschen Gründen und mit irreführenden Schlußfolgerungen - Lyrik als die Gattung des Subjekts, als die subjektive Gattung galt und gilt.

Die in *lyrischen* Verfahren gehäuft auftretenden Rekursionsfiguren dienen aber nicht nur im besonderen Maß der Simulation von Strukturmerkmalen des Subjekts. Ihnen verdankt die Gattung Lyrik vielmehr auch ihren Kunstcharakter und damit die Möglichkeit, (konstituierende Prozesse der) Subjekte zu 'überschreiben', d.h. Subjekte als lyrische Text-Subjekte umzuschreiben. Anders formuliert: (besonders) im Gedicht-Text können Alternativen (auch) des (Autor-)Subjekts erschrieben werden. Die Versuche des Subjekts, (sich) im Gedicht-Text wiederholend wiederzuholen, geraten unter den der Schriftlichkeit und Gattung eigenen Gesetzen im Ergebnis zu (lyrischen Text-)Subjekten sui generis.

3.3.5 Die Rezeption des lyrischen Text-Subjekts und die Metapher der Stimme

"What we call the lyric, the instance of represented voice" *Paul de Man*[37]

Aufgrund seines scheinbar subjekt-homologen Prozeßcharakters scheint der Gedicht-Text, wenn man so will, zu 'sprechen', er kann dadurch sozusagen - auch dem Autor gegenüber - eine 'eigene Stimme' erheben. Er kann als Objekt aufgefaßt und damit reflektiert werden. Andererseits kann sich der Leser die 'Stimme' des Gedicht-Textes zu eigen machen, d.h. die Subjektsimulation (mutmaßlich) parallel mitvollziehen. Dies ist die Möglichkeit der identifikatorischen Lektüre: sie scheint besonders im Gedicht-Text und seinem lyrischen Text-Subjekt angelegt zu sein. Identifikatorische Lektüre kann nicht als grundsätzlich falsche Form der Aneignung abgetan werden. Denn die Eigenart gerade des Gedicht-Texts (dessen magisch-rituelle Züge immer wieder betont

[37] Wenn Paul de Man Lyrik als dargestellte Stimme oder auch "illusionary resusciation of the natural breath of language" (Man 1984, 247) bezeichnet, dann allerdings nicht aus jenen Gründen, die ich oben geltend gemacht habe. Er sieht diese Eigenschaft vielmehr als Folge einer "transformation of trope into anthropomorphism" (Man 1984, 261).

wurden), Text-Subjekt, Leser-Subjekt (und Autor-Subjekt?) zur momentanen 'Einstimmigkeit' bringen zu können, ist auch als Folge seiner produzierten und produzierenden (Subjekt-)Struktur zu verstehen.

3.3.6 Factor est factum est factor. Oder: Vermutungen über den Konnex von (Autor-)Subjekt und (lyrischem) Text-Subjekt

> "Je n'ay pas plus faict mon livre que mon livre m'a faict." *Michel de Montaigne*

Gezeigt wurde, wie Sprache und Subjekt zusammenhängen. Nicht zu vermuten ist ein mehr als gradueller Unterschied im Verhältnis von Sprache und Subjekt einerseits und künstlerischer Sprache und (Autor-)Subjekt andererseits.[38] Wenn Welt und Subjekt, wie ausgeführt, durch das In-der-Sprache-sein hervorgebracht/erkannt werden, dann kann das Verhältnis von schreibendem und geschriebenem Ich vielleicht folgendermaßen aufgefaßt werden.

Ein (Gedicht-)Text und das ihm eingeschriebene (lyrische) Text-Subjekt verdanken sich als Produkte ihrem Produzenten. Einmal angestoßen, entwickelt das (sprachliche) Kunstwerk jedoch Eigendynamik. So stehen (Autor-) Subjekt einerseits, (Gedicht-)Text und (lyrisches) Text-Subjekt andererseits weder beziehungslos noch kausal nebeneinander, sondern vielmehr im Verhältnis des *Konditionalnexus*. Darüber hinaus kann dieses Bedingungsverhältnis als rückwirkendes bezeichnet werden, insofern Autor oder Rezipient im und durch den geschriebenen bzw. gelesenen (Gedicht-)Text und sein (lyrisches) Text-Subjekt ihre (Sprach-)Welt erweitert haben und deswegen nun als veränderte (sprach)handeln können.

Maturana und Varela beim Wort nehmend, läßt sich - stark verkürzt - sagen: der Mensch als Subjekt *erzählt* sich - sich selbst. Als Autor oder Rezipient *erschreibt* und *erhört/erliest* das Subjekt (s)ein Selbst: es (er)findet in (Gedicht-)Texten immer wieder (s)eine (neue) Identität. So sind Texte und (lyrische) Text-Subjekte buchstäblich Projektionsflächen für potentielle

---

[38] Zu diesem Ergebnis kommt übrigens auch, u.a. auf semiotischer Grundlage, Elke Austermühl in ihrer Arbeit über *Poetische Sprache und lyrisches Verstehen* (vgl. Austermühl 1981, 99 ff.). Sie faßt darin das "Lyrische" auf "als Manifestation einer besonderen Sprachverwendungsweise", die "einer besonderen Verstehensweise" bedarf (Austermühl 1981, 10 f.).

Handlungsmöglichkeiten. Das Subjekt, sei es als Autor oder als Rezipient, (er)findet sich sozusagen dadurch, daß es auf Vor-Würfe (s)eines Selbst als und im (Gedicht-)Text zurückgreift. Ein Subjekt im und als (Gedicht-)Text *simulierend*, handeln Autor und Rezipient zugleich subjekt*konstituierend*.

3.3.7 Zum Problem der Begriffe 'Rollengedicht' und 'autobiographisches Gedicht'

Aus dem Gesagten sollte deutlich geworden sein, daß und warum die Begriffe 'autobiographisches Gedicht' und 'Rollengedicht' nicht unproblematisch sind.

Einerseits ist das Schreiben oder Lesen auch und gerade von Gedicht-Texten immer ein Prozeß, in dem ein Selbst erschrieben oder erlesen wird.

- Jeder (Gedicht-)Text ist bzw. wirkt insofern grundsätzlich und im wörtlichen Sinne autobiographisch,[39] als selbst noch das lügende, sich stilisierende oder verstellende Subjekt (auch in der Lektüre) sprachhandelnd (seine) Welt und sich erweitert.[40]

---

[39] Daß "*[w]ir die Welt und die Literatur* [...] *in einer endlosen autobiographischen Tätigkeit [wahrnehmen]*" (Scheffer 1992, 24), ist eine der Grundthesen auch Bernd Scheffers; seine konstruktivistische Literaturtheorie trägt bezeichnenderweise den Titel *Interpretation und Lebensroman*.

[40] Den Verdacht, daß Sprache, Sprachhandlung und Subjekt nicht vollständig auseinander zu dividieren sind, heg(t)en nicht nur die Weltreligionen (Tat und Sprach-Tat werden gleichermaßen belohnt oder bestraft), sondern immer auch Leser, Kritiker und Zensoren. Bereits Ovid sah sich genötigt, Angriffe auf seine Person aufgrund seiner Dichtung zurückzuweisen: "vita verecunda est, Musa iocosa mea" (Ovid 1955, Liber II, Z. 354). Gerade unter den sozialgeschichtlichen Bedingungen des 17. Jahrhunderts, als "'Ich' zu sagen" ohnehin "fast schon ein Sakrileg" war (Steinhagen 1985, 12), sind die Bitten, Forderungen und Warnungen der Autoren weltlicher (Liebes-)Lyrik, ihre Dichtung nicht mit ihrem (moralischen) Leben zu verwechseln, häufig. So heißt es bei Ernst Christoph Homburg: "Falsch sind die, so aus dem Dichten | Fälschlich unser Leben richten" (zitiert nach Mauser: 1976, 154) Und Robert Herricks Zweizeiler "Poets" versichert: "WANTONS we are; and though our words be such, | Our Lives do differ from our Lines by much." (Herrick 1968, 218) Solche (Schutz-) Behauptungen wurden, wie gesagt, nicht grundlos aufgestellt. Denn die Verächter der Poesie, so jedenfalls Martin Opitz, "wissen [...] viel" von der Poeten "lügen / ärgerlichen schrifften vnd leben zue sagen / und vermeinen / es sey keiner ein gutter Poete / er musse dann zu gleich ein böser Mensch sein" (Opitz 1986, 14). Hoffmannswaldau hielt denn auch den Großteil seiner "Lust=Getichte" "mit fleiß zu rücke", um nicht "zu ungleichem Urtheil [...] anlaß zugeben" (Hoffmannswaldau 1984, 41).

Andererseits: Keine Autobiographie, erst recht kein autobiographischer Gedicht-Text, ist - auch wenn das nachweislich intendiert sein sollte - bloße Nachschrift des Lebens, sondern immer auch dessen Umschrift.

- Der (Gedicht-)Text 'spricht' insofern grundsätzlicheine Rolle (die des [lyrischen] Text-Subjekts), als er eigendynamisch wirkt und sich nicht lediglich als kausale Wirkung der Ursache Subjekt verstehen läßt.

'Rollengedicht' und 'autobiographisches Gedicht': als kategoriale Antonyme lassen sich diese Begriffe nicht handhaben. Und selbst wenn sich Rolle und 'authentisches Selbst' begrifflich und im (Gedicht-)Text fassen ließen, wären sie, so ist zu vermuten, oft bis zur Ununterscheidbarkeit ähnlich.

Wenn sich aber mit den Begriffen 'autobiographisches Gedicht' und Rollengedicht keine *kategoriale Unterscheidung* Natur treffen läßt, muß dann völlig auf sie verzichtet werden? Ich glaube, nein. Können doch mit ihrer Hilfe bestimmte *thematische Tendenzen* im Text benannt werden. So bezeichnen sie den Grad, in dem ein (Gedicht-)Text selbst für Vergleichsmöglichkeiten bzw. biographische Spekulationen (des Lesers) innerhalb eines konsensuellen Bereichs geöffnet ist. Hinweise darauf, ob und wie *ego* bzw. *alter*, das freilich auch als *alter ego* fungieren kann, im Text (mutmaßlich) thematisiert sind, lassen sich manchmal dem Text bzw. dessen Überschrift entnehmen.[41]

[41] Man denke beispielsweise an Hoffmannswaldaus Gedichttitel "Gedanken bey Antretung des funffzigsten Jahres".

4 Das lyrische Text-Subjekt in deutschen und englischen Gedichten und Gedicht-Gattungen des 17. Jahrhunderts. Interpretationen

4.1 Weltliche Poemata

4.1.1 Sonette

Mit der für die deutsche Literatur charakteristischen Verspätung begann man sich für die Gattung Sonett ernsthaft erst im 17. Jahrhundert zu interessieren.[1] Doch einmal eingeführt - die theoretische und praktische Anleitung gab v.a. Martin Opitz -, gehörte das Sonett schließlich "während der ganzen Barockzeit zu den beliebtesten Gattungen" (Szyrocki 1987, 85). Denn zum einen konnte das Sonett, das sich in Frankreich, Italien, Spanien und England bereits im 16. Jahrhundert großer Beliebtheit erfreute, besonders gut zu (narrativen) Zyklen gebündelt werden. Zum anderen aber gab seine distinkte Gliederung den unterschiedlichsten Themen und Anlässen eine Form (vor). Das Sonett als *die* beredte Form des 17. Jahrhunderts 'faßt' beides: das Allgemeine und das Individuelle. Seine strenge und zugleiche reiche Reimform 'spricht' quasi für sich und erlaubt den Dichtern, auch von (mutmaßlich) eigenen Dingen (res) in (mutmaßlich) persönlichen Worten (verba) zu sprechen.[2]

4.1.1.1 "in schwerer Kranckheit". Drei Sonette des Andreas Gryphius

Von den 31 Sonetten des 1637 erschienenen sogenannten Lissaer Sonettbuchs hat Gryphius diejenigen, die aus einem bestimmten Anlaß (Hochzeiten, Sterbe-

---

[1] Das bislang älteste in deutscher Sprache nachgewiesene Sonett, verfaßt von Christoph Wirsung, entstand allerdings bereits in den fünfziger Jahren des 16. Jahrhunderts.

[2] Tatsächlich stößt man auf der Suche nach Gedicht-Texten (mutmaßlich) persönlichen Inhalts in den Werken deutscher und englischer Autoren des 17. Jahrhunderts v.a. auf Sonette. Auch religiöse Konflikte und/oder Gefühle wurden häufig in Sonett-Form thematisiert, man denke z.B. an Donnes Zyklus der "Holy Sonnets" oder an Catharina Regina von Greiffenbergs Sonette.

fällen etc.) entstanden, im Titel genau datiert. Auch die "Trawrklage des Autoris / in sehr schwerer Kranckheit" nennt quasi als Untertitel ein Datum, den Februar des Jahres 1636. Tatsächlich, so erläutert Gryphius' Herausgeber Marian Szyrocki, wurde Gryphius "im Februar 1636, während seines Danziger Aufenthaltes, schwer krank" (Gryphius 1963, 246).

1643 erschien das Gedicht umgearbeitet unter dem Titel "Threnen in schwerer kranckheit" in der Leidener Sammlung *Sonnete. Das erste Buch.* Wie bereits in der sorgfältig komponierten Lissaer Sonett-Ausgabe steht das Sonett in der nun fünfzig Sonette umfassenden, ebenfalls kunstvoll geordneten Sammlung, zwischen dem bekannten "VANITAS, VANITATUM, ET OMNIA VANITAS"-Sonett und dem "Der Welt Wollust ist nimmer ohne Schmertzen" überschriebenen.

In der Forschung wurde einerseits die frühe Fassung autobiographisch gelesen,[3] wurden aber andererseits die "Threnen" explizit (bzw. die "Trawrklage" implizit) als Rollengedichte bezeichnet.[4] Wichtiger als die Rubrizierung der beiden Texte scheint mir die Frage, inwiefern sich die Texte "Trawrklage" und "Threnen" unterscheiden. Hier zunächst die Fassung von 1637. (Zur Erinnerung: die von mir hinzugefügte typographische Auszeichnung der Texte [vgl. 3.3] kennzeichnet die Ebene des Texts als Subjekt [unterstrichen] und des Subjekts im Text [1. Pers. Sing.: kursiv; 1. Pers. Plur.: fett].)

Trawrklage des Autoris / in sehr schwerer Kranckheit.
A. CI) I)CXXXVI. Mense Febr.

ICh bin nicht / der ich war / Die kräffte sind verschwunden!
Die Glieder sind verdorrt wie ein verbrandter Grauß /

[3] Bereits zitiert wurde Christian Wagenknecht, demzufolge in der "Trawrklage" der "Verfasser selbst" spricht. Adalbert Elschenbroich spricht davon, daß in der "Trawrklage" "[d]urchlittenes [Gestalt] empfing" (Gryphius 1979, 148). Feldt nennt sie "eine[s] der persönlichsten Gedichte des Dichters" (Feldt 1990, 58). Ein anderes der sogenannten Krankheits-Sonette, ebenfalls im Untertitel datiert, wird von Erich Trunz ausdrücklich als "autobiographisches Gedicht" bezeichnet (Trunz 1956, 71); von Gryphius' "Selbstbildnisse[n] in Sonettform" spricht Trunz in seiner Gryphius-Studie (Trunz 1992, 90).

[4] So von Wolfram Mauser, der alle fünf Krankheits-Sonette der Sammlung von 1643, also auch die "Threnen", als "Rollengedicht[e]" anspricht (Mauser 1976, 139). "Das sprechende Ich ist nicht das des Autors. Er verkörpert vielmehr exemplarisch den durch Krankheit angefochtenen Menschen. Selbst dort, wo Gryphius, wie es scheint, eine eigene Erkrankung zum Anlaß eines Gedichtes macht (1637 [...]), wird nicht die Besonderheit des jeweiligen Krankheitszustandes beschrieben" [Mauser 1984, 224 f.]).

Hier schawt der schwartze Todt zu beyden Augen auß /
Nichts wird als Haut vnd Bein mehr an mir vbrig funden.
Der Athem wil nicht fort; die Zung steht angebunden.
Mein Hertz das vbersteht numehr den letzten Strauß /
Ein jeder / der mich siht spürt daß das schwache Hauß
Der Leib wird brechen ein / gar jnner wenig Stunden /
Gleich wie die Wiesenblum früh mit dem Liecht der Welt
Hervor kombt / vnnd noch eh der Mittag weggeht / fält;
So bin ich auch benetzt mit Thränentaw ankommen:
So sterb ich vor der Zeit: O Erden gutte Nacht!
Mein Stündlein laufft herbey! nun hab ich außgewacht /
Vnd werde von dem Schlaff des Todes eingenommen!

(Gryphius 1963, 8)

Daß das Sonett zwar in horae mortis geschrieben zu sein scheint, "des Autoris" Krankheit jedoch nicht den befürchteten letalen Ausgang genommen hatte, machen andere der Lissaer Sonette deutlich. So z.B. das überübernächste, das "Der Autor vber seinen Geburts=Tag den 29.Septembr. des CI) I)CXVI Jahres" verfaßte.[5] Die "Trawrklage", formal, d.h. als Sonett, in sich abgeschlossen, wird inhaltlich also durch die sie umgebenden Sonette (z.B. das Geburtstags-Sonett) relativiert und perspektiviert.

Bestimmend für die Struktur der "Trawrklage" ist v.a. der Wechsel von persönlichem und unpersönlichem Paradigma. D.h.: Vorgeführt werden Außen- und Innenansichten, An- und Einsichten eines physischen Zerfalls, der in der Spannung zwischen nicht mehr (Z. 1) und noch nicht (Z. 14) entfaltet wird. Das Subjekt im Text gibt im ersten Halbvers das Thema vor, das v.a. in den beiden Quartetten ausgeführt wird. Es führt sich ein als beklagenswertes Objekt, trauernd, veränderlich, vergänglich: "ICh bin nicht / der ich war". Bestätigend, objektivierend und v.a. begründend, folgt die 2. Halbzeile, die, statt des möglichen Possesivpronomens, den bestimmten Artikel setzt: "Die kräffte sind verschwunden!" Der Text als Subjekt führt im folgenden (Z. 2/3), von außen gleichsam, an das Subjekt im Text heran: Das Subjekt (im Text), das sich selbst nicht sehen kann, wird in seinen äußerlichen Veränderungen beschrieben.

---

[5] Zu Gryphius' Rückdatierung seines Geburtstags vgl. Szyrockis Erläuterungen (Gryphius 1963, 246).

Betrachtet (auch) im und als unpersönliches Paradigma wird die Physis "des Autors" buchstäblich objektiviert: zum Ding, zum "schwache[n] Hauß | De[m] Leib", der nur noch Ruine ("Haut vnd Bein") ist. Säulen und Balken, die Glieder, sind wie (Bau-)Schutt, Trümmer, Staub ("ein verbrandter Grauß"). Diese unpersönliche Beschreibung, die Außenansicht, findet auf der Ebene der Haus-Leib-Metapher eine ebenso präzise wie grausige Begründung. Im Körper des Subjekts wohnt der "schwartze Todt"[6] und schaut zu den Fenstern des Hauses, d.h. "zu beyden Augen auß". Mit eigenen Augen vermag sich das Subjekt (im Text) also tatsächlich nicht mehr zu sehen: es ist blind bzw. 'sieht' nur noch die Schwärze des ("schwartze[n]) Todes. Was *andere* sehend spüren (Z. 7), schärft den Blick des Subjekts (im Text) für seine Lage.

In dem durch Krankheit fremdbestimmten Körper und im Text als Subjekt handeln die Teile für sich: als Objekte. Das vorher scheinbar Eigene wird eigenmächtig. Der Körper ist - so legt die Wortwahl nahe - eine belagerte, eigentlich schon besetzte Bastion. Auch wenn das Herz noch nicht quasi 'übergelaufen' ist ("Mein Hertz") und seinen letzten Kampf, wenn nicht kämpft, so doch passiv "vbersteht", ist - wie gesagt - der Tod bereits 'Herr im Haus'. Teils, weil Körperfunktionen und -organe quasi den Dienst zu quittieren scheinen ("Der Athem wil nicht fort"), teils weil sie 'besiegt' sind ("die Zung steht angebunden"). Der konstatierende äußerliche Blick, wie er sich v.a. im Text als Subjekt niederschlägt, wird in den folgenden Versen (7-10) mit den wertenden, vergleichenden, 'subjektiven' Innen-Ansichten des Subjekts im Text enggeführt. Die "umbstehenden" (Gryphius 1963, 60), verkörpert im - umgebenden - Text als Subjekt (Z. 7), und das Subjekt (im Text) selbst bemerken das herannahende Ende.

---

6 Ob Gryphius mit dem "schwartze[n] Tod" (auch) hier tatsächlich die Pest meint, vermag ich nicht zu entscheiden. - Hans-Georg Kemper führt aus, daß "zumindest der zeitgenössische Leser" bei dem "An sich Selbst" gerichteten Sonett (s.u.) "das Bild der Pest an sich vorüberziehen sah", und bezeichnet diesen Text deswegen als "Rollen-Gedicht", weil nicht bekannt ist, "daß Gryphius selbst an der Pest erkrankt wäre" (Kemper 1987, 115). Die im Sonett "An sich Selbst" genannten Symptome decken sich jedoch in wichtigen Punkten nicht mit denen der "Trawrklage". So fehlen hier z.B. Pesthauch und Delirium (vgl. Kemper 1987, 115). Im übrigen bleiben sowohl in der "Trawrklage" als auch im Sonett "An sich Selbst" die ausgedehnten kapillaren Blutungen, die dem 'schwarzen Tod' seinen Namen gaben, unerwähnt. - Denkbar ist auch, daß Gryphius in der "Trawrklage" eine eigene Krankheit teilweise überblendet mit Symptomen *der* Krankheit seiner Zeit. - Einmal mehr wäre dann mit dem Begriff 'Rollengedicht' bzw. 'autobiographisches Gedicht' die Komplexität von Situation und Text nicht zu beschreiben.

Zu diesem kritischen Zeitpunkt der Krankheitsgeschichte, am Wendepunkt auch der Form des Sonetts, d.h. mit dem ersten Terzett, ändert sich die Bildlichkeit. War bislang metaphorisch vom "schwache[n] Hauß", dem "Leib" die Rede, so vergleicht sich das Subjekt im Text nun mit der "Wiesenblum". Dient dieser Vergleich mit einer "Naturerscheinung[...]" tatsächlich nur dazu, einen "makrokosmische[n] Bezug" herzustellen (Mauser 1976, 139)? Wichtig scheint mir bei diesem Bildwechsel auch, daß nach der metaphorischen Behandlung des physischen "ICh" als unbelebten, vom Menschen geschaffenen Gegenstandes ("Hauß") der Vergleich mit der "Wiesenblum" das "ICh" wieder in das relativ tröstliche Bezugsfeld der zwar vergänglichen, aber doch von Gott geschaffenen, belebten Natur zurückführt. - Was der Blume der Tau, sind dem Subjekt im Text die Tränen: Zeichen leidvoller Kreatürlichkeit. Das allzu frühe Ende der "Wiesenblum", so fürchtet das Subjekt im Text, wird auch sein Los sein.[7] Der Erdentag der "Wiesenblum" und die Lebenstage des lyrischen Text-Subjekts werden in rascher Folge übereinander geblendet. Das Subjekt findet sich als Subjekt im Text buchstäblich in seiner Zeitlichkeit ("früh", "noch eh", "vor der Zeit", "nun"). Doch ist es damit auch passives Opfer ("eingenommen") der leibhaftigen, aktiv handelnden Zeit ("Mein Stündlein laufft herbey"). Dem Subjekt im Text war das Leben kein Traum: gewacht (Z. 13), vielleicht gebetet hat es,[8] bleibt ihm nur noch, bereit zu sein. Das lyrische Text-Subjekt, genauer: der Text als Subjekt sagt sein einwilligendes Valet ("O Erden gutte Nacht!"). Der Tod erhält das (vor)letzte Wort; trotz bibelnaher Bildlichkeit[9] gibt der Text keine expliziten Hinweise auf ein Jenseits des Todes.

Zwar hat quantitativ das Subjekt im Text das Sagen, so daß von einem überbestimmten lyrischen Text-Subjekt gesprochen werden kann. Doch wird dieser Dominanz auf zweierlei Weise so entgegengearbeitet, daß sich das lyrische Text-Subjekt tendenziell auch als bestimmtes ansprechen läßt. Zum einen definiert sich das Subjekt im Text nur (noch) ex negativo: es ist nicht, was es war (Z. 1) und wird bald nicht einmal mehr sein, was es noch ist. Zum anderen ergänzt sich der (semantische) Kontra-Punkt des persönlichen Paradigmas,

---

[7] Gryphius war im Februar 1636 erst 19 Jahre alt.

[8] Wie wichtig dem Protestanten Gryphius Aktivität, Wachen (vgl. Matthäus 26, 41) und Wachsamkeit waren, belegt seinLebenslauf.

[9] Vgl. z.B. das Selbst als geistliches Haus (1. Petrusbrief, 2, 5) und die Vergänglichkeit des Menschen verglichen mit der Blume des Grases ("Wiesenblum") (z.B. Jesaja 40, 6-8).

das unpersönliche, reimend zu einem Paradigma der Dekonstruktion ("verschwunden", "angebunden", "Grauß", "auß") und schiebt sich als solches immer wieder zwischen das Subjekt im Text.

Sechs Jahre später erschien Gryphius' zweite Fassung der "Trawrklage" unter dem Titel

Threnen in schwerer kranckheit.

ICh bin nicht der ich war / die kräffte sind verschwunden.
Die glider sind verdort / als ein durch brandter graus.
Mir schauwt der schwartze tod zu beyden augen aus.
Ich werde von mir selbst nicht mehr in mir gefunden.
Der Athem will nicht fort / die zunge steht gebunden.
Mein hertz empfindet schon den letzt und höchsten straus.
Ein jeder der mich siht / sicht das mein schwaches haus /
Der leib ein brechen wird / noch inner wenig stunden.
Gleich wie die wiesenblum lebt wen das licht der welt
Hervor bricht / vnd noch ehr der mittag weggeht / fält;
So bin ich auch benetzt mitt threnentaw ankommen.
So sterb ich vor der zeitt. O erden gutte nacht!
Mein stündlin laufft zum end / itzt hab ich ausgewacht
Vnd werde von dem schlaff des todes eingenommen.

(Gryphius 1963, 34)

War die erste Fassung als "Trawrklage" gekennzeichnet, als - im Genetiv des Titels - zu eigen gemachte Gattung,[10] so sind jetzt die "Threnen" sowohl "Affekt-Korrelat" (Mauser 1984, 225) als auch Gattungsbezeichnung.[11] - Drei Zeilen des Texts weisen entscheidende Änderungen auf. Die Einübung ins Sterben, wie sie das lyrische Text-Subjekt monologisch vorführt, geschieht

[10] Als 'Gattung' auch in der Musikgeschichte, d.h in Madrigal und Oper; vgl. z.B. Claudio Monteverdis "Lamento d'Arianna" von 1608.

[11] Wenn Feldt den vormaligen Titel "Trawrklage" als "zwiespältige Gattungsform" charakterisiert, "die die Nachaußenwendung und den Nachinnenverweis auf die persönliche Schmerzerfahrung vereint", so ist ihm zuzustimmen. Doch scheint mir fraglich, ob "dieser Gattungscharakter vereinfacht und in seinem Persönlichkeitsbezug verstärkt [wird], wenn Gryphius 'Trauerklage' in 'Threnen' umwandelt" (Feldt 1990, 58). Denn zum einen sind auch Tränen nach außen gerichtete Zeichen, zum anderen lassen sich die "Threnen", zumindest musikgeschichtlich, durchaus als Gattungsbezeichnung auffassen (vgl. z.B. John Dowlands Consort-Musik *Lachrimae or Seven Teares* [...] von 1604).

nun deutlicher noch als in der "Trawrklage" empfindend und betrachtend.[12] Z. 3 wird Teil des persönlichen Paradigmas; das Subjekt im Text ist grammatikalisches Objekt. Es betrachtet seinen Augen-Blick, der doch bereits nicht mehr der eigene ist: "Mir schauwt der schwartze tod zu beyden augen aus". Der Abspaltung und buchstäblichen Objektivierung des Körpers entspricht - deutlicher noch als in der "Trawrklage" - eine Spaltung des Subjekts (im Text) selbst (Z. 4): statt des Verlusts des physischen Selbst in der "Trawrklage" wird in Z. 4 jetzt ein innerer Verlust konstatiert ("Ich werde [...] nicht mehr [...] gefunden"), ein Verlust überdies, bei dem zwischen Verlierer und Verlorenem nicht mehr unterschieden werden kann. Die mutmaßlich finale Krise der Identität setzt sich bis in die Grammatik fort, die Pronomen der 1. Pers. Sing. sind sowohl Satz-Subjekt als auch Satz-Objekt. In Z. 7 lassen zwei geänderte Worte ("sicht", "mein [schwaches haus"] deutlicher als bisher erkennen, daß die Krankheit, sowohl als Erleben des eigenen Körpers ("mein schwaches Haus") subjektiv, als auch objektiv, d.h. für andere, offensichtlich ist ("jeder der [...] siht / sicht").

Zwar hat Gryphius die Verweise auf seine Person ("des Autoris"), die genauen Umstände (die *sehr* schwere Krankheit) und die Zeitangabe seiner Erkrankung, d.h. die persönlichen Angaben im unpersönlichen Paradigma der Überschrift, in der Überarbeitung gestrichen und so dem Text einen neutralen, unpersönlicheren Rahmen gegeben. Doch haben die Veränderungen im Text zu einer stärkeren Profilierung des Subjekts im Text geführt. Und zwar in quantitativer (formaler) und qualitativer (semantischer) Hinsicht. Mehr als in der "Trawrklage" ist also das lyrische Text-Subjekt der "Threnen" ein überbestimmtes.

Das achtundvierzigste und damit vorvorletzte Sonett der Leidener Sammlung von 1643 ist "An sich Selbst" gerichtet. Wie die "Threnen in schwerer kranckheit" gehört es zu einer Gruppe von Sonetten, in denen das Vanitas-Thema anläßlich von Krankheit, Krise und nahendem Tod entfaltet wird. Unabhängig davon, ob das Sonett "An sich Selbst" mit dem "bestimmten, damals bekannten und gefürchteten Symptomcharakter" der Pest arbeitet (Kemper 1987, 115), soll im folgenden gefragt werden, ob sich die "Threnen" und "An sich Selbst" "in Anlage und Aussage" tatsächlich so "sehr ähnlich sind", wie

[12] Mauser geht davon aus, daß ein "meditativ-argumentative[s] Verfahren" der ganzen Gruppe der Krankheits-Sonette zugrunde liegt (Mauser 1976, 139).

behauptet wurde (Mauser 1976, 139). Und: Wie verhält sich die "Trawrklage" zu den beiden anderen Texten?

An sich Selbst.

MIr grawet vor mir selbst / mir zittern alle glieder
Wen ich die lipp' vnd naß' vnd beider augen kluft /
Die blindt vom wachen sind / des athems schwere luft
Betracht / vnd die nun schon erstorbnen augen=lieder:
Die zunge / schwartz vom brandt felt mitt den worten nieder /
Vnd *lalt ich weis nicht was;* die müde Seele ruft /
Dem grossen Tröster zue / das Fleisch reucht nach der gruft /
Die ärtzte lassen mich / die schmertzen kommen wieder /
Mein Cörper ist nicht mehr als adern / fell[[13]] */ vnd bein.*
Das sitzen ist mein todt / das liegen meine pein.
Die schenckel haben selbst nun träger woll von nöthen!
Was ist der hohe ruhm / vnd jugendt / ehr vnd kunst?
Wen diese stunde kompt: wirdt alles rauch vnd dunst.
Vnd eine noth mus vns mitt allem vorsatz tödten.

(Gryphius 1963, 61)

Das erste Quartett ist fast ausschließlich dem persönlichen Paradigma vorbehalten. Das Subjekt (im Text) äußert sein Erschrecken über sich selbst. Es sagt, wie ihm ist und warum: es ist Ursache und Ziel einer Beschreibung des physischen Zerfalls. Hat sich bis jetzt v.a. das Subjekt im Text (s)einer 'Betrachtung' gewidmet, aus der auf die Länge des Textes Schlüsse gezogen werden (Z. 12-14), so öffnet sich das zweite Quartett auch der Außenperspektive, dem unpersönlichen Paradigma. Der Blick von Außen und von Innen zeigen den *einen* Prozeß der Auflösung. Physis und Psyche haben nicht mehr das gleiche Ziel ("die müde Seele ruft / | dem grossen Tröster zue / das Fleisch ruft nach der gruft"). Die Rede gehorcht dem Diktat des Fiebers (Z. 5) und ist ihrem Subjekt (im Text) unverständlich ("Die zunge [...] lalt ich weis nicht was"). Das Kommen (der "schmertzen") und Gehen (der "ärtzte"), in dessen Mittelpunkt das lyrische Text-Subjekt (ent)steht, spiegelt sich in diesem

[13] Im Original von 1643: "seel", korrigiert nach den nachfolgenden Auflagen von 1650, 1657, 1663.

zweiten Quartett auch im 'Kommen' und 'Gehen' von persönlichem und unpersönlichem Paradigma.

Im ersten Terzett, die Zeilen 9-10 sind dem persönlichen Paradigma zuzurechnen, wird die Bilanz des körperlichen Ruins gezogen. Wie schon in der "Trawrklage" und den "Threnen" definiert sich das Subjekt (im Text) als Figur - in des Wortes doppelter Bedeutung - aus der Spannung von Einstmals und Jetzt. Ausgeführt wird das mitgedachte Vergleichs-Subjekt der Vergangenheit jedoch auch hier nicht. Das lyrische Text-Subjekt, das genau sagt, wie es nicht mehr ist, aber nicht, wie es genau war, wirkt dadurch seltsam bezugslos. Es scheint sich nur aus und in seiner Krankheit zu definieren. Leid und Verfall, das schließlich führt das zweite Terzett aus, erscheinen letztlich ebenso allgemein wie immerwährend: sie setzen sich (auch als Wortfeld im Text) durch. Die Existenz des lyrischen Text-Subjekt vermag sich nicht mehr zu 'verkörpern': Sitzen und Liegen, Gehen und Stehen sind "Pein", "Tod", Unmöglichkeit. Auf den Nenner von Schmerzen und Tod gebracht, ist alles (Irdische) "rauch vnd dunst".

Aufgeschlüsselt nach (vorwiegend) persönlichem und unpersönlichem Paradigma lassen sich die beiden Terzette in bemerkenswerter Ordnung (re)konstruieren:

Z. 9: Subjekt im Text
Z. 10: Subjekt im Text
Z. 11: Text als Subjekt

Z. 12: Text als Subjekt
Z. 13: Text als Subjekt
Z. 14: Subjekt im Text: 1. Pers. Pl.!

Die Positionen sind sozusagen jeweils getauscht. In Anbetracht der Todesstunde (Z. 13) kann, ja muß - so der Text - nur noch von allgemeinen, umfassenden Abstrakta die Rede sein. Im zweiten Terzett reimt sich zunächst das unpersönliche Paradigma; eindringlich macht der Gleichklang die letztendliche Gleichheit von "kunst" und "dunst" deutlich. Dem kollektiven Todesurteil fallen alle Unterschiede zum Opfer: am (Lebens- und) Sonett-Schluß steht die 1. Pers. Pl. (Z. 14). - Persönliches Erleben - Z. 11 (wenn auch im unpersönlichen Paradigma) - und unpersönliches Paradigma schließen sich reimend, die

Terzette übergreifend, zusammen. Das, was 'man' (der Text als Subjekt) und 'ich' erfahren, Tod und Not, steht buchstäblich im Einklang.

Von der "Trawrklage" und den "Threnen" unterscheidet sich das Sonett "An sich Selbst" sowohl durch die abstrakte Metaphorik (Z. 10) als auch den Hinweis auf einen "grossen Tröster". Galten "Trawrklage" und "Threnen" dem Ende eines Einzelnen, so öffnet das Sonett "An sich Selbst" letztlich den Blick auf das Ende aller Dinge und spricht damit nicht nur "sich Selbst", sondern alle (Leser) an. Im Zusammenhang damit sind wohl auch die strukturellen Besonderheiten dieses Sonetts im Vergleich zu "Trawrklage" und "Threnen" zu sehen. Obwohl das lyrische Text-Subjekt auch hier ein überbestimmtes ist, weist es doch eine erkennbar andere Binnenstruktur auf. Die Sonettform selbst wird für die Konstitution des lyrischen Text-Subjekts in Dienst genommen, in ihren Grenzen konstituiert es sich. D.h.: mehr noch als bei den "Threnen" oder gar in der "Trawrklage" sind die Form des Sonetts und die (Binnen-)Form des lyrischen Text-Subjekts zur Deckung gebracht. Wenn man so will, liest sich das lyrische Text-Subjekt der "Trawrklage" (in geringerem Maß das der "Threnen") schwieriger, weil in Metaphorik und Konstruktion widersprüchlicher, als das des Sonetts "An sich Selbst". Fast möchte man die schwierige(re) Lektüre als Indiz dafür nehmen, daß Gryphius sich v.a. in der "Trawrklage" selbst - als krankes (lyrisches Text-)Subjekt - beschrieben hat.

4.1.1.2 "Die allerletzte Pein". Ein Krankheits-Sonett des Simon Dach

Die relative Ausnahmestellung der Gedichte Simon Dachs wird in der Literaturgeschichte immer wieder betont.[14] Auch dem folgenden Sonett kommt im Corpus der deutschen Barocklyrik in gewisser Hinsicht ein besonderer Platz zu. Anders als z.B. die Sonette Gryphius' reflektiert Dachs Sonett keine vor-

---

14 So zeichnet nach Dietmar Peil "Dachs Lyrik eine bodenständig-realistische Komponente" aus, "die in Verbindung mit einem Ton familiärer Vertrautheit [...] die Lieder manchmal schon fast als innigen Ausdruck subjektiver Empfindungen erscheinen läßt" (Peil 1989, 373). Ähnlich äußert sich Ulrich Maché: "Mehr als bei anderen Dichtern des 17. Jh. drückt die Dichtung D.s persönl. Erleben aus" (Maché 1989, 507). Alfred Kelletat spricht von Dachs "fast vorpoetischer Offenheit gegenüber der Wirklichkeit" und von einer "Aufrichtigkeit und Unmittelbarkeit", die "der Leser spürt". Dachs "Eigentlichkeit" erbringe einen "Grad von Authentizität [...], die das Herz fühlen läßt" (Kelletat 1986, 404). Nach Erich Trunz hat Dach "einige Gedichte gemacht, die in ihrer Gegenständlichkeit und Herzlichkeit sein unmittelbares Erleben [!] aussprechen" (Trunz 1992, 32).

übergehende, eventuell unbestimmbare Krankheit, aus der sich prinzipielle Einsichten in die conditio humana ergeben. Dachs Text steht vielmehr konkret im Zusammenhang mit einem jener schweren Asthma-Anfälle, die das Leben Dachs, des "jahrelang Todkranken" (Kelletat 1988, 178), bestimmten; er entstand sogar, glaubt man der Gedichtüberschrift, auf dem Kranken-"Bette" Von diesen speziellen Gegebenheiten geht Dachs Sonett aus, über sie hinaus führt der Text bezeichnenderweise nicht. (Scheinbar) Allgemeingültiges wird entweder in Frage gestellt ("Ist Sterben ein Gewinn?") oder bleibt Glaubenssache ("gläub ich") eines genau situierten lyrischen Text-Subjekts.

Anno 1647 des Nachts, *da ich vor Engbrüstigheit nicht*
schlaffen können, auf dem Bette gemacht.

Wie? ist es denn nicht gnug, gern einmal sterben wollen?
Natur, Verhängnüs, Gott, waß haltet ihr mich auff?
Kein Säumnüs ist bey mir, vollendet ist mein Lauff,
Soll ich die Durchfahrt euch denn tausentmahl verzollen?

Was kränckt es, fertig seyn vnd sich verweilen sollen!
Ist Sterben ein Gewinn? *o mir ein thewrer Kauff,*
Mich tödten so viel Jahr vnd Kranckheiten zu hauff,
Ich lebe noch vnd bin wol zehnmahl tod erschollen.

Weib, Kinder, macht es ihr? *Verlängert ihr mein Licht?*
Seht meinen Jammer an, ist dieses LiebesPflicht,
Zu schlechtem Vortheil euch mein Vortheil mir nicht gönnen?

Ach kräncket mich nicht mehr durch ewer Angesicht!
Die allerletzte Pein ist, gläub ich, ärger nicht,
Alß leben müssen, todt seyn wollen vnd nicht können.

(Dach 1936, 203 f.)

Wie konzentriert in Dachs zu Lebzeiten wohl ungedrucktem Sonett Krankheit und Tod bedacht werden, kann der Vergleich mit einem thematisch verwandten Gedicht Dachs verdeutlichen. Wird das achtstrophige Gedicht "Alß ich Anno 1650 d. 25. Augustm. in der Nacht für grosser Engbrüstigkeit nicht schlaffen kunte" (Dach 1936, 252 f.) bestimmt von Klage, Aufzählung der Symptome, Bitte um Hilfe und Befürchtung übler Nachrede wegen angeblicher Faulheit, so argumentiert Dachs Sonett v.a. im Frage-Modus. Zwar benennt der Titel des Sonetts die physischen Beschwerden, doch der folgende Text verzichtet auf ihre nähere Beschreibung. Stattdessen müssen sich Natur, "Verhängnüs", Gott, Frau und Kinder fragen lassen, warum sie den Abgang, den Exitus des (lyrischen Text-)Subjekts zu verhindern suchen. Es konstituiert sich ein lyrisches Text-Subjekt, das nicht fragt, warum es sterben, sondern warum es leben muß. Es konstituiert sich in einem Sonett, das nötig *und* möglich wird, weil eben nicht eintritt, um was es (unausgesprochen?) bittet: den Tod.

Persönliches und unpersönliches Paradigma verbinden sich zum Titel des Sonetts; als schlaflos-leidendes steht das Subjekt im Text inmitten von Zeit und Raum, d.h. buchstäblich inmitten des Texts als Subjekt. Der Text (als Subjekt) selbst nennt seine Entstehungsumstände, das Subjekt (im Text) ergänzt diese Umstände, nennt mehrdeutig seinen Entstehungsgrund und/oder -umstände.[15] Erstaunlich ähnlich strukturiert - das macht die typographische Auszeichnung des lyrischen Text-Subjekts deutlich - sind die beiden Quartette und das erste Terzett. Auf die Fragen im unpersönlichen Paradigma des Texts als Subjekt (Fragen, die zunächst von der besonderen, persönlichen Situation absehen) (Z. 1/6/9), folgen erläuternde, weitere Fragen (Z. 2/4; 9/10/11) bzw. Erläuterungen der Fragen (Z. 3/6/7/8) des Subjekts im Text. Verbinden sich die jeweils ersten Zeilen der Quartette und des ersten Terzetts, d.h.: der Text als Subjekt, durch ein alliterierendes "w" zu Beginn, so schließt sich das Subjekt im Text vorwiegend über den Endreim zusammen.

In der so konstruierten, stabilen Ordnung der Z. 1-11 konstituiert sich ein lyrisches Text-Subjekt, das keineswegs von Stabilität spricht. Es verhandelt das Recht zu Sterben. Dieses Verhandeln ist auch als merkantiles Handeln zu verstehen. Da ist die Rede von zu hohen und ungerechtfertigten Zöllen (Z. 4), von "Gewinn" und "Kauff", von geringem und großem "Vortheil" (Z. 11) und selbst das (Lebens-)"Licht" wird, einem Vertrag gleich, verlängert. Die vom lyrischen Text-Subjekt berichteten, übereilten Spekulationen über seinen Tod (Z. 8) gewinnen im Umfeld merkantiler Sprache den Stellenwert einer verfrühten Bankrott-Erklärung. Der Sprache des Kaufmanns, der eine Rechnung präsentiert, wird dabei kontinuierlich ein Wortfeld der letzten Dinge entgegengesetzt, das jedoch keine tröstlichen Jenseits-Konnotationen aktiviert.

---

[15] Das hängt davon ab, ob man "da" modal oder kausal liest.

Bereits in Z. 1 ist der Todes-Wunsch ausgesprochen. Im Verlauf des Texts wird genau dieses Thema (Krankheit und Tod) vielfältig - doch immer im Bezug auf das lyrische Text-Subjekt - variiert. Schließlich werden im Verlauf der Argumentation, die in die sentenzhafte Zusammenfassung von Z. 13/14 mündet ("leben müssen, todt seyn wollen vnd nicht können"), der Text als Subjekt und das Subjekt im Text über dieses Wortfeld 'Krankheit und Tod' korreliert.

Jetzt, in Z. 13/14, (be)findet sich das deutlich überbestimmte lyrische Text-Subjekt strukturell in einer ähnlichen Lage wie zu Beginn, d.h. im Titel. Stand dort das Subjekt im Text zwischen dem Text als Subjekt, so behauptet es sich nun, indem es (glaubend) einer Meinung ist mit dem unpersönlichen Paradigma, dem Text als Subjekt. Das Leben in der Krankheit kann Strafe sein, die Lebenspflicht ("leben müssen") unter solchen Umständen übersteigt sogar Höllenqualen (d.h. "die allerletzte Pein"). Im Text bleibt die Frage an Natur, Schicksal und Gott (Z. 2) bis zuletzt unbeantwortet. Zwar spricht das (lyrische Text-)Subjekt vom Wollen und Nicht-*Können* ("todt seyn wollen vnd nicht können"), nicht jedoch vom Wollen und Nicht-*Dürfen*. Was in Z. 1-4 Anklage sein könnte und in Z. 9-11 wohl auch ist, erscheint letztlich fast herabgestimmt zur Klage. Beinahe, denn dafür, daß sich der Ton des Aufbegehrens nicht gänzlich verliert, daß die insistierenden Fragen des ersten Quartetts bis in den Schluß nachklingen, dafür sorgt der semantische Reim 'gönnen' und 'können'. In den eindeutigen Formen des Sonetts formuliert das lyrische Text-Subjekt Fragen, deren Orthodoxie nicht immer ganz eindeutig gewesen sein dürfte.

4.1.1.3 Milton Agonistes. John Miltons Sonett XXII

Auch John Milton hat seine physische Versehrtheit, d.h. seine Erblindung und ihre Konsequenzen, in Sonett-Form - wenn auch nicht allein in dieser[16] - reflektiert. Doch reagiert das (lyrische Text-)Subjekt des Sonetts XXII auf die Einbuße seiner Sehkraft nicht mit Klage. Vielmehr ist ihm, so wird sich zeigen, das körperliche Gebrechen Lohn und Preis zugleich seines rechten Handelns. Im konsequenten Leben sind dem lyrischen Text-Subjekt private Le-

[16] Dichterisch verarbeitet hat Milton seine Blindheit bekanntlich auch in den Epilogen seines Epos' *Paradise Lost* und im Drama *Simson Agonistes*.

bens- und Leidensgeschichte einerseits und allgemeines Zeitgeschehen andererseits untrennbar verbunden.

To Mr. Cyriack Skinner upon his Blindness

Cyriack, this three years day these eys, though clear
To outward view, of blemish or of spot;
Bereft of light thir seeing have forgot;
Nor to thir idle orbs doth sight appear
Of Sun or Moon or Starre throughout the year,
Or man or woman. *Yet I argue not*
Against heavns hand or will, nor bate a jot
Of heart or hope; but still bear vp and steer
Right onward. What supports me, dost thou ask?
The conscience, Friend, *to have lost them overply'd*
In Liberties defence, my noble task,
Of which all Europe talks from side to side.
This thought might lead me through the worlds vain mask
Content though blind, had I no better guide.

(Milton 1966, 156)

In zweifacher Hinsicht unterscheidet sich Miltons Sonett von den bisher vorgestellten Texten. Zum einen durch den Typus und die (Binnen-)Struktur des lyrischen Text-Subjekts. Zum anderen durch extensive und explizite Verweise auf Fakten außerhalb des Texts.[17] Das Wissen um persönliche, individuelle Fakten wird vorausgesetzt und angespielt: dem Wissenden genügt's. Als Wissender wird der Leser durch diesen Kunstgriff behandelt, quasi als Teilnehmer eines Gesprächs. Anders als im bekannten Sonett XIX ("When I con-

[17] So werden Z. 1/2 erst dann ganz verständlich, wenn man weiß, daß den Augen Miltons ihre Blindheit nicht anzusehen war ("clear | To outward view"). Z. 10/11 beziehen sich auf die Abfassung der *Defensio prima* (*Pro Populo Anglicano Defensio*, 1651). Dieses Werk aus Pflicht und Neigung, in dem Milton - auf eine Streitschrift Claude Saumaises reagierend - das puritanische Regime und die Hinrichtung Charles I verteidigte, sorgte tatsächlich für beträchtliches Aufsehen (Z. 12). Milton verfaßte die *Defensio prima* auf die Gefahr hin, bei der Niederschrift sein ohnehin sehr schlechtes Augenlicht vollends zu verlieren. Er erblindete im Februar 1652, nachdem er wegen der *Defensio prima* publizistisch angegriffen worden war, vollständig (vgl. Shawcross 1989, 13).

sider how my light is spent"), in dem sich das lyrische Text-Subjekt monologisch verhält, ist also in Sonett XXII ein dialogischer Gestus unüberhörbar.[18]

Dieser Antwort-Ton wird in der namentlichen Anrede (Z. 1) angeschlagen und in Z. 9 aufgegriffen: das (lyrische Text-)Subjekt gibt an, seinen Text als Antwort auf eine Frage Cyriack Skinners und am dritten Jahrestag der vollständiger Erblindung[19] verfaßt zu haben. Obwohl der Text also persönliches Bekenntnis zu sein vorgibt, konstituiert sich das lyrische Text-Subjekt nicht vorwiegend im persönlichen Paradigma, d.h. nicht als überbestimmtes. Bereits die bis in die Mitte des zweiten Quartetts reichende Schilderung der äußeren (Z. 1/2) und inneren Umstände bzw. Folgen der Blindheit (Z. 3-6) ist Teil des unpersönlichen Paradigmas. Das, wie es scheint, Unabänderliche, die Blindheit der Augen für Natur (Z. 5) und Kreatur (Z. 6), konstatiert der Text als Subjekt.

Dieses factum brutum der Erblindung wird im folgenden interpretiert (Z. 6-12). Zunächst erscheint das (lyrische Text-)Subjekt als passives Opfer seiner Augen ("thir seeing have forgot"), die ihrerseits passives Opfer sind ("bereft of light"). Doch nimmt das Subjekt (im Text) sein Schicksal als Schickung (Gottes) an ("Yet I argue not | Against heavns hand or will"). Unverzagt - buchstäblich im Einklang mit diesem (vgl. den Binnenreim: "will"/"still" Z. 7/8) - hält es Kurs ("still bear vp and steer | Right onward). Dies kann es aus dem Wissen heraus, in der *Vergangenheit* seine ehrenwerte Aufgabe ("my noble task") erfüllt zu haben. So erscheint der Verlust der Sehkraft letztlich als aktives Opfer in Erfüllung der (vaterländischen) Pflicht (Z. 10/11).[20] Aufgabe und Pflicht sind Teil des persönlichen Paradigmas ("my noble task"). Indem das (lyrische Text-)Subjekt betont, seiner Verpflichtung nachgekommen zu sein, werden die Forderungen der Welt - die das unpersönliche Paradigma vertritt - und die Forderungen an sich selbst - im persönlichen Paradigma - in Einklang gebracht: persönliches und unpersönliches Paradigma überlagern sich

---

[18] Den Titel des Sonetts, der dies bekräftigt, hat allerdings der erste Herausgeber hinzugefügt. Gedruckt wurde Miltons Text, der vermutlich 1655 entstand, aus politischen Gründen erst 1694. - Cyriack Skinner, der Adressat, war ein vertrauter Freund Miltons, vielleicht sogar sein Schüler. Von vermutlich seiner Hand stammt auch eine Abschrift des Sonetts.

[19] Die Formulierung "this three years day" hat zu mannigfacher Verwirrung und entsprechend vielen Erläuterungen geführt (vgl. Woodhouse/Bush 1972, 482). Wichtig ist hier jedoch lediglich, daß und was der *Text* behauptet.

[20] Die kämpferische Aktivität wird zusätzlich in der nautischen Bedeutung von "(over)ply" deutlich: gegen den Wind segeln.

(Z. 11/12). Ruhm und Stolz klingen in den beiden Schlußzeilen konjunktivisch nach ("might lead"), doch das letzte Wort des Subjekts im Text gilt nicht (mehr) der Welt und ihrem (Masken-)Treiben (Z. 13).

Wie schon Z. 6/7 versichern, wird bis zum Schluß (des Texts) nicht gegen den Willen des Himmels argumentiert. Befriedigung und Frieden sind im Diesseits (des guten Gewissens) und der Welt sichergestellt; das Opfer (des Augenlichts) ehrt den Opfernden. Erblindet und doch zufrieden (Z. 14) begibt sich das Subjekt im Text wieder in "heavns hand or will", vertraut sich nun - buchstäblich blind - der himmlischen Führung an.

Das (lyrische Text-)Subjekt in Miltons Sonett stellt sich den Aufgaben der Welt und Öffentlichkeit ebenso wie den Fragen des Freundes. Das Subjekt (im Text) kennt und hat seinen Platz: als gleichberechtigtes steht es neben dem Text als Subjekt, d.h. dem unpersönlichen (Welt-)Paradigma. Weder unter- noch überbestimmt, sondern (als) bestimmt(es) konstituiert sich das lyrische Text-Subjekt in Miltons Sonett XXII.

4.1.1.4 Zuruf und Nachruf zu Lebzeiten. Zwei Sonette Paul Flemings

In dem Grad wie sich das lyrische Text-Subjekt in Flemings wenig bekanntem Sonett "Er redet sich selber an" fragend und (ver)zweifelnd gibt, in dem Grad gibt es sich in der berühmten, häufig interpretierten und anthologisierten "Grabschrift"[21] gelassen und gewiß. Die Entstehungszeit und -umstände des ersteren lassen sich nur vermuten,[22] die der Grabschrift sind bekannt und werden überdies im Titel genannt. Obwohl sich über die "Grabschrift" kaum mehr etwas Neues sagen läßt,[23] obwohl das Sonett "Er redet sich selber an" eigent-

[21] Vgl. z.B. Naumann 1966, 110-118; Kühlmann 1984, 168-175; Herzog 1985; Entner 1989, 536-547.

[22] Auch der Zusammenhang, in dem der Text in der Sammlung von 1646 erscheint, ist weniger erhellend, denn verwirrend; er steht nämlich im "Dritte[n] Buch der Sonetten / Jn welchem Liebes=Gedichte". Daß der erste Herausgeber, Flemings Freund Adam Olearius, die allegorischen Frauennamen im Sonett "Er redet sich selber an" nicht als solche erkannt hat, ist kaum denkbar. Bleibt nur die Möglichkeit, daß Olearius dieses und das Sonett "An sich", das im zweiten Buch der Sonette - ebenfalls nicht sehr passend - unter "allerley Glückwünschungen" zu finden ist, nirgends sonst einzuordnen wußte.

[23] Marian R. Sperberg-McQueen bemerkt im Hinblick auf die "Grabschrift", das Sonett "An sich" und andere der berühmtesten Texte Flemings: "In attempting to interpret these poems anew, the weight of the intervening secondary literature tends to define the terms of

lich nicht in den Zusammenhang dieser Arbeit gehört,[24] sollen die beiden Texte, quasi als ungleiches Gedicht-Paar, aufeinander bezogen, betrachtet werden. Denn diese Sonette scheinen mir exemplarisch für das negative und das positive Selbstverständnis (lyrischer Text-Subjekte im Werk) Flemings.

Er redet sich selber an.

Was ist es denn nun mehr, daß du so hungrig bist
viel Länder durch zu sehn bei Regen, Frost und Hitze,
durch Wildnüß und durch See zu kommen an die Spitze,
wo Leute, die man ehrt? Ernährst du, was dich frißt,
die Faulheit dieser Zeit? Vernimst du noch die List
des leichten Wahnes nicht, wirst willig arm vom Witze
an Mangel reich zu sein? Bist keinem Stande nütze?
Bleibst allzeit ungeehrt und ewig ungeküßt?
War dieses nun dein Zweck Sophien so zu hassen,
Olympen Feind zu sein, Hygeen zu verlassen?
Tu Rechnung von dir selbst, von dir und deiner Tat!
Doch, du bist wider dich. Die Sehnsucht fremder Sachen,
was wird sie dermaleins noch endlich aus dir machen,
weil auch dein eigner Rat bei dir selbst Stat nicht hat?

(Fleming 1965, 498)

Der Titel bereits signalisiert Distanz, das 'Ich' spricht von sich in der 3. Pers. Sing.. Die Überschrift fungiert als gleichsam objektive Regie- bzw. Lese-Anweisung des folgenden Soliloqiums, sie allein macht den Text als gemachte, kunstvoll-künstliche Selbst-Ansprache kenntlich.

Wovon redet der Text als Subjekt, was behauptet das unpersönliche Paradigma? Zunächst ist, indem er in Frage gestellt wird, von einem elementaren Abenteuer-Hunger (Z. 1 f.) die Rede, von einer "Sehnsucht fremder Sachen",

one's argument in advance, leaving little space or energy for a fresh viewing" (Sperberg-McQueen 1990, 7).

[24] Schließlich spricht in diesem Sonett - wie auch im berühmten "Sei dennoch unverzagt" - allein der Text als Subjekt, spricht als 'Du' an, was allenfalls als abwesendes latent vorhanden ist: das Subjekt im Text. Im folgenden sei trotzdem und ausnahmsweise dieser Text als Subjekt als - wenn man so will: vollständig unterbestimmtes (in Anführungszeichen gesetztes) - 'lyrisches Text-Subjekt' bezeichnet.

die spätestens in Z. 11 als erfüllte deutlich wird.[25] Als ebenso unmäßig charakterisiert ist die gesellschaftliche Ambition, "zu kommen an die Spitze, | wo Leute, die man ehrt". Fast ausschließlich in Fragesätzen referiert das sich selbst anredende 'lyrische Text-Subjekt' sein Tun und Lassen in den beiden Quartetten. Ungeliebt und 'ungeehrt', (vermeintlich) parasitär statt nützlich scheint (sich) das redende und angeredete 'lyrische Text-Subjekt'. Der Preis der (Nicht-)Karriere: aufgegebene Studien.[26] Zur Sünde der Maßlosigkeit[27] kommt die, nicht mit den anvertrauten Pfunden gewuchert zu haben. Die Selbst-Ansprache wird zur - mit quasi forensisch erhobener Stimme gesprochenen - Selbst-Anklage (Z. 11). Das zweite Terzett nimmt resigniert die Entzweiung mit sich selbst hin: der eigene (im Text freilich unausgesprochene) Rat verhallt (im Text) unbefolgt (Z. 14). Was zu Beginn des Sonetts noch fragend konjunktivisch geklungen hat, wird nun im indikativischen Ton der Z. 12-14 zur Gewißheit. Der Text als Subjekt spricht von einem, dem nicht zu raten/helfen ist, weil er sich selbst nicht zu raten/helfen weiß.

In der Distanz, die der Titel verspricht und der Text (als Subjekt) hält, ist kein Platz mehr für das persönliche Paradigma. Der Text als Subjekt setzt sich ausschließlich mit sich selbst auseinander, das Subjekt (im Text) erscheint quasi nur noch ex negativo (eben im und durch den Titel).[28]

Flemings Sonett "Er redet sich selber an" ist nicht der einzige Text des Dichters, der Selbstzweifel und Selbstvorwürfe - meist anläßlich und während seiner großen Reise - äußert.[29] Einen Rechenschaftsbericht anderer Art gibt das folgende Sonett, in dem ein (überbestimmtes lyrisches Text-)Subjekt die

---

[25] Bekanntlich hat Fleming an einer insgesamt sechsjährigen (letztlich erfolglosen) Handelsmission nach Rußland und Persien teilgenommen, die auch sein Privatleben veränderte (Lösung der ersten Verlobung durch die Braut). (Zu Flemings sich wandelnder Einstellung zu dieser Reise vgl. Krahé 1987, 492 f.) - Als "Folge der extremen Lebensumstände" deutete die Forschung die Besonderheiten in Flemings Werk immer wieder. So spricht z.B. Knut Kiesant von einer dadurch bedingten, allerdings nur thematischen, nicht substantiellen "'Ich'-Erweiterung in der Lyrik Flemings" (Kiesant 1986, 25).

[26] Gemeint ist das Studium der Philosophie (Sophia), der Altertumswissenschaft/Mythologie (Olympia) und der Arzneikunst (Hygea) (Z. 9-10).

[27] Maßlosigkeit ist sowohl im christlichen als auch im antiken, d.h. (neo)stoischen, Kontext als Verfehlung anzusehen: gegen Gott und die Mitmenschen in jenem, gegen die (selbsterhaltende) Vernunft und Weisheit in diesem.

[28] Im Sonett "An Sich" ("Sei dennoch unverzagt") ist der gleiche Befund, ein ebenfalls vollständig unterbestimmtes lyrisches Text-Subjekt, freilich anders zu deuten.

[29] Vgl. auch das Sonett "An Deutschland" (Fleming 1965, 474) und die lateinischen Epigramme "Inquies" (Fleming 1863, 390) und "Conscientiæ latratus" (Fleming 1863, 450).

Aktiva (in Flemings Leben[30]) rekapituliert, auch und weil das Erreichte in Anbetracht des (nahenden) Todes akut gefährdet ist.

Herrn Pauli Flemingi der Med. Doct. Grabschrift, so er ihm selbst gemacht in Hamburg, den XXIIX. Tag des Merzen MDCXL. auf seinem Todbette, drei Tage vor seinem seligen Absterben.

Ich war an Kunst und Gut und Stande groß und reich,
des Glückes lieber Sohn, von Eltern guter Ehren,
frei, meine, kunte mich aus meinen Mitteln nähren,
mein Schall floh über weit, kein Landsman sang mir gleich,
von Reisen hochgepreist, für keiner Mühe bleich,
jung, wachsam, unbesorgt. Man wird mich nennen hören,
bis daß die letzte Glut diß Alles wird verstören.
Diß, deutsche Klarien, diß Ganze dank' ich euch.
Verzeiht mir, bin ichs wert, Gott, Vater, Liebste, Freunde,
ich sag' euch gute Nacht und trete willig ab.
Sonst alles ist getan bis an das schwarze Grab.
Was frei dem Tode steht, das tu er seinem Feinde.
Was bin ich viel besorgt, den Othem aufzugeben?
An mir ist minder Nichts, das lebet, als mein Leben.

(Fleming 1965, 460)

Das Subjekt im Text handelt, indem es einen Schritt vorausnimmt, den vom Leben zum Tod, um im Rückblick sich - in den beiden Quartetten - eines gelungenen Lebens und des kommenden Nachruhms vergewissern zu können.[31] Daß der künstlerische und gesellschaftliche Erfolg nicht nur eigenes Verdienst war ("für keiner Mühe bleich"), sondern sich auch der Gunst Anderer verdankt (des Glückes, der Eltern und v.a. der Musen), bestätigt nur, daß dieses Leben in Übereinstimmung mit den Mächten der Zeit (Religion, Gesellschaft und Wissenschaft) stand. Kunst, Wissenschaft und Religion sind, hier zumin-

[30] Fleming hatte, als er diesen, seinen letzten poetischen Text verfaßte, eine spektakuläre Reise nach Persien überstanden, in Leiden promoviert und sich zuvor in Reval erneut verlobt, d.h. sich eine private und berufliche Zukunft aufgebaut.

[31] Angezweifelt hingegen wird der (Überlebens-)Wert der Kunst, der Glaube an die Kunst als 'Widertod' (vgl. Herzog 1985), im "Epitaphium Sibi vivo" (Fleming 1863, 391).

dest, Kunst, Wissenschaft und Religion des Subjekts im Text; sie sind Teil des persönlichen Paradigmas.

Der 'Einklang' von Welt und 'Ich' bleibt auch bestehen, wenn an zentraler Stelle (Z. 7) der Text als Subjekt erstmals zu Wort kommt. Das gerechtfertigte und sich rechtfertigende Subjekt (im Text) steht in unmittelbarem Bezug zur Welt, korreliert das Ende seines Ruhms mit dem Ende allen weltlichen Ruhms.[32] Die Paradigmen überschneiden sich! Und so (be)findet sich das Subjekt im Text wiederum in Übereinstimmung, nicht nur mit den Mächten der Zeit, sondern sogar mit der Macht der Zeit. Diese Korrelation verbürgt überdies (himmlische) Gerechtigkeit: allem und allen wird in der "letzte[n] Glut" gleichermaßen ein (irdisches) Ende bereitet. Es steht nach der Bitte um Verzeihung und vollzogenem Abschied einem würdigen, freiwilligen Abgang (Z. 10) nichts im Wege.

Und doch endet der Text hier noch nicht, kommt vielmehr der Text als Subjekt nochmals und ausführlicher zu Wort. In den lapidaren Zeilen 11/12 tritt der Text als Subjekt quasi etwas (vom Subjekt im Text) zurück. In allgemeinen Wendungen rückt der unumgängliche Schritt ans "schwarze Grab" in den Vordergrund; gelindert wird dieser Gedanke im Gedanken an die *begrenzte* Macht des Todes (Z. 12). So ist das Subjekt (im Text) doch "frei" (Z. 3), auch und gerade im Akt des Sterbens.[33] Es behält die letzten Worte. Buchstäblich am Schluß dieser Grabschrift steht das "Leben". Ein Leben, welches das Subjekt im Text als das *seine* ("mein Leben") verstehen kann, auch und weil es dieses Leben, wie Jesus, *selbst* aufzugeben vermag. In der Hoffnung freilich, es so zu erhalten.[34] Vielleicht auch und gerade als Grab-*Schrift*?

4.1.2. Oden und Gesänge

Johann Christian Günthers "ALS ER SEINE LIEBE NICHT SAGEN DURFTE" zählt - mit Daniel Georg Morhof zu sprechen - zu den "*Odis* [...]

[32] Erich Trunz weist darauf hin, daß zu Flemings Zeiten damit gerechnet wurde, "daß es bis zum Weltende noch etwa 100, längstens 300 Jahre dauern werde" (Trunz 1992, 161).

[33] Das heißt in Flemings Neo-Stoizismus auch: nicht den Leidenschaften unterworfen, selbst-beherrscht. Vgl. das Sonett "An sich": "Wer sein selbst Meister ist und sich beherschen kan, | dem ist die weite Welt und Alles untertan" (Lappenberg 1965, 472).

[34] Vgl. Johannes 12, 25.

amatoriis" (Morhof 1982, 115) und ist "wegen der Eintheilung in gewisse *membra* oder *strophas*" "zu der Music" ebenso "bequem" (Morhof 1982, 109) wie die drei unten besprochenen Beispiele aus der englischen Literatur. Marvells Text ist sogar ausdrücklich mit 'Song' überschrieben; Donnes "The Triple Foole" schließlich gehört zu einer Sammlung mit dem bezeichnenden Titel *Songs and Sonnets*. Weniger zahl- und erfolgreich als die Oden liedhaften Charakters waren die deutschsprachigen Versuche des 17. Jahrhunderts, antike Odenformen der eigenen Literatur anzuverwandeln. Ihnen kann hier leider ebenso wenig Rechnung getragen werden wie den vielen pindarischen, anakreontischen und horazischen Oden, die in England zur selben Zeit entstanden.[35]

4.1.2.1 "Through Rimes vexation". John Donnes "The Triple Foole"

1635, vier Jahre nach Donnes Tod, erschienen im Rahmen der zweiten Werkausgabe auch dessen Liebesgedichte unter dem Titel *Songs and Sonnets* erstmals im Druck. Donnes gezieltes Spiel mit konkreten Adressaten lag nun schwarz auf weiß vor. Gedruckt und aus dem ursprünglichen gesellschaftlichen Rahmen herausgenommen, rückte Donnes "dream of communication" - "one in which the reader or audience or congregation repeated, or mirrored in their responses, the thoughts and feelings of the author" (Marotti 1986, 22) - in weite Ferne. Die Gesetze der Schriftlichkeit affizierten Donnes empfindliche Kunst in besonderem Maß. Denn "the basic features of Donne's poetic art", d.h. "fondness for dialectic, intellectual complexity, paradoxy and irony, the appeals to shared attitudes and group interests (if not private knowledge), the explicit gestures of biographical self-referentiality", so Arthur F. Marotti, "all relate to the coterie circumstances of his verse" (Marotti 1986, 19). Auch Donnes eigenwillige Confessio "The Triple Foole", ein Gedicht-Text, der den Ge- und Mißbrauch von (Liebes-)Gedichten thematisiert, gewinnt, wenn man seinen ursprünglich privaten Charakter bedenkt. Was an diesem u.a. Texten

---

[35] Stellvertretend für Autoren dieser Gattungen nenne ich Abraham Cowley (pindarische Ode), Robert Herrick (anakreontische Ode) sowie Ben Jonson und Andrew Marvell (horazische Ode).

Donnes vielleicht allzu raffiniert, zu künstlich-kunstvoll erscheinen könnte,[36] kennzeichnet, unter solchen Bedingungen gelesen, das raffinierte (Rollen-) Spiel vor eingeweihtem Publikum.

The Triple Foole

[I]

I AM two fooles, I know,
For loving, and for saying so
In whining Poëtry;
But where's that wiseman, that would not be I,
If she would not deny?
Then as th'earths inward narrow crooked lanes
Do purge sea waters fretfull salt away,
I thought, if I could draw my paines,
Through Rimes vexation, I should them allay,
Griefe brought to numbers cannot be so fierce,
For, he tames it, that fetters it in verse.

[II]

But when I have done so,
Some man, his art and voice to show,
Doth set and sing my paine,
And by delighting many, frees againe
Griefe, which verse did restraine.
To Love, and Griefe tribute of Verse belongs,
But not of such as pleases when 'tis read,
Both are increased by such songs:
For both their triumphs are so published,
And I, which was two fooles, do so grow three;
Who are a little wise, the best fooles bee.

(Donne 1966, 52)

Zwar ist der Text "The Triple Foole" überschrieben, doch tut das Subjekt im Text zunächst nur das Wissen um seine doppelte Narretei kund. Diese wird nicht nur behauptet, sondern sogleich (wieder) begangen: spricht das Subjekt

[36] Dieser Vorwurf kam früh, bereits Dryden kritisierte Donnes Liebesgedichte. Doch "Dryden's [...] comment that Donne 'affects the Metaphysicks [...] and perplexes the Minds of the Fair Sex with nice Speculations of Philosophy' [...] reveals the later poet's unawareness of the primarily male readership of most of the love lyrics" (Marotti 1986, 20).

im Text doch (wieder) von Liebe, ist sein Text doch (wieder) - wenn auch durch Reflexion gebrochen - "whining Poëtry". Der Selbst-Anklage folgt sogleich die Selbst-Rechtfertigung. So närrisch es auch scheint, jammernd-jämmerlich zu dichten und damit fast kindlich seine Gefühle zu äußern,[37] so notwendig ist es. Wer eine Frau zur Liebe überreden will, muß sich zum Narren machen: "[...] where's that wiseman, that would not be I, | If she would not deny". Darüber dürfte zumindest im vorwiegend männlichen Leserkreis Donnes (vgl. Marotti 1986, 20) wenig Zweifel bestanden haben. Im Sinne einer säkularisierten Jesuiten-Logik rechtfertigt auch in diesem Fall der Zweck die Mittel.

Sein Dichten und Trachten scheint dem Subjekt im Gedicht-Text zunächst sogar mit den Regeln der Natur übereinzustimmen. Denn so wie - einer Annahme der Zeit zufolge - Meerwasser frei von Salz wird, indem es durch "th'earths inward narrow crooked lanes" fließt, so will das Subjekt (im Gedicht-Text) seine Schmerzen (und salzige Tränen?) durch deren Beschreibung und "[t]hrough Rimes vexation" verringern. Die Überzeugung des Subjekts im Text deckt sich mit der Überzeugung der Welt, wie sie im unpersönlichen Paradigma ausgedrückt ist: das persönliche Handeln steht im Einklang mit der sentenziöse Behauptung des Texts als Subjekt (Z. 10/11).

Doch die scheinbar allgemein gültige Maxime zur Zähmung der (Liebes-) Leidenschaft am Schluß der ersten Strophe zeitigt - einmal befolgt - fatale Folgen (Z. 13 ff.). Zu Beginn der zweiten Strophe kommt zunächst - wie in der ersten - das Subjekt im Text zu Wort. Sprachhandelnd und berichtend ("I have done"), vergewissert es sich nicht nur seiner selbst, sondern - unversehens - auch des Namens seines Urhebers: Donne ("done"). Das Verb wird Eigen-Name;[38] sozusagen in der Mitte des Texts findet sich - mehr oder weniger versteckt - die Signatur des Autor-Subjekts.

Z. 13 ff. zeigt das lyrische Text-Subjekt als schrittweise entmächtigtes: das überbestimmte lyrische Text-Subjekt der Z. 12 wird zum (fremd)bestimmten: eigenes Leid wird fremdes Lied (Z. 13/14) und in Z. 15-20 schließlich zum unterbestimmten lyrischen Text-Subjekt.

---

37 "'Whining' poetry conveys an undignified picture of the poem (and the poet?) as a child venting his emotions" (Ray 1990, 327).

38 Dieses Wortspiel (done - Donne) findet sich auch in Donnes "A Hymne to God the Father". A. J. Smith bemerkt zu diesem Gedicht: "The pun on the poet's own name runs through the poem and resolves it - 'thou hast done' (line 17)" (Donne 1982, 667).

Was für wahr gehalten wird, steht auch in diesem Text im unpersönlichen Paradigma. Ebenfalls Gedicht-Text als Subjekt ist die kleine (Anti-)Poetik, die das lyrische Text-Subjekt im folgenden aufsetzt (Z. 15-20). Zollt der Verliebte zu Recht seiner Lieb' und ihrem Leid poetischen Tribut, so sollten dessen Verse doch keinesfalls (auf Kosten des Unvergnügten) Vergnügen bereiten (Z. 17/18). Genau das aber geschieht, wenn/weil ein Schuft sich die fremden Leides-Worte leiht, "his art and voice to show". Gesetzt und gesungen, werden die in der gebundenen Rede stillgestellten Gefühle (wieder) freigesetzt (Z. 15/16): Liebe und Leid triumphieren öffentlich (Z. 20), unüberhörbar gewachsen ("increased"). Hat das (lyrische Text-)Subjekt sich erst einmal selbst zum doppelten Narren gemacht, so muß es sich - vor aller Ohren - zum dreifachen Narren machen lassen. Was das Subjekt im Text bekennt (Z. 21), scheint zur beinah sprichwörtlichen Erkenntnis zu werden (Z. 22). Was im unpersönlichen Paradigma der Schlußzeile als Wahrheit daherkommt, entbehrt letztlich jedoch der Klarheit, ist mehrdeutig: Weisheit und Narrheit bleiben eine Frage der Interpretation.[39]

Noch auf der Meta-Ebene ist das lyrischen Text-Subjekt aus Widersprüchen entwickelt bzw. in Widersprüche verwickelt: das lyrische Text-Subjekt beklagt die Vertonung seiner Verse, doch weicht die Form seiner Wider-Worte nicht grundsätzlich ab von der Form jener Texte Donnes "evidently [...] written [...] to fit existing tunes" (Marotti 1986, 87).[40] Nichts - in der Form des Texts - garantiert also, daß nicht auch aus "The Triple Foole" einer der damals so beliebten 'songs' wird.[41] Ginge dann die Rechnung (des Autors) vollends auf: (gesungen) in fast aller Munde zu sein und als sich komisch-ironisch Erniedrigender durch Musik erhöht und unverwechselbar?

Der dreifache Narr ist gewitzter als die anderen. Das 'beweist' ein lyrisches Text-Subjekt, das sich im Text auf dynamische Weise als bestimmtes etabliert.

---

39 "The reader wonders" - so schreibt z.B. Robert H. Ray - "if 'Who are a little wise, the best fools be' means (1) those <such as this poet himself> who are intelligent and creative enough to be able to write poetry make the biggest fools <triple ones, in fact> of themselves or (2) those <unlike the poet himself> who are not intelligent and creative enough to be able to write poetry make the most desired kind of fools to be <i.e., they will be only single fools for loving and are spared from being additional fools for writing poetry and having it set to music>" (Ray 1990, 328 f.).

40 Marotti nennt u.a. "Sweetest love", "The Message", "Song: Goe and catche a falling starre", "The Baite" (Marotti 1986, 87).

41 Etliche der Gedichte Donnes wurden bereits zu seinen Lebzeiten vertont (vgl. "Musical Settings of Donne's Poems" in: Donne 1966, 238 ff).

Als eines, das sich aus der latenten 'Gefahr' seiner Überbestimmung (Strophe I) oder Unterbestimmung (Strophe II) heraus definiert. Auch für dieses Gedicht und sein lyrisches Text-Subjekt gilt Donnes Wort: "THAT BY DISCORD THINGS INCREASE".[42]

4.1.2.2 Johann Christian Günthers "ALS ER SEINE LIEBE NICHT SAGEN DURFTE"

Ob man Johann Christian Günther als "Wegbereiter der neuen Lyrik" oder als "genialen Nachzügler und Vollender der Barockdichtung" (Eybl 1985, 45) anzusehen hat, ist nach wie vor umstritten. Auf alle Fälle macht die Tatsache, daß sich

> bei Günther erstmals in dieser Schärfe die Frage nach der Authentizität oder Rollenhaftigkeit stellt bzw. daß sich beides auf eine nicht zu unterscheidende Weise zu durchdringen scheint, [...] die vorgeschobene Position deutlich, die Günther in der Entwicklung zu einer modernen, gebrochenen Persönlichkeitsproblematik einnimmt. (Trautwein 1987, 170)

Günthers lyrisches Werk ist ebenso umfangreich wie in thematischer Hinsicht vielseitig. Doch seit jeher standen v.a. die Liebesgedichte im Mittelpunkt des zuerst biographistisch, heute meist rhetorisch orientierten Forschungsinteresses. So liegt z.B. auch Wolfgang Trautweins aufschlußreicher Günther-Studie die Liebeslyrik zugrunde. Denn "[i]n den Liebesgedichten", so Trautwein, "hat sich Günther am weitesten von der konventionellen Sprach- und Formgebung des 17. Jahrhunderts entfernt" (Trautwein 1987, 170).

Das folgende frühe Liebesgedicht, in dem sich formale Mittel der galanten Lyrik[43] ebenso finden wie Motive und Bilder der petrarkistischen Tradition, läßt davon noch wenig ahnen. (Auch wenn der Text in Günthers Biographie mutmaßlich mehr als eine bloße Stilübung darstellt.[44])

---

42 So hat Donne das neunte seiner elf Paradoxes überschrieben (vgl. Donne 1987, 46 f.).

43 Z.B. genus mediocre, tendenziell parataktischer Satzbau, Vermeidung komplizierter Zeilensprünge.

44 "ALS ER SEINE LIEBE NICHT SAGEN DURFTE" ist an Magdalena Eleonore Jachmann, Günthers Geliebte in Schweidnitz, gerichtet. Ihr gelten die, nach übereinstimmender Meinung der Forschung, wichtigsten Liebesgedichte Günthers. Seine Werbung um die sechs Jahre ältere Leonore mußte so weit wie eben möglich unter Ausschluß der Öffentlichkeit stattfinden, war Günther doch damals noch Schüler und somit keinesfalls ein gesell-

ALS ER SEINE LIEBE NICHT SAGEN DURFTE

[I]
ICH leugne nicht die starcken Triebe
Und seufze nach der Gegenliebe
Der Schönheit, die mich angesteckt.
Der Traum entzückt mir das Gemüthe,
So oft mir mein erregt Geblüte
Dein artig Bild auch blind entdeckt.
[II]
Allein die Ehrfurcht heist mich schweigen.
Ein Sclave darf die Ketten zeigen
Und in der Noth um Rettung schreyn,
Nur ich muß diesen Trost entbehren
Und darf den Jammer nicht erklären:
Das heist ja zweyfach elend seyn.
[III]
Indeßen, darf der Mund nicht klagen
So wird dir doch mein Auge sagen,
Wie tief mein Herz verwundet sey.
Erwege nur Gestalt und Mienen,
Sie werden dir zum Zeugnüß dienen:
Ich kan und mag nicht wieder frey.
[IV]
Mich deucht, du nimmst es wohl zu Herzen.
Erhalt ich das in meinen Schmerzen,
Daß dir mein Feuer wohlgefällt,
So will ich heimlich gerne brennen
Und dir sonst nichts als dies bekennen:
Du seyst die Schönheit dieser Welt.

(Günther 1964a, 19)

In vier Strophen entwickelt dieser Gedicht-Text eine viergliedrige Argumentation, die darauf abzielt, das im Titel genannte Rede-Verbot zu unterlaufen. Anders formuliert: im unpersönlichen Paradigma der Überschrift wird das Hindernis genannt, das die folgenden Verse im weitgehend persönlichen Paradigma (zu) überwinden (trachten). Das Gebot, zu "schweigen", wird Anlaß

---

schaftlich akzeptabler Bewerber um Eleonres Gunst. (Zu den näheren Umständen der Beziehung zwischen Günther und Eleonore vgl. Krämer 1980, 74 ff.)

zur Rede. Die realen, gesellschaftlichen Umstände und Zwänge, die es fast unmöglich machen, Gefühle auszusprechen oder gar auszuleben, sind buchstäblich verinnerlicht: nicht die Furcht (vor gesellschaftlichen Konsequenzen), sondern die "Ehrfurcht" heißt schweigen (Z. 7).

Ganz der Gefühlswelt eines vollständig überbestimmten lyrischen Text-Subjekts gehört die erste Strophe. Das petrarkistische Klischee des durch Schönheit 'entflammten' Liebhabers (Z. 3) wird bemüht. Doch indem Günther auf den der Feuer-Metaphorik innewohnenden doppelten sinnlichen Reiz, den optischen und taktilen, anspielt, ihn stimmig in der letzten Strophe aufgreift und ausspielt (Z.20-22), belebt er die durch häufigen Gebrauch verblaßte Bildlichkeit. In der Dunkelheit des Traums (von der "Gegenliebe?), hinter den geschlossenen Augen (Z. 6) 'brennt', so zumindest konnotiert der Text, hell leuchtend der sinnliche Trieb (Z. 4-6). Doch wird Natur ("die starcken Triebe"), bevor sie bedrohlich werden könnte, eingebunden in den Wunsch nach wechselseitiger Liebe ("Gegenliebe").

Exponiert die erste Strophe das leidenschaftliche und doch redliche (lyrische Text-)Subjekt als Thema, so führen Strophe II und III dieses Thema sozusagen durch. Argumentierend aufeinander bezogen ("Allein", Z. 7 - "Indeßen", Z. 13), wird das Dilemma, das sich aus der Ausgangssituation (Strophe I) ergibt, entfaltet (Strophe II) und gelöst (Strophe III). Zunächst zeigen Z. 7-12 das liebende (lyrische) Text-Subjekt in seinem Jammer: sein Herz ist voll von Liebe, doch darf ihm der Mund nicht erleichternd übergehen. Was allgemein als recht und billig gilt und im unpersönlichen Paradigma der Z. 8/9 formuliert wird, nämlich zu sagen, was man leidet, bleibt dem (lyrischen Text-)Subjekt scheinbar versagt. Lieben, ohne (noch) nicht wiedergeliebt zu werden und es nicht sagen dürfen: "Das heist ja zweifach elend seyn."

Genau in der Mitte des Texts, mit dem Beginn also der dritten Strophe, dann der Wendepunkt. Ein Ausweg ist gefunden. Mit Augen-Blicken statt Worten will das (lyrische Text-)Subjekt verkünden, "wie tief" das "Herz" verwundet ist. Visuelle Kommunikation in der Tat: fand die Liebe den Weg zum Liebenden über die Augen - er ist ja vom Anblick der Geliebten "angesteckt" (Z. 3) -, so soll nun umgekehrt des Liebenden Anblick ("Gestalt und Mienen") von dessen Zustand künden. Was das lyrische Text-Subjekt also nonverbal vermitteln will, wird schließlich doch gesagt. In Worten leistet es freiwillig Verzicht auf (Liebes-)Freiheit: "Ich kan und mag nicht wieder frey".[45] Hier klingt bereits ein "Grundmotiv" der späteren Liebeslyrik Günthers an, die "Beständigkeit" (vgl. Osterkamp 1988, 460).

Aus der unglücklichen Gegenwart (Strophe II) und der Aussicht auf eine bessere, weil (mit)teilbarere Zukunft (Strophe III) erwächst nicht nur das Geständnis bedingungsloser Liebe (Z. 18). Möglich ist nun auch die unmittelbare Hinwendung zum Du (des Texts) (Z. 16 ff.). Das stumme Einverständnis der Liebenden wird jetzt vorausgesetzt ("Mich deucht") bzw. antizipiert: wenn auch noch nicht als geteiltes, so doch als nunmehr mitgeteiltes (und 'herzlich' aufgenommenes, Z. 19), wird das Liebes-Leid erträglich.

Damit könnten sich Text und lyrisches Text-Subjekt begnügen, eine Lösung für das in der Titel-Zeile genannte Problem gefunden. So wirken die Z. 23/24 mit ihrem Kompliment ebenso unvermittelt wie überraschend. Das scheinbar geheime Bekenntnis - die Apostrophierung der Geliebten als "die Schönheit dieser Welt" - bindet den Text buchstäblich zurück in den großen, unpersönlichen Leserkreis galanter Poesie. Das lyrische Text-Subjekt singt sein Loblied auf die körperliche Schönheit der Angebeteten - weil in indirekter Rede - im unpersönlichen Paradigma (Z. 24).

Das lyrische Text-Subjekt von "ALS ER SEINE LIEBE NICHT SAGEN DURFTE" ist überbestimmt und konstituiert sich als solches in der Ordnung einer klar gegliederten Argumentation. Nicht zu überlesen ist insofern seine 'Verwandtschaft' zu den lyrischen Text-Subjekten der galanten Gedichte z.B. Hoffmannswaldaus. Über solche formale Ähnlichkeiten hinaus ist diesem wie jenen lyrischen Text-Subjekten eine scheinbare erotische Bescheidenheit gemeinsam. Eine Bescheidenheit allerdings, die sich letztlich doch auch als Mittel zum unbescheidenen erotischen Zweck verstehen läßt.[46]

4.1.2.3 Porträt einer Lady. Thomas Carews "In the person of a Lady to her inconstant servant."

"Carew's lyric", so Renée Hannford, "clearly exposes the necessity of role-playing and inventive improvisation by the gentleman-courtier which en-

45 D.h.: "Ich kan und mag nicht wieder frey" werden/entrinnen (vgl. *Deutsches Wörterbuch*, 1984, Bd. 4, Sp. 95).

46 Vgl. z.B. Hoffmannswaldaus "FLora deine rosen=wangen" (Benjamin Neukirchs Anthologie 1961, 438 f.).

couraged the creation of self as a work of art" (Hannford 1986, 98). "Work of art" ist auch jene Figur, die (sich in) Carews Gedicht "In the person of a Lady" präsentiert. Zur kunstvoll-künstlichen Schaffung (s)eines Dichter-Selbst nutzt Carew den folgenden Text insofern, als er damit zeigt, daß und wie er auch "in the person of [...]" zu sprechen vermag. Der Autor Carew sucht glaub- und kunstwürdig ein gegengeschlechtliches 'alter' zu gestalten sucht.

In the person of a Lady to her
inconstant servant.

[I]

WHen on the Altar of my hand,
(Bedeaw'd with many a kiss, and teare;)
Thy now revolted heart, did stand
An humble Martyr, *thou didst sweare*
Thus; (and the God of love did heare,)
By those bright glances of thine eye,
Vnless thou pitty me, I dye.

[II]

When first those perjurd lips of thine,
Bepal'd with blasting sighes, did seale
Their violated faith on mine,
From the soft bosome that did heale
Thee, thou my melting heart didst steale;
My soule enflam'd with thy false breath,
Poyson'd with kisses, suckt in death.

[III]

Yet I nor hand, nor lip will move,
Revenge, or mercy, to procure
From the offended God of love;
My curse is fatall, and my pure
Love, shall beyond thy scorne endure:
If I implore the Gods, they'le find
Thee too ingratefull, me too kind.

(Carew 1964, 40)

Dreizehn Jahre nach Carews Tod und dem ersten Druck des Gedichts in den *Poems* von 1640 erschien Henry Lawes Vertonung im Rahmen seiner *Ayres and Dialogues. The First Book*, gesetzt für Solo-Stimme und Generalbaß. Doch nicht erst Lawes' Komposition macht aus Carews Gedicht einen "song". (Mit der Gattungsbezeichnung "Song" sind einige Texte in Carews Sammlung überschrieben.) Bereits die Kürze des Texts, der relativ einfache Satzbau, die Klang- und Verklammerungswirkung der dreifachen Reime, der Paarreim am Strophenschluß und nicht zuletzt die Gefühlshaltung des lyrischen Text-Subjekts, einer anderen - milder gestimmten - Ariadne,[47] lassen Carews Verse als 'words for music' erscheinen.

Die Nähe des Texts zur Musik bedeutet jedoch nicht, daß im Gedicht-Text auf deutliches Argumentieren verzichtet wird. Im Gegenteil, die Dreistrophigkeit des Texts und der Dreischritt der Argumentation ("When" - "When" - "Yet") stimmen überein; in einer klar strukturierten Sequenz schildert das - wenn man so will: singende - lyrische Text-Subjekt was war und was (nicht mehr) ist.

Die erste Strophe ist der (Verführungs-)Aktion des "servant" und seinen Worten vorbehalten. Präsentiert wird in der Erinnerung des lyrischen Text-Subjekts ein (be)drängender und (be)schwörender Verehrer. Weitgehend über dessen Tun und Lassen definiert sich das lyrische Text-Subjekt. Doch ist das lyrische Text-Subjekt nicht nur durch den männlichen Autor Carew als weibliche Figur konzipiert, auch im Text selbst wird die weibliche Figur wiederum von einem (nun dem Text eingeschriebenen) Mann, dem "inconstant servant" (um)geformt.[48] Die "Lady" wird von ihm (zunächst) zur Göttin erhoben, der er (Trank-)Opfer (Küsse und Tränen) darbringt. Persönliches und unpersönliches Paradigma überschneiden sich teilweise (z.B. Z. 3): der 'ergebene Märtyrer' (Z. 4) umgarnt sozusagen die Sätze des lyrischen Text-Subjekts. Im Verspaar des Strophenschlusses kommt er als *anderes* lyrisches Text-Subjekt selbst zu Wort. Im Namen und Beisein der Liebe, d.h. Amors (Z. 5), wird die "Lady" als Herrin über Leben und Tod angesprochen und um Mitleid ange-

---

47 Schicksal und Gefühle der Ariadne, der unschuldig vom Mann verlassenen Frau, wurden früh (auch) musikalisch ausgedeutet (Opern von Monteverdi, R. Cambert [London 1660], Händel u.a.). Doch gehörte Ariadne bekanntlich bereits in der hellenistischen und römischen Literatur (Catull, Gedicht 64, Z. 132 ff.) zu den Figuren, an denen Rollen-Sprechen geübt wurde.

48 Ohne Umschweife betont das lyrische Text-Subjekt in Carews "Ingratefull beauty threatned" die Macht des männlichen Wortes über den weiblichen Wert: "Know Celia, (since thou art so proud,) | 'Twas I that gave thee thy renowne: | Thou hadst,in the forgotten crowd | Of common beauties, liv'd unknowne, | Had not my verse exhal'd thy name, | And with it, ympt the wings of fame." (Carew 1964, 17)

fleht: "by those bright glances of thine eye". *Ihre* Augen sind *sein* Himmel, statt diesem beschwört der Mann also konsequent jene.[49] In seinen Worten reimen sich das Auge der Frau ("eye") und sein Sterben ("dye"). Reimend nimmt das *andere* lyrische Text-Subjekt, der Liebhaber, das Ende (s)einer Affäre vorweg. Doch tödlich verwundet wird, so macht die zweite Strophe deutlich, nicht - wie es das petrarkistische Klischee vorgibt - derjenige, der die Schönheit angeschaut mit Augen, sondern diejenige, deren Augen diesem Topos zum Vorwurf dienen.

Die zweite Strophe berichtet, wie der zum Liebhaber gewordene Verehrer Verbrechen auf Verbrechen (Meineid, Z. 8; 'Diebstahl', Z. 12; 'Mord durch Vergiften', Z. 14) und Grausamkeit auf Grausamkeit (Z. 9/10) häufte. Deutlich beziehen sich Strophe I und II aufeinander, die syntaktischen und inhaltlichen Parallelen sind unübersehbar ("Bedeawe'd with many a kiss" - "Bepal'd with blasting sighes" etc.). Genau ausbalanciert geben beide Strophen ein Bild des Vorher und Nachher. Unausgesprochen und doch zentral ist das (Liebes-) Erlebnis, das sozusagen zwischen der ersten und zweiten Strophe zu denken ist.

Bruce King hat darauf hingewiesen, wie sehr männliches Drohen und männliche Rache ("if the poet is injured by his mistress" [King 1974, 541]) bezeichnend sind für Carews Liebeslyrik. Kings These könnte auch durch "In the person of a Lady" gestützt werden, setzt der Gedicht-Text doch ein weibliches lyrisches Text-Subjekt (ein), um es einem "fatall" "curse" auszusetzen. Ohne ersichtlichen Grund macht der Text bzw. das *andere*, männliche Text-Subjekt, die "Lady" leiden. Der Mann, als scheinbar untertäniger Märtyrer (Z. 4), unterwirft sich die Frau. Als Autor läßt er 'ihr', das zeigt Strophe III, nicht einmal Rachegedanken: gedemütigt und verlassen, erscheint die "Lady" als leidende, aber immer noch liebende.

Stünden die zweite und die dritte Strophe für sich, könnten sie eventuell auch als konventionelle Klage eines verlassenen Mannes über eine "Ingrateful Beauty" (Carew 1964, 17) verstanden werden.[50] Erst Titel und erste Strophe

---

[49] Fühlt sich der Flehende von allen Versprechen entbunden, wenn diese Augen, bei deren Glänzen er um Erhörung ersucht und wohl Treue verspricht (Z. 6), nicht mehr leuchten? Doch gerade *seine* Wandelbarkeit verändert *ihren* Blick, trüben sich doch ihre Augen durch die Tränen, die er sie vergießen macht.

[50] Allerdings paßt Z. 11 ("the soft bosome") in kein männliches Redekonzept. Trotzdem scheint mir aus diesen beiden Strophen ein Klage-Gestus zu sprechen, durchaus vergleich-

machen völlig deutlich, daß hier 'in nomine', d.h. im Namen 'einer Lady', gesprochen wird. Das tradierte Modell - die unnahbare Schöne wird um Gnade angefleht - ist also in sein Gegenteil verkehrt bzw. zeigt, wenn man so will, seine realistische Kehrseite: die gewährte Gnade wird mit gnadenlosem Betrug vergolten.

Carews Text sucht über alle drei Strophen hinweg ein weibliches lyrisches Text-Subjekt zu evozieren. Dies geschieht, angekündigt in der Überschrift, v.a. durch die Konfiguration der Personen bzw. der Schilderung (damals) typisch männlicher und weiblicher Verhaltensweisen. Sukzessiv wird das weibliche lyrische Text-Subjekt im Ablauf der Ereignisse und Strophen entmächtigt. Halten sich in der ersten Strophe persönliches und unpersönliches Paradigma - sozusagen Subjekt und Welt - noch die Waage, konstituiert sich das lyrische Text-Subjekt mithin als bestimmtes, so ändert sich dieses Verhältnis in der zweiten und dritten Strophe zum Nachteil des Texts als Subjekt. In der dritten Strophe erscheint das lyrische Text-Subjekt als gänzlich überbestimmtes. Nur eine unpersönliche 'Wahrheit', behauptet vom Text als Subjekt, bleibt: "the Gods [...] find | Thee too ingrateful".

Mag sein, daß Carew, als er "In the person of a Lady" schrieb, bereits an eine Vertonung dachte. Das ambivalente Spiel dieser Verse - ein Mann spricht/singt in der Rolle einer Frau, deren Gefühle männliche Machtphantasien befriedigen - wäre, zeittypisch, aufgeführt durch einen Counter-Tenor zu denken. Diese Stimmlage wird wohl den beiden 'Stimm(ungs)lagen' in Carews Text am besten gerecht: der der Frau, die über männliches (Cavalier-)Verhalten klagt, und der des Mannes, der - indem er mit 'verstellter' Stimme spricht/ singt und das Leid der Frau artikuliert - männliche Verlassensängste und Rachegelüste sublimiert.

4.1.2.4 Damon furioso. Andrew Marvells "The Mower's Song"

Unter den 1681 posthum erschienenen Gedichten Marvells befinden sich vier, die - aufeinander folgend - einen Mäher, d.h. Schnitter, zu Wort kommen lassen. In drei der 'Mower Poems' fungiert der Mäher - angekündigt bereits im

---

bar mit dem des Mannes in der zweiten Strophe von Thomas Wyatts Gedicht "They flee from me".

Titel - als lyrisches Text-Subjekt ("The Mower against Gardens", "The Mower to the Glowworms", "The Mower's Song"), nur in "Damon the Mower" steht der Prot-agonist als *anderes* lyrisches Text-Subjekt neben dem eigentlichen, ihn zitierenden und kommentierenden, lyrischen Text-Subjekt. - Obwohl ein 'Bewohner' der pastoralen Welt literarischer Kunst-Figuren, hebt sich Marvells Landarbeiter doch ab von den stets verliebten, singenden Schäfern. Bezeichnenderweise ist sein Attribut, die Sichel, anders als die Rohr-Flöte oder Syrinx der Hirten, nicht ein (Musik-)Instrument der Natur, sondern Werkzeug der (Natur-)Vernichtung.[51] Nicht so sehr der Einbruch von Endlichkeit und Tod in Arkadien ('Et in Arcadia ego') verdunkelt die Stimmung in Marvells Mower-Poems. Es sind vielmehr die negativen Kräfte, die aus der Figur des Schnitters selbst hervorbrechen. In drei der vier Texte wird der Schnitter zum Opfer seiner unerfüllten Liebe, in zweien ist der liebende Mäher Täter und Opfer zugleich: "By his own Sythe, the Mower mown" ("Damon the Mower", Marvell 1971, 47). Zu Recht hat sich die Forschung bisher für das (gestörte) Verhältnis der Figur des Schnitters zur Natur interessiert (z.B. Summers 1968, 47 f.). Der Schnitter als (Zer-)Störer, nicht zuletzt seiner selbst, beherrscht auch das folgende Gedicht.

The Mower's Song

I

My Mind was once the true survey
Of all these Medows fresh and gay;
And in the greenness of the Grass
Did see its Hopes as in a Glass;
When Juliana came, and She
What I do to the Grass, does to my Thoughts and Me.

II

But these, while I with Sorrow pine,
Grew more luxuriant still and fine;
That not one Blade of Grass you spy'd,
But had a Flower on either side;

[51] Nicht zuletzt ist die Sichel das traditionelle Attribut eines Sensenmannes namens Tod.

When Juliana came, and She
What I do to the Grass, does to my Thoughts and Me.

III

Unthankful Medows, could you so
A fellowship so true forego,
And in your gawdy May-games meet,
While I lay trodden under feet?
When Juliana came, and She
What I do to the Grass, does to my Thoughts and Me.

IV

But what you in Compassion ought,
Shall now by my Revenge be wrought:
And Flow'rs, and Grass, and I and all,
Will in one common Ruine fall.
For Juliana comes, and She
What I do to the Grass, does to my Thoughts and Me.

V

And thus, ye Meadows, which have been
Companions of my thoughts more green,
Shall now the Heraldry become
With which I shall adorn my Tomb;
For Juliana comes, and She
What I do to the Grass, does to my Thoughts and Me.

(Marvell 1971, 48 f.)

Carews Gedicht-Überschrift ("In the person of a Lady") nennt bereits den Kunstgriff des Texts und weist, indem sie die Fiktion des Sprechens-als betont, zurück auf deren Urheber: den Autor. Anders der Titel des Marvellschen Gedichts: er schiebt sich nicht (die Rollen) erläuternd zwischen Überschrift und Text. Er kündigt lediglich an, wer was tut: der Schnitter singt ein Lied.

Fast ausschließlich im persönlichen Paradigma steht die erste Strophe, das Subjekt im Text ist eins mit seiner subjektiven Welt. Der grünen Umgebung der Wiesen entspricht seine grüne - also hoffnungsvolle - Stimmung. Innen- und Außenwelt treten noch nicht kontrastierend auseinander, sondern spiegeln sich wechselseitig. Das Ziel seiner Mühen - die Wiesen - hat der Mäher verinnerlicht, hat er buchstäblich im Sinn (Z. 1/2). Im Objekt gegenwärtigen Tuns scheint bereits subjektive Zukunft sichtbar zu werden (Z. 3/4). - Im Refrain wird erstmals erwähnt, was diese Idylle zerstört. Entfremdung beginnt mit dem Eintritt des unpersönlichen Paradigmas, mit Julianas Ankunft. Mit ihrem Kommen bzw. des Mähers Liebe zu ihr treten Natur und Mensch bereits insofern in Konflikt, als dem lyrischen Text-Subjekt seine Arbeit, die er zur Erläuterung seiner Situation vergleichend heranzieht (Z. 6), nun als destruktiv erscheint. In der Reflexion sieht er sich handeln, wie er sich von Juliana behandelt fühlt. Das Tun des Mähers ist nur noch Spiegelbild, Reflex. Gedanken ("Thoughts") und Denker ("Me") treten auseinander und erleiden doch das gleiche Schicksal: niedergemäht zu werden.

Seinem früheren, glücklicheren Selbst fremd geworden, wird dem lyrischen Text-Subjekt auch sein Lebensraum fremd. Die üppigen Wiesen, das (sogar doppelte) Partnerglück jedes einzelnen Grashalms (Z. 9/10), stehen im krassen Gegensatz zur Verfassung des lyrischen Text-Subjekts. Je natürlicher das Blühen der Wiesen erscheint, desto unnatürlicher scheint dem Schnitter sein Liebesleid. Die pastorale Einheit, in der sich des Menschen Tun auf die Natur, diese sich auf jenen bezieht, zerbricht: in der zweiten und dritten Strophe treten persönliches und unpersönliches Paradigma (Natur) nebeneinander und gleichzeitig auf. Das eigenwillige Wachstum der Natur scheint den Menschen zu höhnen, Natur handelt (vom Menschen und vom Subjekt im Text) unbedingt (Z. 9/10).

Erst im aggressiven Akt der imaginierten Rache vermag das lyrische Text-Subjekt sich und die Natur wieder zusammen zu zwingen: es droht mit der (selbst)mörderischen Vernichtung von Natur und Menschen (Z. 21/22).[52] So schlägt die Passivität des Opfers um in die Aktivität des Täters. Die private Enttäuschung führt zu einer Art allgemeiner Apokalypse: "I and all, | Will in one common Ruine fall".[53] Mit Gewalt wird die scheinbar undankbare, mitleidlose Natur (Z. 13-16) doch noch in Dienst genommen. Sie soll als 'nature

[52] Bereits indem der ländliche Held ankündigt, sich und seine Umgebung zu ruinieren, zerstört tatsächlich: er sprengt die Grenzen der Gattung Pastorale und macht damit zugleich auch sich - als Figur dieser Gattung - zunichte.

[53] Sind mit dem fast schon eschatologischen Zug des Texts auch die modifizierten Refrain-Strophen in Strophe IV und V in Verbindung zu bringen? Auf Julianas Ankunft ("Juliana came") folgt, offensichtlich nach ihrer Abwesenheit, ihre Wiederkunft ("Juliana comes").

morte' emblematisch dem Ausdruckswillen des vernichtenden und vernichteten lyrischen Text-Subjekts dienen: "And thus, ye Medows [...] Shall now the Heraldry become | With which I shall adorn my Tomb". Unterbestimmt in den drei mittleren Strophen, erscheint das lyrische Text-Subjekt in Strophe V, wie in Strophe I, wieder als ein überbestimmtes.

So undeutlich Figuren und Kausalität in "The Mower's Song" bleiben, so deutlich wird in der Ordnung des Texts der Platz des lyrischen Text-Subjekts bestimmt: zwischen Vergangenheit (Strophe I und II) und Zukunft (Strophe IV und V). Diese zeitliche (An-)Ordnung verweist nachdrücklich auf die zentrale Strophe III. Hier spricht das lyrische Text-Subjekt mitten aus seinem (Text-)Raum, hier nennt es die conditio sine qua non seiner (Text-)Existenz: "I lay trodden under feet".

4.1.3 Poetische Wälder

Nach Martin Opitz sind

> Sylven oder wälder [...] nicht allein nur solche carmina / die auß geschwinder anregung vnnd hitze ohne arbeit von der hand weg gemacht werden / [...] sondern / wie jhr name selber anzeiget / der vom gleichniß eines Waldes / in dem vieler art vnd sorten Bäwme zue funden sindt / genommen ist / sie begreiffen auch allerley geistliche vnnd weltliche getichte (Opitz 1986, 30).

Die Ausgabe der *Poemata* Paul Flemings von 1646 zeigt, welche Vielfalt an Themen und Formen sich unter der Rubrik "Poetische Wälder" versammeln läßt. Der pragmatischen Verwendung des Begriffs in den *Poemata* schließe ich mich an und stelle im folgenden unter einer Kapitel-Überschrift weltliche Gedichte, die nicht offenkundig zu einer der *formal* bestimmten Groß-Gattungen der Zeit zu rechnen sind (Sonett usw.), und Beispiele der sogenannten Casualpoesie zusammen. Im Sinne einer Sammlung von 'Vermischten Gedichten' stehen daher eine Liebes-Elegie und eine Verse-Epistle Donnes neben einem Trauergedicht aus Flemings "Poetische[n] Wälder[n]" und einem Liebesgedicht Johann Christian Günthers.

4.1.3.1 Die Schatten des Körpers des Dichters. John Donnes Elegie "His Picture"

In der Forschung wird die Elegie "His Picture"[54] meist mit Donnes Teilnahme an der Cadiz-Expedition von 1596 in Verbindung gebracht (vgl. z.B. Leishman 1959, 69). Doch lassen sich - zumindest heute - Donnes virtuosem Spiel mit Bildern und Abbildern, mit der Gegenwart als Gegenwart (des [lyrischen Text-]Subjekts) und als Vergangenheit der Zukunft, keine offensichtlichen Details seiner autobiographischen Lebenswirklichkeit mehr korrelieren. Unüberlesbar aber macht Donnes Elegie zum Thema, was auch autobiographische Texte oftmals zu verkörpern suchen: den der Wandlung unterworfenen Körper.

His Picture

HERE take my Picture, though I bid farewell;
Thine, in my heart, where my soule dwels, shall dwell.
'Tis like me now, but I dead, ***'twill be more***
When wee are shadowes both, then 'twas before.
When weather-beaten I come backe; my hand,
Perchance with rude oares torne, or Sun beams tann'd,
My face and brest of hairecloth, and my head
With cares rash sodaine hoarinesse o'rspread,
My body'a sack of bones, broken within,
And powders blew staines scatter'd on my skinne;
If rivall fooles taxe thee to'have lov'd a man,
So foule, and course, as, Oh, I may seeme than,
This shall say what I was: and thou shalt say,
Doe his hurts reach mee? doth my worth decay?
Or doe they reach his judging minde, that hee
Should like'and love lesse, what hee did love to see?
That which in him was faire and delicate,
Was but the milke, which in loves childish state
Did nurse it: who now is growne strong enough
To feed on that, which to'disus'd tasts seemes tough.

(Donne 1966, 25)

[54] Oft auch, im Anschluß an Grierson bzw. die Edition von 1635 als "Elegie V. His Picture" zitiert. Insgesamt sind von Donne zwanzig Liebes-Elegien überliefert.

Aus der Situation (und in der Tradition)[55] eines Abschieds von der Geliebten[56] spricht zunächst das Subjekt im Text. Ein Miniatur-Porträt, ein damals beliebtes Abschiedsgeschenk, wird - so scheint es -, begleitet durch die vorliegenden Verse, als Andenken weggegeben. Im Gegenzug nimmt sich das Subjekt im Text das mentale oder reale Bild (die Miniatur) der Angesprochenen buchstäblich zu Herzen (Z. 2): das optische Abbild der Geliebten wird verinnerlicht. Im Text selbst jedoch bleiben Bild und Urbild, d.h. die Geliebte, undeutlich, sie wird genannt, aber nicht beschrieben. Indem das Subjekt im Text die Adressatin seiner 'herzlichen' Treue explizit versichert, fordert es sie implizit auf, desgleichen zu tun.

Parallelisierung ("my Picture" - "thine, in my heart") und Paarreim sichern schon zu Beginn des Texts die (sprachliche) Beziehung von redendem lyrischen Text-Subjekt und Angeredeter. Hergestellt wird diese Beziehung zu einem Du v.a. durch die 'Geste' des Gebens, die Deixis des "Here". Mit dem 'Gestus' des Gebens ("Here take") wird auch ein Gestus des Annehmens evoziert, mithin ein aus zwei Aktionen bestehendes non-verbales Geschehen außerhalb des Texts. Doch vorausgesetzt wird dieser Kontext durch den Text. So ist der Text und damit das lyrische Text-Subjekt letztlich sowohl Ausgangs- als auch Zielpunkt.

Festgestellt in des Wortes doppelter Bedeutung, d.h. bemerkt und auf die Dauer des Texts festgehalten, wird die Ähnlichkeit von Porträt und Porträtiertem ("'Tis like me now"). Unveränderlich ist das Miniatur-Porträt, darum wird sein Wert noch steigen in einer Zukunft, die den Porträtierten nicht unverändert lassen wird. Zwei Möglichkeiten der Veränderung seiner selbst bedenkt das Subjekt (im Text): die radikale Veränderung vom Lebenden zum Toten (Z. 3/4) und die äußere, äußerliche (Z. 5-10). Im schlimmstmöglichen, dem Todesfall, ist die Ähnlichkeit von Porträt und Porträtiertem die größtmögliche: sind beide dann doch gleichermaßen nur noch Schatten ("shadowes" kann heißen: Geist oder Schattenriß/Porträt), aufgehoben in der 1. Pers. Pl.

Die größtmögliche Unähnlichkeit von Abgebildetem und Abbild wird im Text weit ausführlicher bedacht. Kommt der Fluß der Zeit im Subjekt (im Text) nicht zum (tödlichen) Stillstand, dann ändert es sich. Diese Veränderun-

[55] Vgl. Marotti 1986, 98 f.

[56] So explizit im Phillipps-Manuskript, das den Text überschreibt: "Travelling he leaves his Picture with his mystris" (vgl. Donne 1966, 25, Apparat).

gen, wie sie Wind, Wetter und eine längere (See-)Reise mit sich bringen, schildert das Subjekt im Text in Z. 5-10 als 'Angriffe' der Natur auf die Kultur des menschlichen Körpers. Äußere Kräfte (Wetter, Sonne, Schießpulver) und innere (Sorgen) zerrütten und verrohen "[t]hat which in him was faire and delicate" (Z. 17).

Diese Vision der drohenden, zukünftigen Veränderungen des 'äußeren Menschen', eventuell gar seines Todes, der Geliebten in deutlichen Worten ausgemalt, kann freilich auch als Teil einer Verführungs-Strategie verstanden werden. An die Gegenwart des Mannes, die es zu nutzen gilt ('carpe diem'), wird gleich zweifach gemahnt: Porträtierter und Porträt weisen auf das Hier und Jetzt.

In Z. 11 f. wird klar, daß es nicht die (in Z. 5-10) beschriebenen körperlichen Folgen der Reise sind, die das lyrische Text-Subjekt beschwören und bannen will. Befürchtet werden vielmehr die Folgen der Folgen: der Verlust der äußeren Attraktivität und damit der Geliebten. Zugleich im persönlichen und unpersönlichen Paradigma erscheinen als Schrecken der Zukunft die "rivall fooles". Sie könnten der Geliebten vorwerfen, einen Mann zu lieben "foule, and course". Doch zeigt das Ab-Bild des Mannes in diesem Fall, welch Bild von Mann der Geliebte einst gewesen ist (Z. 13).

Ab Z. 13 bzw. 14 scheint das lyrische Text-Subjekt jedoch auf "Witchcraft by a picture"[57] nicht mehr zu vertrauen. Es erteilt der Angeredeten das Wort, genauer: es schreibt seiner Fürsprecherin die Worte buchstäblich vor ("thou shalt say"). Die typographische Auszeichnung von Gedicht-Text als Subjekt und Subjekt im Gedicht-Text macht diese paradoxe Situation deutlich: die vermeintliche Rede des/der Anderen in Z. 14 ist Teil des persönlichen Paradigmas. Das zukünftige Liebes-Bekenntnis der Angesprochenen wird also vorformuliert, ist sozusagen 'wishfulfilling speaking'. Das (lyrische Text-)Subjekt spricht sich Sicherheit zu. Eigene Verlustängste werden als Verlustängste der Geliebten ausgegeben, doch schwingen sie in der ihr untergeschobenen Formulierung buchstäblich mit: "that [s]hee | Should like'and love lesse, what [s]hee did love to see".

Die abschließenden Zeilen gehören dem Text als Subjekt und der Apologie reifer, erwachsen gewordener Liebe (Z. 19). Diese Zeit erfüllter Wiederbegegnung nimmt das lyrische Text-Subjekt, das insgesamt als überbestimmtes

---

[57] So ist einer von Donnes *Songs and Sonets* überschrieben.

zu bezeichnen ist, voraus. Als antizipierte ist die Zukunft bereits in die Gegenwart (des Texts) hineingenommen. Präsenz und Präsens (ver)schafft sich das lyrische Text-Subjekt vollends im und über das unpersönliche Paradigma der letzten sechs Zeilen: das Liebes-Bekenntnis, (scheinbar) gesprochen von der Geliebten, zählt zum Text als Subjekt, erscheint also objektiv und unbedingt.

4.1.3.2 Erinnerung und Gegenwart. Johann Christian Günthers "ALS ER SICH DER EHEMALS VON FLAVIEN GENOSZENEN GUNST NOCH ERINNERTE"

Neben Leonore, Rosette und Phillis fungiert in Johann Christian Günthers Liebesgedichten auch eine Flavia (alias Filindrene alias Florette) als Adressatin. Zwar ist die Identität von Flavia, Günthers wohl früh verstorbener Geliebten auf Gut Roschkowitz, nicht eindeutig geklärt,[58] doch unzweifelhaft und entscheidend ist ihre Bedeutung für Günthers Werke. Ihrem Andenken gelten nicht nur jene Verse, die zu den ersten erhaltenen Günthers zählen ("AUF DEN TOD SEINER GELIEBTEN FLAVIE"), sondern auch Gedichte und Gedichtzeilen,[59] deren relativ späte Entstehungszeit bezeichnend ist. Datiert die Forschung z.B. das folgende Flavia-Gedicht richtig, nämlich in die Jahre 1719/20,[60] dann gedachte Günther Flaviens noch rund sechs Jahre nach ihrem vermutlichen Tod im Jahr 1714.[61] Obwohl Günther in dieser Zeit seiner großen Liebe Magdalen Eleonore Jachmann wiederbegegnet, hält er also (immer noch) seine Erinnerung an Flavia dichterisch wach.

---

[58] Vgl. Krämer 1980, 368 ff.

[59] Krämer (1980, 368, Anmerkung 142) zählt die (vermutlich) auf Flavia zu beziehenden Gedichte und Verse auf.

[60] So Krämer in seiner Ausgabe der *Liebesgedichte* [...] *in zeitlicher Reihenfolge* (Günther 1964a, XV) und Hans Dahlke - ihm folgend - in seiner Ausgabe der *Werke* (Günther 1977). (Nur Ludwig Fulda hat das Gedicht früher, nämlich in die Jahre 1712-1715 datiert [Fulda o.J., 325]). - Die im Vergleich zu früheren Gedichten Günthers (z.B. "ALS ER SEINE LIEBE NICHT SAGEN DURFTE") größere Komplexität von "ALS ER SICH [...] ERINNERTE", bezüglich auch der Struktur des lyrischen Text-Subjekts, läßt mich Krämers und Dahlkes Datierung für wahrscheinlicher halten.

[61] Zu diesem Sterbedatum vgl. Krämer 1980, 370.

ALS ER SICH DER EHEMALS VON FLAVIEN GENOSZENEN GUNST NOCH ERINNERTE

[I]

ERINNERT euch mit mir, ihr Blumen, Bäum und Schatten,
Der oft mit Flavien gehaltnen Abendlust!
Die Bäche gleißen noch von Flammen treuer Brust,
In der wir werthes Paar des Himmels Vorschmack hatten.
O göldne Frühlingszeit! *Mein Herz, was kommt dir ein?*
Du liebest Flavien, sie ist ja nicht mehr dein.

[II]

Hier war es, wo ihr Haupt mir oft die Achsel drückte,
Verschweigt, ihr Linden, mehr, als ich nicht sagen darf;
Hier war es, wo sie mich mit Klee und Quendel warf
Und wo ich ihr die Schoos voll junger Blüthen pflückte.
Da war noch gute Zeit. *Mein Herz, was kommt dir ein?*
Betrübt dich Flavia? Sie ist ja nicht mehr dein.

(Günther 1964a, 192)

Zu Beginn des Gedicht-Texts steht ein locus amoenus.[62] Dieser ist nicht nur erinnerter Ort. Als Anrede-Partner des lyrischen Text-Subjekts, durch die Aufforderung zur gemeinsamen Erinnerung, wird die solchermaßen anthropomorphisierte Natur auch zum sich erinnernden Ort, zum Subjekt. (Wiewohl Natur als Raum und in der Zeit letztlich doch entrückt, d.h. Objekt des lyrischen Text-Subjekts bleibt). So (ent)steht das lyrische Text-Subjekt der ersten beiden Zeilen zwischen Vergangenheit (dem Erinnerten) und Gegenwart, d.h. in (dem Akt) der gemeinsamen Erinnerung von Natur und Mensch. Die beschworene Gemeinsamkeit bildet sich ab in der weitgehenden Überschneidung von persönlichem und unpersönlichem Paradigma.

Eine solche Überschneidung findet sich auch in der nächsten, der dritten Zeile. Auch sie spricht, das Subjekt im Gedicht und den Text als Subjekt korrelierend, von der Korrespondenz zwischen Mensch und Natur: "Die Bäche gleißen noch von Flammen treuer Brust." Die Um-Welt, d.h. die Natur, ist immer noch von jener Liebe erfüllt, welche die Innen-Welt, die "Brust", einst erfüllte. Die "mit Flavien gehaltne[...] Abendlust" - im, freilich künstlich idylli-

[62] Dessen wesentliche Requisiten: Blumen(-Wiese), Bäume (Wald) und Wasser (Bäche) werden genannt.

schen, Natur-Raum angesiedelt - wird zur gleichsam natürlichen (und dadurch gewissermaßen legitimierten) Liebes-Lust erklärt, die als irdische bereits die himmlische erahnen läßt (Z. 4).

In der zweiten und dritten Zeile (ver)faßt sich das lyrische Text-Subjekt in der 1. Pers. Pl. In der Verschmelzung von Gegenwart ("die Bäche gleißen") und Vergangenheit ("wir [...] hatten") verschwindet die (grammatikalische) Isolierung der einzelnen, d.h. des sich erinnernden lyrischen Text-Subjekts und der erinnerten Flavie: die Trennung ist im Plural der 1. Person aufgehoben. Vollständig ist die Aufhebung der Zeit bzw. die Untrennbarkeit von Vergangenheit und Zukunft in der prädikatfreien Halbzeile des Texts als Subjekt (Z. 5), welche die "göldne Frühlingszeit" zugleich beschwört und betrauert. Unentscheidbar, ob hier die (Jahres-)Zeit des Erinnerns benannt wird oder die erinnerte (Jahres-)Zeit, oder beides zugleich.

Ein Paar-Reim beschließt die erste Strophe; doch nennt das Verspaar Z. 5/6 das, was *nicht mehr* zusammengehört. Die fragende Selbst-Ansprache ("Mein Herz, was kommt dir ein?") führt nicht, wie eigentlich epochentypisch, zur explizierenden Ausführung.[63] Zwar ist die Frage, die das Subjekt im Gedicht stellt und der Text als Subjekt negativ beantwortet (bzw. unterdrückt), rhetorischer Art. Doch zielt die Rhetorik dieser Frage nicht auf ein Gegenüber, das beeinflußt werden soll, sondern verweist auf das lyrische Text-Subjekt (zurück). Im persönlichen Paradigma des zweiten Halbverses der fünften Zeile konstituiert sich in Verbindung mit dem unpersönlichen Paradigma der Z. 6 ein formal bestimmtes lyrisches Text-Subjekt, semantisch bestimmt durch das Präsens ("was kommt dir ein", "Du liebest"), das für die Präsenz eines Verlustes steht ("sie ist ja nicht mehr dein"). Wie wenig explizit - und das heißt auch: explizierend - die Rhetorik des Texts arbeitet, ist offensichtlich: das Warum und Inwiefern bleibt im lapidaren "sie ist ja nicht mehr dein" unbeantwortet.

Beschwört das lyrische Text-Subjekt in Strophe I das Wo und Wie seiner Liebe, so nennt es in Strophe II das Was: die erinnerte Szene wird konkret. (Das gilt auch für Einzelheiten. Statt von "Blumen und Bäum" ist nun von "Linden", "Klee und Quendel [Thymian]" die Rede.) - Indem das Subjekt im Text sagt, daß es "nicht [mehr] sagen darf", wird die unschuldige (Z. 9/10)

---

[63] Vgl. z.B. Paul Flemings Sonett "Er redet sich selber an", das mit den Worten beginnt: "Was ist es denn nun mehr, daß du so hungrig bist" (vgl. 4.1.1.4).

und doch erfüllte Natur dieser Liebe um so deutlicher. Das (Liebes-)Spiel in der Natur mündet im Fazit des Texts als Subjekt: "Da war noch gute Zeit." Z. 11 und 12 machen rückwirkend das Verspaar 5/6 zum Refrain, der nun freilich variiert wird. Die "Frühlingszeit" der ersten Strophe (Z. 5) wird zur "gute[n]" und sozusagen (jahres)zeitlosen Liebes-"Zeit" (v)erklärt. Überdies wird dem (lyrischen Text-)Subjekt, das durch die Erinnerung (der Z. 7-10) geht, die Liebe zu Flavia ("Du liebest Flavien", Z. 6) zum Leid durch Flavia ("Betrübt dich Flavia?", Z. 12). Eine Antwort auf die rhetorische Frage, die bereits in Z. 5 gestellt wurde ("Mein Herz, was kommt dir ein?") und die sich nun in der zweiten Strophe sozusagen im Enjambement bis in die Mitte der letzen Zeile erstreckt ("Mein Herz, was kommt dir ein? | Betrübt dich Flavia?"), kann konsequenterweise zwar wörtlich gleich ausfallen ("Sie ist ja nicht mehr dein"). Doch ist dieses Faktum - und das von ihm betroffene (lyrische Text-)Subjekt - nun durch und in der Erinnerung der zweiten Strophe gleichsam schwerwiegender. Die genaueren Umstände, die in dieser Strophe in einer - im Vergleich zur vorhergehenden - relativ toposfreien Sprache beschworen werden,[64] bestimmen auch das lyrische Text-Subjekt genauer. Obwohl es sich in Z. 7-10 als vollständig überbestimmtes entfaltet, im Text-Ganzen zeigt sich ein tendenziell bestimmtes lyrisches Text-Subjekt, zu dessen Konstitution alle strukturellen Möglichkeiten verwendet werden.[65]

4.1.3.3 Eigene Trauer "unter eines Andern Namen". Paul Flemings zweites deutsches Epicedium auf Georg Gloger

Die stets vielbeachteten Oden und Sonette, die von "Liebessachen" (Fleming 1965, 207) handeln, machen durchaus nicht das Gros des Flemingschen Œuvres aus. Die posthume Ausgabe seiner *Poemata* präsentiert auch und v.a. Casualpoesie. Neben zahlreichen "Glückwünschungen" steht u.a. eine stattliche Anzahl von "Hochzeitgedichte[n]" und Epicedien. Nicht anders als in der Casualpoesie der Zeitgenossen konstituiert sich in Flemings Gelegenheitspoe-

---

64 Man beachte auch die zweimalige insistierende Deixis in Z. 7 und 9 ("Hier war es").

65 D.h. das lyrische Text-Subjekt (ent)steht im persönlichen, im unpersönlichen aber auch in der Überschneidung von persönlichem und unpersönlichem Paradigma.

sie ein lyrisches Text-Subjekt, das meist entweder deutlich über- oder deutlich unterbestimmt ist.[66]

Unter den "Leichgedichten" kommt denjenigen auf Georg Gloger (1603-1631) eine besondere Bedeutung zu. Der Tod des Freundes Gloger war Anlaß nicht nur einer Sammlung lateinischer Verse, den *Manes Glogeriani*, sondern auch zweier deutscher Gedichte. In den *Poemata* folgt auf das in eigenem Namen verfaßte Gedicht "Auf H. Georg Glogers Med. Cand. Seliges Ableben. 1631 October 16." ein Text "Auf eben selbiges". D.h. "noch einmal so viele[[67]] bestellte Verse zum selben Thema, knapp eine Spur gemessener, aber sonst von gleichem Charakter" (Entner 1989, 265). Auch wenn Fleming in diesem Gedicht, wie in vielen seiner Casual-Gedichte, "unter eines Andern Namen" schreibt,[68] so beklagt er hier doch einmal mehr den, wie Fleming schreibt, "ihm nächste[n] Mensch[en] und Freund" (übersetzt von und zitiert nach: Entner 1989, 278).

Auf eben selbiges unter eines Andern Namen.
1631 October 16.

Und ich auch, wertster Freund, wie muß ich doch beweinen
mein allzufrühes Leid! Du Nützlichster der Meinen,
stehst mir zu zeitlich ab; **dein Fleming und dein Ich,**
wie seufzen wir doch gnung und trauren recht um dich,
du brüderlicher noch, als Brüder sind zu nennen!
Hat uns denn also bald ein Stiefblick können trennen,
ein Stiefblick, den der Tod auf dich und uns gebracht,
der dich zu einer Leich', uns Waisen hat gemacht?
Wer wird uns ferner nun mit stiller Griffe Weisen,
gelehrtem Unterricht, erfahrner Weisheit speisen
und unser Lehrer sein? Wer wird uns nun forthin
auf Äsculapens Hain' und grüne Hügel ziehn
und uns der Parzen Haß, die guten Kräuter zeigen,
was außer ihnen steht und innerlich zu eigen?

---

[66] Zwei Beispiele, willkürlich ausgewählt: deutlich überbestimmt ist das lyrische Text-Subjekt in dem Sonett "Auf Herrn Paul Christof Lindners Namenstag 1631" (Fleming 1965, 463), deutlich unterbestimmt das im Gedicht "Auf eines Kindes Ableben" (Fleming 1965, 41).

[67] Entner ist insofern zu korrigieren, als der zweite Text "unter eines Andern Namen" sechzehn Zeilen kürzer ist als "Auf [...] Glogers [...] Ableben".

[68] Vgl. z.B. Fleming 1965, 148, 149, 154, 155, 386.

Diß hast du vor getan, **fort wird es nicht geschehn,**
nun wir dich ohne Seel' und Leben vor uns sehn
auf deiner Bahre stehn. Wer hätte sollen denken,
daß wir dich so geschwind' ins Schwere müsten senken
und zusehn, daß so bald dein freundliches Gesicht'
uns nicht mehr sehen solt' und geben Nacht vor Liecht?
Vor Alles ist nun Nichts. Wags einer nun und traue
auf seinen frischen Leib! *Wenn ich dich noch beschaue,*
zwar in Gedanken nur, so gläub' ich kaum gar bald,
daß dich hätt' also schnell die äußerste Gewalt
befallen und ins Grab zu Vielen stoßen können.
Was fangen wir nun an, was sollen wir beginnen,
wir, Deine noch wie vor, wir ewig Deine wir?
Wer aber stellt sich uns, wie du getan hast, für?

(Fleming 1965, 43 f.)

Flemings Text gehorcht der konventionellen Dreiteilung des Epicediums in 'lamentatio', 'laudatio', 'consolatio' nur teilweise.[69] Zwar setzt der Text - wie zu erwarten - mit der 'lamentatio' ein; auch folgt darauf die 'laudatio' (Z. 9-14). Zu fehlen scheint jedoch die abschließende 'consolatio'. Stattdessen fällt das lyrische Text-Subjekt scheinbar in seine Ausgangshaltung zurück: ohne Trost zu spenden, selbst ungetröstet. Die Rat- und Tatlosigkeit erscheint gegenüber dem Beginn eher noch größer zu sein, insofern sich ihr nunmehr nicht *einer* - wie in Z. 1-3 -, sondern mehrere ausgeliefert sehen.

Daß Fleming in "Auf eben selbiges" und auch in seinem Gedicht "Auf [...] Glogers [...] Ableben" auf die 'consolatio' verzichtet, hat zweifelsohne (beabsichtigte)[70] Folgen. Welche? In der 'Logik' des Epicediums, das einem festen theologischen Rahmen verpflichtet ist, scheint folgende Möglichkeit

---

69 Es wird in den drei Teilen also 1. Leid öffentlich ausgesprochen, 2. die Größe des Schmerzes mit den großen Verdiensten des Verstorbenen korreliert und dadurch 3. der Verstorbene vor Gott, zumindest jedoch vor den Menschen, gerechtfertigt bzw. seine Rechtfertigung in Aussicht gestellt. (Etwas anders wird argumentiert, wenn es sich bei dem/der Verstorbenen um ein Kind handelt. Trost soll in diesem Fall aus der Tatsache geschöpft werden, daß dem/der Toten viel Leid und Gelegenheit zu sündigen erspart blieb. Bündig formuliert Fleming in seinem Gedicht "Über eine Leiche": "Wer jung stirbt, der stirbt wohl. Wen Gott zu lieben pflegt | Der wird in seiner Blüht in frischen Sand gelegt" [Fleming 1965, 39].)

70 Daß Fleming der Gattungskonvention auch mustergültig folgen konnte, zeigt z.B. sein Epicedium "Auf Herrn Philipp Krusens [...] Hausfrauen Ableben 1634" (Fleming 1965, 54 ff.).

angelegt: Trostlosigkeit und unendliche, d.h. unbeendbare Trauer, bedeuteten einen unermeßlichen Verlust. Wenn, wie der Text andeutet, die Trauer kein Ende nimmt und nehmen kann, dann kann auch der Verstorbene kein gewöhnlicher Mensch gewesen sein. Kurz: Flemings Text stilisiert den Toten, indem sich das lyrische Text-Subjekt untröstlich gibt. Diese These gewinnt an Wahrscheinlichkeit, wenn man eines der lateinischen Gedichte auf Glogers Tod heranzieht. Hier heißt es z.B.: "Mea cuncta Glogerus, | et mea cuncta Jesus, uterque, fuit. | Glogerus mihi Jesus erat [sic!], dum carperet ævum. | Jesus Glogerus nunc mihi totus erit" (Fleming 1863, 220).[71] Die Unersetzlichkeit Glogers für Fleming wird hier besonders deutlich.[72] Wenn Fleming dem Freund in seiner trost- und endlosen Trauer ein ewiges Andenken - eine Art Unsterblichkeit - sichert,[73] dann mag man darin schließlich doch eine paradoxe Tröstung erkennen. Zumindest dies scheint klar: im Verfassen eines Texts,[74] der das andauernde Gedächtnis des Verstorbenen aufrecht erhält, kann Fassung gewahrt und gewonnen werden.

Doch zurück zum Subjekt im und als Gedicht-Text. Das lyrische Text-Subjekt in "Auf eben selbiges" ist fast vollständig überbestimmt. Überdies steht das dominierende Subjekt im Text zumeist in der 1. Pers. Pl., ist Leidtragendes unter Leidtragenden. Der Übergang von der 1. Pers. Sing. zur 1. Pers. Pl. findet im Rückgriff auf den eigentlichen Verfasser des Texts bzw. dessen Namen statt (Z. 3/4). Rückt das Autor-Subjekt Fleming so einerseits zwar vom Geschehen ab, indem es "unter eines Andern Namen" schreibt, diesen zudem kollektiv klagen läßt, so nutzt es andererseits die Gelegenheit, sich quasi objektiv - durch einen "Andern" - dem Text als wahrhaft Trauernden einzuschreiben (Z. 3).

Der (böse) "Stiefblick"[75] des Todes (Z. 7) macht den Blick frei auf die wahre, wenn man so will, Seelenverwandtschaft zwischen Verstorbenem und Hin-

---

[71] "Christus und Gloger, beide waren mir alles. Gloger war mir Jesus, solange er die Welt genoß, jetzt ist mir Jesus völlig Gloger" (übersetzt von und zitiert nach: Entner 1989, 270).

[72] In den zitierten lateinischen Versen wird keinesfalls die Vergottung eines Menschen betrieben, es bekundet sich vielmehr die Erfahrung, Gott im Nächsten begegnen zu können (vgl. Entner 1989, 270).

[73] In einem Brief an August Buchner vom 18. April 1632 schreibt Fleming ausdrücklich: "Sein [Glogers, D. J.] Leben über den Tod hinaus zu verlängern gedenke ich jetzt, wie es auch der Verstorbene [...] selber zum Schluß gewünscht hat" (übersetzt von und zitiert nach: Entner 1989, 267).

[74] D.h. im weiteren Sinne auch: in der Tätigkeit des Abschreibens und Lesens.

[75] D.h. der 'schlechte', 'böse' Blick (vgl. bereits im 17. Jahrhundert: Stief-Vater, -Mutter).

terbliebenen: als "Waisen"kinder (Z. 8) Glogers entbehren die Freunde fortan dessen Erziehung in Dichtkunst und Musik ("stiller Griffe Weisen"), Philosophie ("erfahrne[...] Weisheit") und Medizin (Z. 11-14).

Was Gloger konnte und wußte, nennt das Subjekt im Text (Z. 9-14). *Daß* er es tatsächlich konnte und wußte, bekräftigt der Text als Subjekt: "Diß hast du [...] getan". Dem Text als Subjekt kommt es zu, die unverrückbaren Tatsachen in unausgeschmückten, kurzen Sätzen zu konstatieren (vgl. auch Z. 21/22). Die Sätze des unpersönlichen Paradigmas stehen so im auffallenden Kontrast zu den vielen längeren Fragesätzen (Z. 6, 9, 17, 26, 28) des Subjekts im Text bzw. dessen Konditionalsatz (Z. 22). Das Subjekt im Text ist fragend und hilflos angesichts der Zukunft (vgl. z.B. Z. 26-28).

In den letzten drei Zeilen werden Themen des Texts enggeführt. Die Hilflosigkeit in Anbetracht des Verlusts und der Zukunft wird insisitierend benannt (Z. 26), die Bekundung der Nähe zum Verstorbenen (vgl. Z. 5) wird zum Versprechen ewiger Treue gegenüber dem Toten ("wir ewig Deine"). Mit diesen Sätzen tritt das lyrische Text-Subjekt wieder in die Gruppe der von Glogers Tod Betroffenen zurück, d.h. es wechselt endgültig von der 1. Pers. Sing. zur 1. Pers. Pl. Die Größe des Toten zeigt sich nochmals in seiner Unersetzbarkeit nicht nur für einen, sondern für viele. Die Frage nach dem, der sich ihnen nun schützend 'fürstellen' könnte, so wie es jener tat, bleibt unbeantwortet. Durch die alliterierenden Zeilenanfänge und "w"-Alliterationen im Vers werden die Trauernden (Pluralform: 'wir') und ihre Fragen (Interrogativpronomen: 'was', 'wer', 'wie') sinnenfällig in Bezug gesetzt: die Trauernden finden zusammen in den gemeinsamen Fragen, die angesichts des Todes und des Toten offen bleiben.

4.1.3.4 John Donnes Vers-Epistel "To Mr T. W." ("Pregnant again")

Wohl in keiner anderen Vers-Gattung des Jahrhunderts konnten private Inhalte so zum Thema werden wie in der Vers-Epistel.[76] In England gegen Ende

[76] Doch diente die Gattung keineswegs nur privaten Zielen und Inhalten. In Hoffmannswaldaus *Helden-Briefe[n]* (1679) z.B. gibt die Brief-Form lediglich den (Wechsel-)Rahmen für die fiktiven (Wechsel-)Reden zumeist historischer Personen ab.

des 16. Jahrhunderts eingeführt,[77] entsprach die Briefform "a new desire for a more informal use of language and a more empirical sense of reality" (Palmer 1975, 73). John Donne war einer der ersten, der die Möglichkeiten der Gattung in diesem Sinne für sich nutzte. Überzeugt davon, daß "[...] more then kisses, letters mingle Soules; | For, thus friends absent speake",[78] schrieb Donne zwischen 1592 und 1614 rund vierzig *Letters to Several Personages*. Daß er sie auch abschickte, ist mehr als wahrscheinlich (vgl. Donne 1982, 516). Von Donnes Episteln an Mr T. W., die vermutlich zu Beginn der neunziger Jahre des 16. Jahrhunderts entstanden, sind vier überliefert.[79]

To Mr T. W.

[I]
PREGNANT again with th'old twins Hope, and Feare,
Oft have I askt for thee, both how and where
Thou wert, and what my hopes of letters were;
[II]
As in our streets sly beggers narrowly
Watch motions of the givers hand and eye,
And evermore conceive some hope thereby.
[III]
And now thine Almes is given, thy letter'is read,
The body risen againe, the which was dead,
And thy poore starveling bountifully fed.
[IV]
After this banquet my Soule doth say grace,
And praise thee for'it, and zealously imbrace
Thy love; though I thinke thy love in this case
  To be as gluttons, which say 'midst their meat,
  They love that best of which they most do eat.

(Donne 1967, 61)

[77] Über die Vorbilder, Charakteristika und Möglichkeiten der englischen Vers-Epistel im späten 16. und im 17. Jahrhundert unterrichtet D. J. Palmer (Palmer 1975).

[78] So lautet der Beginn einer Donneschen Vers-Epistel "To Sir Henry Wotton" (Donne 1967, 71).

[79] Zur Datierung des Texts und zur Identität des "sweet Poët" T. W. (Donne 1967, 59) vgl. Carey 1990, 419.

Im persönlichen Paradigma entwirft sich das lyrische Text-Subjekt in der ersten Strophe als fragender und besorgter Freund. Im present perfect wird Vergangenes rekapituliert. Alle Fragen nach T. W.s Befinden und Aufenthalt ("where"), so legt der Reim nahe, entsprangen der Besorgnis ("Feare") des (lyrischen Text-)Subjekts. Sie wird vom (lyrischen Text-)Subjekt in vieldeutiger, bildreicher Sprache geschildert. So werden Hoffnung (auf gute Nachrichten, d.h. auf einen baldigen Brief von T. W.) und Furcht (T. W. könnte etwas zugestoßen sein, es kommt kein Brief mehr) vom (lyrischen Text-)Subjekt als (Zwillings-)Paar apostrophiert (Z. 1). Damit wird nicht nur etwas über die nahe Verwandtschaft dieser beiden Gefühle gesagt. Indem das gedichteröffnende Adjektiv das Bild einer Schwangerschaft evoziert ("[p]regnant"), wird das (Zwillings-)Paar Hoffnung und Furcht vielmehr buchstäblich verkörpert.[80]

Geht das lyrische Text-Subjekt bereits in der ersten Strophe durch die hyperbolische Vorstellung[81] seiner selbst als mit Hoffnung und Furcht Schwangeren zu seinen Gefühlen auf (ironische) Distanz,[82] so in der zweiten Strophe durch einen ausführlichen Vergleich. Nachdem das lyrische Text-Subjekt in Strophe I gleichsam seine Innen-Ansicht gegeben hat, tritt es in Z. 4-6 sozusagen neben sich, sieht sich von außen: als einen Bettler um Almosen, dessen Hoffnung durch nichts zu erschüttern ist, einen Bettler, der prüfende Blicke wirft auf "the givers hand and eye".[83] Wie üblich, wenn sich das lyrische Text-Subjekt explizit ver-gleicht, überschneiden sich auch hier das 'objektiv' schildernde unpersönliche Paradigma ("sly beggers [...]") und das persönliche Paradigma. Daß das Subjekt im Gedicht-Text zu Beginn von Strophe II in der 1. Pers. Pl. steht, ist Notwendigkeit, insofern das Subjekt im Gedicht-Text Gegebenheiten mit-teilen will ("our streets"), die ihm und anderen (wohl auch T. W.) gleichermaßen vertraut sind.

Nicht mehr als vom guten Freund und seinen Briefen Verlassenen wie in Strophe I, nicht mehr den Bettlern gleich in ihrem unablässigen Blick auf an-

80 Man könnte dieses Verfahren als indirekte Personifikation von Abstrakta bezeichnen.

81 'Vorstellung' hier im doppelten Sinne von 'imaginatio' und 'imago'.

82 Die Vorstellung einer Schwangerschaft konnotiert freilich auch die akute Gefährdung des (lyrischen Text-)Subjekts. Schließlich war eine Schwangerschaft im 17. Jahrhundert immer eine Sache auf Leben und Tod. Gefährdet waren sowohl die Schwangere als auch die Kinder. Das hieße auf den Text übertragen: das (lyrische Text-)Subjekt und seine Gefühle.

83 Der Vergleich zwischen den "beggers" und dem lyrischen Text-Subjekt erstreckt sich bis in die Bildlichkeit: jene wie diese sind gewissermaßen 'hoffnungs-schwanger' (vgl. Z. 6: "conceive").

dere (Strophe II), sondern als sich gleichsam Wiedergegebenen zeigt sich das lyrische Text-Subjekt in Strophe III. Da es nicht vom Brot (allein), sondern vom Wort (des Freundes, nicht Gottes!) zu leben vorgibt,[84] ist - nach der Lektüre des Briefes - der "starveling" nun "bountifully fed". Mehr noch: im Fleische auferstanden ("The body risen"). Christliche Formeln und Dogmen werden angespielt. Ob sich deren Bedeutungsschwere solchermaßen (in der Ironie) aufhebt oder ob diese die Bedeutung des säkularen (Wort-)Ereignisses 'Brief' erhöht, ist nicht leicht zu entscheiden.[85] Die christlichen Konnotationen in der Sprache des Subjekts im Text halten eine subtile Balance von Ernst und Ironie. Gleicht die Lektüre des Briefs einem (Abend-) Mahl, dem Lob ("my Soule doth [...] | [...] praise thee"), Dank und Tischgebet ("grace") folgen, dann liegt es nahe, den Buchstaben ("letter") bzw. Brief ("letter") als Leib T. W.s aufzufassen. Dem lyrischen Text-Subjekt verwandelt sich das geschriebene Wort des Freundes in das Brot des Lebens. Fürwahr eine bemerkenswerte Transsubstantiation.

Um (dem Freund) seine Gefühle zu veranschaulichen, bleibt das lyrische Text-Subjekt in der letzten Strophe im Bildfeld der Nahrungsaufnahme. Wenn ab Z. 12 - sie leitet im Enjambement in das abschließende 'couplet' - die (religiösen) Hochgefühle verschwinden, die mit dem Verschlingen des Briefs verbunden waren, dann tritt an die Stelle des Wunschs nach nährender Liebe (Z. 11/12) die Angst vor der verzehrenden und unersättlichen Liebe T. W.s. "T. W.'s protestations of love are like those of gluttons, who declare that they love what in fact they destroy. T. W.'s love is killing Donne"[86] (Donne 1967, 213).[87]

Wie schon in Strophe II überschneiden sich in Z. 13/14 teilweise persönliches und unpersönliches Paradigma: das Subjekt im Gedicht veranschaulicht seine subjektive Einschätzung der Situation ("I thinke thy love") durch einen

[84] Auf ganz pragmatischer Ebene lebt ein Text-Subjekt tatsächlich von (anderen) Texten, also vom und im Wort.

[85] Tatsächlich verwendet Donne in seiner weltlichen Lyrik theologisches Vokabular sowohl in ironischer als auch ernsthafter Absicht. Die intensive und keineswegs auf eine theologische Linie zu bringende Auseinandersetzung Donnes mit Religion mag auch von dem Umstand befördert worden sein, daß er als Katholik unter einer militant protestantischen Regierung geboren wurde.

[86] W. Milgates Kommentar identifiziert freilich bedenkenlos das Autor-Subjekt Donne mit dem Subjekt seines Vers-Briefes.

[87] A. J. Smith erklärt: "a glutton's love devours its object, and T. W.'s love kills the poet [sic!] by keeping him so starved of letters" (Donne 1982, 530).

expliziten Vergleich mit dem, was (scheinbar) objektiv ist: "gluttons [...] say 'midst their meat, | They love that best of which they most do eat".

Das lyrische Text-Subjekt von "To Mr T. W.", das sich in der Künstlichkeit der vier dreizeiligen Strophen und deren dreifachen Reimen sowie einem abschließenden Vers-Paar, den Konventionen der Vers-Epistel entsprechend, direkt an "Mr T. W." richtet, ist aufs Ganze gesehen, überbestimmt. Auffallend ist die übersichtliche Konstruktion, in der es sich konstituiert. Die Epistel an T. W. ist deutlich und symmetrisch zweigeteilt. In den ersten beiden Strophen schildert das (lyrische Text-)Subjekt seine (Gefühls-)Lage vor der Ankunft des Briefs von T. W. Blickt das lyrische Text-Subjekt hier quasi auf die Situation prae epistula zurück, so schreibt es in der dritten und vierten Strophe post epistulam. Die Ankunft von T. W.s Brief, die Ursache der vorliegenden Epistel Donnes, und dessen Lektüre stehen buchstäblich zwischen den Zeilen des Texts, genauer: zwischen Strophe I/II und III/IV. Dieser Leer-Raum zwischen Strophe II und III markiert gewissermaßen den Wendepunkt im Drama des Wartenden. In diesem Leer-Raum ist nicht nur der emphatische Umschlag des "[a]nd now" vorbereitet und enthalten. Läßt man die abschließenden Z. 13/14 einmal außer Acht, dann läßt er sich auch als Spiegel-Achse der Paradigmen des lyrischen Text-Subjekts verstehen:

- Strophe I im persönlichen Paradigma
- Strophe II teilweise im unpersönlichen Paradigma

- Strophe III im unpersönlichen Paradigma
- Strophe IV im persönlichen Paradigma.

Innerhalb dieser klar strukturierten Ordnung ist das lyrische Text-Subjekt höchst beweglich, virtuos setzt es sich in assoziativ verknüpften Bildern und Vergleichen in Szene. Das lyrische Text-Subjekt entwirft sich in und zwischen Widersprüchen: zwischen konträren Gefühlen (z.B. Hoffnung - Furcht), zwischen konträren Geschlechter(haltunge)n (hoffnungsschwanger bzw. geliebt wie eine Frau - aktiv liebend wie ein Mann [Z. 11/12]), zwischen Blasphemie und gläubigem Freundschaftskult.

Die Gattung Vers-Epistel, das zumindest legt dieses Beispiel nahe, ermöglicht also ein von Gattungs- und Gesellschaftskonventionen relativ freies Spiel eines (lyrischen Text-)Subjekts (mit sich selbst). Privates kann insofern zum Thema werden, weil/wenn die Kommunikation im Medium Vers-Epistel vor dem Hintergrund persönlicher Bekanntschaft mit dem Adressaten stattfindet.

Solchermaßen eingebunden in und angewiesen auf die mit dem Adressaten geteilte Lebenswelt nimmt die Vers-Epistel, womöglich Teil eines ganzen Vers-Brief-Wechsels, tatsächlich einen "ambiguous place on the periphery of literature" (Palmer 1975, 73) ein.

4.1.4 Schluß-Reime: Drei "Poetische Grab=Schriften" Christian Hoffmann von Hoffmannswaldaus

Wohl hatte Martin Opitz die Merkmale des Epigramms (präskriptiv) genannt: Zugehörigkeit zur Satire,[88] Bündigkeit und das Stil-Ideal der argutia.[89] Doch die dichterische Praxis gehorchte weder stets dem Gebot der Kürze,[90] noch ließ sie sich auf Opitz' thematische Bestimmung[91] festlegen.[92] Vielmehr erwies sich das Epigramm, wie Opitz seinen Restriktionen vorausschickend selbst bemerkt, "aller sachen vnnd wörter fähig" (Opitz 1986, 28). Eine Untergattung des Epigramms indes gehorchte weitgehend der (opitzschen) Gattungsbestimmung: die Grabschrift.[93]

Christian Hoffmann von Hoffmannswaldau hat seine 103 "vberschrifften der begräbniße" (Opitz 1986, 28) unter dem Titel "Poetische Grab=Schriften" gesammelt;[94] drei davon sollen den Abschnitt 4.1 beschließen. Gewarnt nicht

---

[88] "Das Epigramma setze ich darumb zue der Satyra / weil die Satyra ein lang Epigramma / vnd das Epigramma eine kurtze Satyra ist" (Opitz 1986, 28).

[89] "[K]ürtze ist seine eigenschafft / vnd die spitzfindigkeit gleichsam seine seele vnd gestallt" (Opitz 1986, 28).

[90] Vgl. z.B. Logau 1974, 54 ff., 176 f., 234 ff.

[91] Das Epigramm soll "in Venerischem wesen / vberschrifften der begräbniße vnd gebäwe / Lobe vornehmer Männer vnd Frawen" und "kurtzweiligen schertzreden [...] bestehen"; "spöttliche[...] hönerey" lehnt Opitz ab (Opitz 1986, 28). Die tatsächliche thematische Bandbreite des barocken Epigramms wird in der modernen Typologie von Jutta Weisz deutlich, die zwischen gnomischen, satirischen, spielerisch-concettistischen und panegyrisch-hymnischen Epigrammen unterscheidet (Weisz 1979).

[92] Man denke z.B. an die geistliche Epigrammatik von Daniel Czepko und Angelus Silesius.

[93] Der Gattung Grabschrift bedienten sich (zu meist satirischen Zwecken) u.a. Opitz, Gryphius, Logau; englische Beispiele der Gattung finden sich z.B. bei John Donne und Robert Herrick.

[94] Hoffmannswaldaus Grabschriften wurden 1662 und 1663 unberechtigt gedruckt. Teilweise überarbeitet erschienen die "Grab=Schriften" 1680 in der posthum erschienenen Sammelausgabe der Gedichte Hoffmannswaldaus. Insofern als viele dieser Grabschriften eindeutig erotische Satire betreiben, sind die drei ausgewählten Beispiel-Texte untypisch für die ganze Sammlung.

zuletzt durch Titel - "Poetische [!] Grab=Schriften" - und Vorwort,[95] hält wohl kein Leser die "Grab=Schriften" für echte, prae morte verfaßte, (eigene) der in den Titeln Genannten. (Freilich spielen viele Grabschrift-Epigramme, nicht allein diejenigen Hoffmannswaldaus, mit diesem Anschein.) Die 1. Pers. Sing.[96] ist das Kunstmittel, das es möglich macht, historischen Persönlichkeiten oder Vertretern einer (Berufs- oder sonstigen) Gruppe ihre letzten Worte in den Mund zu legen. Das Autor-Subjekt läßt eine(n) Sterbende(n) bzw. Verstorbene(n) sich selbst rechtfertigen[97] oder ein Urteil[98] sprechen.

Eines Alchimisten.

1 *Ich war ein Alchimist / ich dachte Tag und Stunden*
2 *Auf eine neue Kunst des Todes frey zu seyn/*
3 *Diß was ich stets gesucht / das hab ich nicht gefunden*
4 *Und was ich nicht gesucht / das stellt sich selbsten ein.*

(Hoffmannswaldau 1984, 846)

Die Grabschrift "Eines Alchimisten", der statt eines Lebenselexiers den Tod findet, steht ganz im persönlichen Paradigma. Gleichsam monologisch, ich-fixiert, spricht das vollständig überbestimmte Subjekt von sich. Das Subjekt im Text, reduziert auf sich selbst, welt-los, gibt in Z. 1/2 nur soviel über sich preis, wie notwendig ist, damit das 'Rätsel'[99] der Zeilen 3/4 'aufgelöst' wird: durch den Tod des Heilssuchers auf falscher Fährte. Zum Objekt des Spottes wird der "Alchimist" auch, weil er - der nur sich selbst sieht - auf seinen einzigen unerfüllbaren Wunsch reduziert ist. Lächerlich zudem, wer das Unmögliche will. Dem lebenslangen Suchen nach ewigem Leben in der Vergangen-

---

[95] "DIe Einsamkeit [...] hat meinem Gemüthe ich weis nicht was vor eine Regung eingeblasen / etwas in allerhand / doch mehrentheils fantastischen Grabschrifften zu versuchen" (Hoffmannswaldau 1984, 831).

[96] Unter den Grabschriften sind auch solche, in denen sich kein lyrisches Text-Subjekt konstituiert. Z.B. die Grabschrift "Eines Lasterhaftigen": Die Leber ist zu Wien / das Glied zu Rom geblieben / | Das Hertz in einer Schlacht / und das Gehirn im Lieben. | Doch daß der Leib nicht gantz verlohren möchte seyn / | So legte man den Rest hier unter diesen Stein." (Hoffmannswaldau 1984, 847)

[97] Vgl. z.B. "Des Ritters Marini" Grabschrift (Hoffmannswaldau 1984, 840).

[98] Vgl. z.B. "Messalinæ" Grabschrift (Hoffmannswaldau 1984, 842).

[99] Als Rätsel könnten Z. 3/4 wohl für sich stehen.

heit[100] ("ich dachte Tag und Stunden") steht im komisch-grotesken Mißverhältnis allein die Präsenz bzw. das Präsens des Todes entgegen: er "stellt sich selbsten ein".

Wirken die Worte auf der Grabschrift des Alchimisten buchstäblich als bloße Auf-Schrift (Epigramm), die einem lyrischen Text-Subjekt, um eines jeux d'esprit willen, vor-gesagt sind, so lassen sich die grab-schriftlichen Worte der folgenden beiden Epigramme sehr viel weniger von ihrem speziellen lyrischen Text-Subjekt trennen.

Eines Mohren.

Kein Europæer sol die schlechte Grabschrifft lesen /
Und lachen daß ich schwartz und nackend bin gewesen.
Ich trug das Mutterkleid / dich kleidet Bock und Kuh /
Du bist mehr Vieh als ich / ich war mehr Mensch als du.

(Hoffmannswaldau 1984, 848)

Eines Sclavens.

Im Leben war ich Knecht / im Tode bin ich frey /
Es brach des Todes Band die Fessel leicht entzwey;
Die Ketten flecken nicht / *ich kante mein Geblüthe /*
Ich starb ein Knecht durch Zwang mit nichten von Gemüthe.

(Hoffmannswaldau 1984, 849)

Was sich in der Grabschrift "Eines Mohren" im unpersönlichen Paradigma der Z. 1 zunächst als generelles Verbot liest, erweist sich - hat man (als Europäer) dieses Verbot zeilenspringend übertreten - als Mißverständnis. Verboten wird nicht das Lesen der Grabschrift-Verse. Vielmehr verbietet sich das (lyrische Text-)Subjekt das Gelächter über seine körperlichen Eigenheiten[101] und sein kulturelles Gebaren. Dem folgt die (Selbst-)Charakterisierung des Verbietenden (Z. 2). In Z. 3/4 stellt das lyrische Text-Subjekt, zugleich scharfsinnig und spitzfindig, das Verhältnis von Natur und Kultur vom

[100] Die Verben stehen, bis auf das im Relativsatz der letzten Zeile, in der Vergangenheit.

[101] Darüber zu lachen - dies eine weitere Pointe - wäre nicht nur falsch, sondern auch sinnlos. Ist der schwarze, nackte Körper doch ein 'toter' (Text-)Körper: als Subjekt liegt der "Mohr" unter der Erde, als lyrisches Text-Subjekt existiert er nur im Text.

(europäischen) Kopf auf die (schwarzen) Füße. Der 'Wilde' erweist sich als der wahre Mensch: "nackend [...] mehr Mensch als" der "Europær". Um dies zu beweisen, identifiziert das lyrische Text-Subjekt das, was einer (am Leibe) hat, mit dem, was einer ist. So zeigt sich die Un- bzw. Tier-Natur des Europäers in seiner Kleider-'Kultur'. Das lyrische Text-Subjekt läßt die Tatsachen ("dich kleidet Bock und Kuh"), im unpersönlichen Paradigma, zu seinen Gunsten sprechen.

Entlarvt das lyrische Text-Subjekt in der Grabschrift "Eines Mohren" den guten (europäischen) Schein als schlechtes (Mensch-)Sein, so verwirft das lyrische Text-Subjekt in der Grabschrift "Eines Sclaven" den falschen Schein und besteht auf seinem Mensch-Sein. Wie in der Grabschrift "Eines Alchimisten" kommt dem Tod, dem (vermeintlichen) Rede-Anlaß, auch eine sozusagen argumentative Funktion zu.[102] Führt er im einen Fall das Streben des Alchimisten ad absurdum, so befreit er im anderen den Sklaven von fremden Fesseln, erweist dessen wahres, freies Sein. Der Text als Subjekt formuliert es sentenzenhaft: "Die Ketten flecken nicht".

4.2 Geistliche Poemata

Will man der lyrischen Produktion des 17. Jahrhunderts gerecht werden, darf die unübersehbare Fülle lyrischer Texte religiösen Inhalts nicht übergangen werden. Dem Autor geistlicher Gedichte stand wie dem Dichter weltlicher Texte die ganze Gattungsvielfalt des 17. Jahrhunderts zur Verfügung. So entsprach dem petrarkistischen (Liebes-)Sonett einerseits das geistliche Sonett andererseits, der weltliche Ode trat die geistliche zur Seite etc.[103] Im folgenden sollen jedoch nicht noch einmal, wie in Abschnitt 4.1, die wichtigsten Gattungen beispielsweise zitiert werden. Auch auf epochentypische Formen wie die Bibel-Paraphrase kann hier nicht eingegangen werden. Das weite Feld geistlicher Poemata notgedrungen verengend, beschränke ich mich auf je ein

[102] Anders in "Eines Mohren". Gekürzt um die beiden ersten Zeilen, könnten die Verse problemlos ins Präsens gesetzt und mit einer Überschrift wie z.B. 'Ein Mohr spricht' versehen werden.

[103] Die inhaltliche Unbestimmtheit vieler Gattungen bot reichlich Gelegenheit zur Kontrafaktur (vgl. z.B. Angelus Silesius' *Heilige[r] Seelenlust* [...]).

Beispiel des Kirchen- bzw. geistlichen Lieds[104] (Gerhardt, Crashaw) sowie einen späten Text Johann Christian Günthers. Steht Crashaws "Song" (auch als Lied) überdies für die mystische Tendenz geistlicher Gedichte des 17. Jahrhunderts, so Günthers Text für eine Tradition des geistlichen Gedichts, die um der Argumentation und Reflexion willen auf Sangbarkeit weitgehend verzichtet.

4.2.1 Sänger, Vorsänger, Glaubenszeuge. Paul Gerhardts "Morgen=Lied"

Spätestens seit dem 19. Jahrhundert gilt Paul Gerhardt als bedeutendster deutscher Liederdichter protestantischer Konfession im 17. Jahrhundert. Während man noch bis vor wenigen Jahrzehnten Gerhardt - aufgrund einer postulierten 'Innerlichkeit' - in die Nähe goethezeitlicher Subjektivität rückte (vgl. z.B. Petrich 1914),[105] bemerkt die neuere Forschung gerade das Fehlen "nahezu alle[r] subjektiven Züge" des "Ich der Dichtungen Gerhardts". Aus heutiger Sicht kennzeichnet der

> vielberufene[n] Gegensatz zwischen den Wir-Liedern Luthers und den Ich-Liedern Gerhardts [...] (noch) nicht den Übergang vom 'objektiven Bekenntnislied' zum 'subjektiven Erlebnislied'. Vielmehr meint das religiöse Gedicht des 17. Jahrhunderts fast immer den einzelnen Vertreter einer Gruppe; es spricht aus der Sicht des Menschen, der im Raum der Kirche lebt und sich dort seiner selbst zu vergewissern sucht. (Schmidt 1984, 286)

---

[104] Kirchenlied und geistliches Lied sind anhand ihrer unterschiedlichen Funktionen zu unterscheiden. Dient das Kirchenlied im öffentlichen Gottesdienst der Gemeinde, d.h. "als Umrahmung der Messe (katholisch) oder als fester Bestandteil der Liturgie (protestantisch)", so ist das geistliche Lied für "die private Frömmigkeitsübung, die Hausandacht, konzipiert [...] und [verweist] durch [...] musikalische Gestaltung und [...] Kunstcharakter der Texte auf ein Publikum, dem die Prinzipien der humanistischen Kunstdichtung vertraut sind" (Meid 1986, 100). Nach dieser Definition wird man den Text Gerhardts wohl als Kirchenlied, denjenigen Crashaws vermutlich als geistliches Lied bezeichnen.

[105] Diese Auffassung klingt noch bei Marian Szyrocki nach. Obwohl er in Übereinstimmung mit der neueren Forschung davon ausgeht, daß im Kirchenlied des 17. Jahrhunderts "das 'ich' [...] nicht eine einmalige Persönlichkeit [...], sondern den Menschen, das Gemeindeglied schlechthin" repräsentiert (Szyrocki 1987, 270), steht seiner Meinung nach in Gerhardts Liedern "[d]as 'ich' [...] im Vordergrund und nicht die Gemeinde" (Szyrocki 1987, 276).

In vielen seiner Lied-Texte kommt Paul Gerhardt der Aufforderung der Psalmisten nach, Gott zu loben. Drei seiner Lieder verbinden dieses Gebot mit der Situation des morgendlichen Gebets.[106] Eines davon ist das

Morgen=Lied.

[I]

Wach auf mein Hertz und singe
Dem Schöpffer aller Dinge
Dem Gäber aller Güter
Dem frommen Menschenhüter.

[II]

Heint als die dunkeln Schatten
Mich gantz umbfangen hatten
Hat Satan mein begehret
Gott aber hats verwehret.

[III]

Ja Vater / als er suchte
Daß er mich fressen muchte /
War ich in deinem Schosse /
Dein Flügel mich beschlosse.

[IV]

Du sprachst mein Kind nun liege.
Trotz dem / der dich betrüge:
Schlaf wohl / laß dir nicht grauen /
Du solst die Sonne schauen.

[V]

Dein Wort das ist geschehen /
Ich kan das Liecht noch sehen:
Von Noth bin ich befreyet
Dein Schutz hat mich verneuet.

[VI]

Du wilst ein Opffer haben:
Hier bring ich meine Gaben:
Mein Weyrauch / Farr und Widder
Seynd mein Gebeht und Lieder.

[106] Außer dem "Morgen=Lied" der "Morgensegen" (Gerhardt 1991, 40 ff.) und der "Morgengesang" (Gerhardt 1991, 107 ff.). Diese Texte (Gerhardt 1991, 83, 84 f., 85 f.) könnte man geradezu als protestantisches Gegenstück zu den im katholischen Brevier enthaltenen 'Laudes' verstehen.

[VII]
Die wirst du nicht verschmähen;
Du kanst ins Hertze sehen /
Und weissest daß *zur Gabe*
Ich ja nichts bessers habe.
[VIII]
So wolst du nun vollenden
Dein Werck an mir / und senden
Der mich an diesem Tage
Auf seinen Händen trage.
[IX]
Sprich ja zu meinen Thaten.
Hilf selbst das beste rathen.
Den Anfang / Mittl und Ende
Ach Herr zum besten wende!
[X]
Mit Segen mich beschütte:
Mein Hertz sey deine Hütte /
Dein Wort sey meine Speise
Bis ich gen Himmel reise.

(Gerhardt 1667 in: Cysarz 1937, 221[107])

Die graphische Auszeichnung des "Morgen=Lieds" markiert die Strophen I und X als Strophen des ausschließlich persönlichen Paradigmas. Ein jeweils vollständig überbestimmtes lyrisches Text-Subjekt eröffnet und beschließt also den Lied-Text. Doch bei aller formalen Gleichheit kommt in diesen beiden Strophen ein je anderes Verhältnis des lyrischen Text-Subjekts zu Gott zum Ausdruck. Spricht sich das Subjekt (im Text) in der Eingangsstrophe *selbst an*, fordert es sich selbst dazu auf, dem "Schöpffer aller Dinge" zu singen, so wendet es sich in Strophe X *bittend an ein Anderes*, an Gott. Strophe I (in der Gott nicht genannt, sondern in der Art des Alten Testaments in seinen Taten beschworen wird) und Strophe X (in der das Subjekt im Text sich direkt an Gott wendet) bezeichnen die Eckpunkte einer Entwicklung, in deren Verlauf

[107] Cysarz' Text ist: *Pauli Gerhardi Geistliche Andachten Bestehend in hundert und zwantzig Liedern* [...] Hervor gegeben und verlegt von Johan Georg Ebeling [...] Berlin / Gedruckt bey Christoff Rungen. [vgl. Cysarz 1937, 255] Ich gebe den Text mit Cysarz' Veränderungen wieder. Es steht im Text von 1667: Z. 4: "Den"; Z. 10: "müchte" und Z. 35: "Denn Anfang Mittel und Ende /" (vgl. Cysarz 1937, 221, Fußnoten 1-3).

(Strophe II-IX) die anfängliche, ehrfurchtsvolle Ferne einer vertraulichen Nähe weicht.

In den Strophen II-V findet die biblisch-konventionelle (Auf-)Forderung, Gott zu preisen, ihre Begründung: das (lyrische Text-) Subjekt erfährt Gott als "fromme[n] Menschenhüter", der es aus den Gefahren der vergangenen Nacht, d.h. dem Zugriff Satans, rettete. Dem in Z. 5-7 kaum evozierten Schrecken wird bereits in Z. 8 ein Ende gemacht: Gott erscheint (im Text als Subjekt). Gerettet erkennt sich das (lyrische Text-)Subjekt vertrauensvoll als Kind (vgl. Z. 13) des schützenden (Gott-)Vaters (Z.9). Gleichsam als Echo auf die zweite Strophe kann die dritte verstanden werden. Nochmals blickt das lyrische Text-Subjekt, nun als vollständig überbestimmtes, auf seine nächtliche Grunderfahrung zurück, auf Gefahr (Z. 9/10) und Schutz/Rettung (Z. 11/12). In Strophe IV wird wiederum diese Grunderfahrung geschildert. Hier jedoch erinnert das lyrische Text-Subjekt die 'Stimme Gottes'. Es spricht ein *anderes* lyrisches Text-Subjekt. Dessen Worte, "Du solst die Sonne schauen", sind Trost und Verheißung zugleich. So wie nach überstandener Nacht die Sonne scheinen wird, so wird am Ende der Grabes-Nacht Christus erscheinen. Denn: "Die Sonne, die mir lachet, | Ist mein HErr JEsus Christ" (Gerhardt 1991, 26).

Aus der (grammatischen) Vergangenheit der Strophen II-IV findet das lyrische Text-Subjekt in die (grammatische) Gegenwart der göttlichen Gnade: "Von Noth bin ich befreyet". In den Z. 17-20 wird ein Fazit gezogen. Weil das "Wort" Gottes geschieht (als Faktum bekräftigt im unpersönlichen Paradigma der Z. 17), kann das Subjekt (im Gedicht-Text) "das Liecht noch sehen".

Mit dem erneuten Einsatz des unpersönlichen Paradigmas in der Text-Mitte (Z. 21) wird das Thema so übergangslos gewechselt, daß man fast von einem Neubeginn, von einem zweiten Lied(-Anfang) sprechen kann.[108] Gottes Forderung ist zu Beginn der sechsten Strophe nicht nur genannt, sondern sogleich auch erfüllt. Kommt das lyrische Text-Subjekt in Strophe I der (eigenen) Aufforderung ("singe | Dem Schöpffer aller Dinge") nach, indem es eben diese singend ausspricht, ist Strophe VI, die von Opfern spricht (Z. 21), bereits Teil des Opfers: denn in Ablösung alttestamentarischer Blut-Opfer bringt das lyrische Text-Subjekt statt "Widder" seine "Lieder" dar (und damit auch das

[108] Freilich kann die Forderung "Du wilst ein Opffer haben" in gewisser Weise auf die vorhergehenden Strophen zurückbezogen werden. Dabei ist aber ein Handel zwischen Gott und Mensch zu unterstellen: letzterer zahlt für erbrachte Leistung (Rettung vor Satan) mit einem (Dank-)Opfer.

"Morgen=Lied"). Entfaltet wird in den Strophen VI und VII eine geistliche Poetik in nuce. Für das lyrische Text-Subjekt ruhen Ursprung und Ziel des (eigenen) Dichtens in Gott: die Produkte seiner Begabung (das lyrische Text-Subjekt hat "nichts bessers") werden zur Opfer-"Gabe" (Z. 27) für den "Gäber aller Güter" (Z. 3). Gott lobpreist sich in seinen Geschöpfen also selbst.

In Strophe VII und VIII gehen persönliches und unpersönliches Paradigma zweimal ineinander über: in Z.27/28 und Z. 29/30. Die Dinge wie sie sind ("Du weisest") bzw. sein sollen ("So wolst du nun vollenden | Dein Werck") sind in Übereinstimmung.

Zu Beginn von Strophe IX wird eine Formulierung aus Strophe IV bezeichnend variiert. Beginnt die vorletzte Strophe der ersten Gedicht-Hälfte (Strophe IV) mit den vergangenheitsbezogenen Worten "Du sprachst", so die vorletzte Strophe der zweiten Gedicht-Hälfte (Strophe IX) mit der gegenwartsbezogenen Bitte "Sprich ja". Aus der Erfahrung der Vergangenheit also schöpft das lyrische Text-Subjekt das Vertrauen, seinen Wunsch nach gegenwärtigem und zukünftigem Zuspruch vorzubringen. In Strophe X greift das lyrische Text-Subjekt die Bitten der vorhergehenden Strophe auf. Dem in Z. 35 genannten Lebensende wird in Z. 40 abschließend die Aussicht auf eine persönliche Auferstehung, die Perspektive des Ewigen, End-losen hinzugefügt.

In Paul Gerhardts "Morgen=Lied" konstituiert sich ein lyrisches Text-Subjekt, das - wiewohl überbestimmt - als Figur auffallend wenig Kontur gewinnt. Seine Bedrohung durch Satan wird in Strophe II/III nur angedeutet. Ebenso wenig genau bestimmt das lyrische Text-Subjekt seine Opfer. Zwar werden sie als "mein Gebeht und Lieder" identifiziert. Doch erlaubt das Possessivpronomen 'mein' (Z. 24) zwei Lesarten; es vermag sowohl die Gebete und Lieder des Autor-Subjekts, d.h. Paul Gerhardts, zu bezeichnen[109] als auch die eines singenden/lesenden, rezipierenden Subjekts, das sich Vorhandenes reproduzierend zu eigen macht.

Die Sprache des lyrischen Text-Subjekts ist bibelnah.[110] und sichert dadurch die Verständlichkeit des Texts in der (evangelischen) Gemeinde. Der sprachlichen Eingängigkeit des Texts entspricht überdies ein einfacher Stro-

[109] Lyrisches Text-Subjekt und Autor-Subjekt wären in diesem Punkt identisch.

[110] Wie alle Texte Gerhardts ist auch das "Morgen=Lied" mit "Zitaten, Wendungen u. Bildern aus der Schrift durchsetzt" (Kemper 1989, 126).

phenbau. Offensichtlich soll nichts einen lesenden/singenden Rezipienten daran hindern, sich die auffordernden, lobenden Worte des lyrischen Text-Subjekts zu eigen zu machen. Das lyrische Text-Subjekt ist Identifikationsfigur: indem es singt, singt es vor, lädt es ein, (in der Gemeinschaft) mitzusingen. Wer mit den Worten des lyrischen Text-Subjekts Gott lobt und dankt, folgt seinem lobenden und also lobenswerten Vorbild (dem lyrischen Text-Subjekt) und wird selbst wiederum zum lobend lobenswerten (Vor-)Sänger.

Bedingung einer solchen Identifikation mit dem lyrischen Text-Subjekt ist eigentlich eine gleiche/ähnliche 'nächtliche' Erfahrung der Rettung durch Gott. Doch selbst demjenigen, dem die Worte des lyrischen Text-Subjekts nicht als die eigenen über die Lippen zu kommen vermögen, kann die 'Botschaft' des lyrischen Text-Subjekts nutzen. Aufgefaßt als Worte eines Anderen, können sie sich trotzdem sinn- und glaubensvoll erschließen. Schließlich fungiert/funktioniert das lyrische Text-Subjekt auch als Heils- und Glaubens-Zeuge; es spricht von (seiner) Errettung durch Gott vor "Satan" und übermittelt Gottes Verheißungsworte (Strophe IV).

4.2.2 "über Kräfte". Johann Christian Günthers "DIE ZUVERSICHT DES GEISTES ZU GOTT"

Einen wichtigen Teil des Güntherschen Werks hat Wilhelm Krämer unter dem Titel *Klagelieder und Geistliche Gedichte* herausgegeben (Günther 1964b). Besonders die von Krämer in Günthers Striegauer, Schweidnitzer und Laubaner Zeit, also zwischen 1719 und 1721, datierten Texte sind oft beides zugleich: Klagelied und geistliches Gedicht. Indem das (lyrische Text-)Subjekt in diesen Texten die (scheinbare) Ungerechtigkeit auf Erden und des Himmels beklagt und anklagt, sucht es zugleich sein Verhältnis zu Gott zu klären. So auch im folgenden Text.

DIE ZUVERSICHT DES GEISTES ZU GOTT

ES kommt mir sauer an, ich zitter wie ein Rohr
Und bin mehr Schein als Mensch. Allein wer kan davor?
Du, Herr, verstellst dich mir und magst dich auch verstellen.
Ich ehre deinen Grimm bey noch so schweren Fällen;
Vermehr auch Schlag und Zorn, *du strafst mich nie zu hart,*

Ich seh gleichwohl daraus des Vaters Gegenwart,
Des Vaters, der mich nicht aus blindem Eifer schläget,
Nein, sondern nur dadurch zu Reu und Leid beweget.
Wer weis, zu was es dient! *Ich bitte dich um nichts*
Als dann und wann um Trost des holden Angesichts.
Sonst gieb mir, was du wilst, ich bin zu blind zum Wehlen;
Du, Vater, wirst mich doch nicht über Kräfte quälen.
Spott, Hunger, Fluch und Neid und gar verächtlich seyn
Geht freylich, wer es fühlt, dem Fleische bitter ein;
Doch wenn mich auch dein Zorn bis in die Hölle triebe,
So predigt ich auch dort die Wollust deiner Liebe.

(Günther 1964b, 135)

Obwohl es naheliegt, dieses Gedicht auf Günthers besondere Lebensumstände zu beziehen,[111] ist der Text doch mehr als eine private Klage. Das (lyrische Text-)Subjekt unternimmt nichts geringeres als den Versuch einer Theodizee. Während sich jedoch Gottfried Wilhelm Leibniz' *Essais de Théodicée* von 1710 mit der *bonté de Dieu, la liberté de l'homme et l'origine du mal* im allgemeinen beschäftigen, sucht das lyrische Text-Subjekt in Günthers 1720 entstandem Gedicht[112] die Gerechtigkeit Gottes im speziellen, eigenen Fall aufzuzeigen. Ausgangspunkt ist das sich selbst reflektierende (lyrische Text-)Subjekt; sein Fühlen: "ES kommt mir sauer an", Handeln: - "ich zitter wie ein Rohr"[113] - und Beurteilen (seiner selbst): "ich bin mehr Schein als Mensch".[114] Aus der (im persönlichen Paradigma) beschriebenen persönlichen

[111] Bekanntlich reagierte Günthers Vater auf dessen Lebensführung mit der Verstoßung des Sohns, die er trotz wiederholter dringender Bitten Johann Christians nicht widerrief. Johann Christian, so urteilte der Vater noch nach dessen Tod, sei "einzig und allein fortunae suae sinistrae faber gewesen" (Krämer 1980, 350).

[112] So datiert Krämer den Text (Günther 1964b, XXIX). Im selben Jahr, also ebenfalls 1720, erschien in Hannover auch die erste deutsche Übersetzung der Leibnizschen Theodizee unter dem Titel *Theodicaea*.

[113] Wenn sich das lyrische Text-Subjekt mit einem Rohr vergleicht, dann evoziert es damit nicht nur ein Sinnbild der menschlichen Schwäche, sondern auch Jesu Urteil über Johannes den Täufer: "ein Rhor [...] / das vom winde beweget wird" (Lukas 7, 24; *Biblia* 1967, CCLXXXII.) (vgl. Matthäus 11,7). Obwohl sich auch das lyrische Text-Subjekt letztlich wie Johannes der Täufer als Prediger versteht (Z. 16) - freilich als Prediger der Liebe und nicht wie jener des göttlichen Zorns -, versucht es sich aufs Textganze gesehen nicht als ein anderer Johannes zu stilisieren. (Als "[e]in anderer Hiob" texthandelt Johann Christian Günther in seinem Gedicht *Als er durch innerlichen Trost bey der Ungedult gestärcket wurde*" [vgl. Stenzel 1984].)

[114] D.h.: mehr Trugbild als Geschöpf Gottes.

Unglücks-Situation heraus stellt sich (im unpersönlichen Paradigma) die Frage: "wer kan davor?"

Zu Beginn von Z. 3 scheint diese Frage überraschend schnell und unzweideutig beantwortet zu sein: "wer kan davor? | Du Herr". Die zwei gleich schweren Silben des hier sozusagen gestauten Alexandriners machen es fast unmöglich, flüssig über diesen Versanfang hinwegzulesen. Und für den kurzen Moment zweier Worte hat es den Anschein, als ob aus dem klagenden ein Gott anklagendes (lyrisches Text-)Subjekt geworden wäre. Doch erweist sich der Satz in seiner Fortführung lediglich als Wiederaufnahme der anfänglichen Klage. Gott ist nicht nur dem Volk Israel ein verborgener Gott[115] ("Du, Herr, verstellst dich");[116] er ist es auch dem einzelnen, dem (lyrischen Text-)Subjekt gegenüber ("Du, Herr, verstellst dich mir"). Indem das Verb 'verstellen' hier sowohl reflexiv als auch transitiv verwendet wird, kann bruchlos von der unpersönlichen zur persönlichen Klage übergegangen werden. - Mit dem Nachsatz "und magst dich auch verstellen" schlägt die Argumentation des Texts nochmals um: Gott wird auch als verborgener und strafender angenommen.[117] Das lyrische Text-Subjekt erklärt sich schließlich nicht nur einverstanden mit dem, was ist, sondern auch mit dem, was (von Gott) noch kommen könnte: "du strafst mich nie [sic!] zu hart".

Das lyrische Text-Subjekt erkennt gerade darin, *daß* Gott-"Vater" seine 'Kinder' züchtigt und so "zu Reu und Leid beweget", dessen Liebe;[118] Gott

---

[115] Vgl. Jesaja 45, 15.

[116] Das Verb 'verstellen' kann allerdings auch heißen: "andere gestalt annehmen" (*Deutsches Wörterbuch* 1984, Bd. 25, Sp. 1730). Doch auch in dieser Bedeutung erschiene Gott dem lyrischen Text-Subjekt als ein mit Verstand und Sinnen nicht faßbarer Gott.

[117] Die zweite Hälfte der dritten Zeile läßt in der Überschneidung von persönlichem und unpersönlichem Paradigma ein Einverständnis mit Gottes Tun und Lassen auf unpersönlicher und persönlicher Ebene erkennen. D.h.: es sind zwei Lesarten möglich: "und magst dich auch verstellen" oder 'und magst dich *mir* auch verstellen'.

[118] Vgl. das Gedicht "DANCKSAGUNG VOR GÖTTLICHE ZÜCHTIGUNG UND LANGMUTH". Hier heißt es in der dritten Strophe: "Ich dancke dir vor meine Zähren | Und vor der Seelen Angst und Leid | [...] Verschonen war die gröste Strafe, | Ich hätte bey dem Lasterschlafe | Gewis den lezten Tod erlebt. | Die Noth erscheint zur rechten Stunde | So wie ein Arzt durch Blut und Wunde | Die eußerste Gefahr mit kleinen Schmerzen hebt" (Günther 1964b, 97). Im Gegensatz dazu liest man allerdings im Gedicht "An Gott": "Die Strafe beßert sonst die Sünder; | Dies ist mehr Grausamkeit als Zucht. | Versuch einmahl und geh gelinder, | Vielleicht gewinnt es eher Frucht; | Ein scharfer Streich und langer Grimm | Macht oft die besten Herzen schlimm" (Günther 1964b, 119).

"schläget" keinesfalls "aus blindem Eifer".[119] Wortwahl und Kontext lassen vermuten, daß das lyrische Text-Subjekt hier weniger der philosophischen Theodizee Leibniz',[120] als vielmehr einer biblischen Überzeugung folgt. So heißt es z.B. in den alttestamentarischen *Sprüchen* (3, 11-12): "Mein kind / verwirff die Zucht des HERRN nicht / vnd sey nicht vngedültig vber seiner straffe. Denn welchen der HERR liebet / den strafft er / Vnd hat wolgefallen an jm / wie ein Vater am Son" (*Biblia* 1967, CCCXXXI.).[121]

Der Zweck heiligt also die als Mittel verstandenen Schläge Gottes. So ist denn das formelhafte "Wer weis, zu was es dient!" mit dem die zweite Hälfte (Strophe?) des Texts einsetzt, nicht als Frage, sondern als Antwort - man beachte das Ausrufezeichen - auf alle Zweifel und Verzweiflung zu verstehen.[122] Dieser in gewisser Hinsicht triviale Trost ist dem Text als Subjekt, nicht aber dem Subjekt im Text zugeordnet. Kann die allgemeine Überzeugung nicht zur persönlichen werden?[123] Die "ZUVERSICHT [...] ZU GOTT" ist und bleibt erschüttert.[124] Die völlige Wunschlosigkeit ("ich bitte dich um nichts") erweist sich im Enjambement als Bitte: das lyrische Text-Subjekt kann sich doch nicht - wie in Z. 3 behauptet - mit einem Deus absconditus abfinden (Z. 10). - Eine Merkwürdigkeit am Rande stellt hier die widersprüchliche Metaphorik dar: um den *Anblick* des "holden Angesichts" bittet ein (lyrisches Text-)Subjekt, das sich bereits in der nächsten Zeile als "zu blind [sic!]" - zumindest "zum Wehlen" - bezeichnet.

Seine Gethsemane-Worte spricht das lyrische Text-Subjekt nicht mit der (wieder-gewonnenen) Stärke Jesu ("nicht mein / sondern dein Wille geschehe", Lukas 22, 42; *Biblia* 1967, CCXCIII.), sondern aus dem Bewußtsein seiner Schwäche: "gieb mir, was du wilst, ich bin zu blind zum Wehlen". Das lyrische Text-Subjekt scheint zu einer, dem zerknirschten Christen wohlanste-

---

119 Die Befürchtung, von einem "ewig Wesen [...] obenhin zur Marter auserlesen" zu sein, wird im Gedicht "ALS ER DURCH INNERLICHEN TROST BEY DER UNGEDULT GESTÄRCKET WURDE" formuliert (Günther 1964b, 123).

120 Vgl. den zweiten und dritten Teil der Leibnizschen *Essais de Théodicée*.

121 Vgl. auch die Offenbarung des Johannes 3, 19.

122 Die Interpunktion des Texts ist allerdings nicht sicher diejenige Günthers.

123 Schließlich könnte es auch heißen: 'Wer weiß, zu was *mir's* dient!'

124 So gilt auch hier, was Jürgen Stenzel bereits an einem anderen Klagelied Günthers bemerkt hat: die Überschrift, von der nicht sicher ist, ob sie von Günther stammt, "beschwichtigt und sucht das Gedicht zu domestizieren" (Stenzel 1984, 407).

henden Bescheidenheit zurückgekehrt.[125] - Und doch nennt das lyrische Text-Subjekt in Z. 13/14 unbescheiden genau, (an) was es leidet, was Leib und (gesell-schaftliches) Leben bedroht bzw. verbittert: "Spott, Hunger, Fluch und Neid und gar verächtlich seyn". Dieser Evokation konkreter, freilich bereits aus den Psalmen bekannter, Schrecken im unpersönlichen Paradigma vermag das Subjekt im Text (lediglich) die abstrakte "Wollust" der "Liebe" Gottes entgegenzuhalten.

Die Wandlung im Selbstbild des lyrischen Text-Subjekts vom gequälten Objekt ("Ich zitter wie ein Rohr") zum Prediger der Gottes-Liebe (Z. 16) gelingt nicht bruch- und widerspruchslos. Weil das (lyrische Text-)Subjekt seine tatsächliche Misere (Z. 13/14) auf Distanz zu halten sucht, erscheint das so Abgespaltene nicht direkt als persönliche Erfahrung, sondern im unpersönlichen Paradigma. Dadurch aber erhalten "Spott, Hunger, Fluch und Neid und gar verächtlich seyn" letztlich um so größeres Gewicht: als unabweisbare Tatsachen, denen das Subjekt (im Text) ausgeliefert ist. - In den beiden letzten Zeilen, einer Subscriptio nicht unähnlich, sucht sich das leidende (lyrische Text-)Subjekt - als 'Pictura' - endgültig als doch/deswegen geliebtes zu deuten. Doch vermag das im futurischen Konjunktiv verfaßte Schluß-Bild vom Prediger der Liebe Gottes das im indikativischen Präsens gezeichnete Bild vom gezüchtigten, verspotteten und verachteten (lyrischen Text-)Subjekt keineswegs zu überdecken.

Weniger die besonderen gesellschaftlichen Umstände (Z. 13/14), in denen das überbestimmte lyrische Text-Subjekt des Gedichts sich zeichnet, als vielmehr die besondere Art und Weise, mit der diese Umstände ins Positive gewendet/gezwungen werden (sollen), verhindern, daß der Text zur leicht nachzuvollziehenden Meditation werden kann. Der Rezipient kann/könnte - anders als z.B. bei den Lied-Texten Paul Gerhardts - seine geistlichen Zweifel und Anfechtungen durch und in der Identifikation mit dem lyrischen Text-Subjekt nicht ohne weiteres (mit)überwinden. Die "ZUVERSICHT DES GEISTES" ist, aufgrund der fast durchgängigen Präsenz negativer Bildlichkeit und unvermittelter Brüche und Einbrüche, wie sie v.a. das unpersönliche Paradigma verkörpert, keine ungebrochene mehr. Nicht einmal im geistig-geistlichen salto

[125] Doch gibt das Echo auf diese Paraphrase der Worte Jesu, das Reimwort "quälen", den Worten des lyrischen Text-Subjekts einen bitteren Beigeschmack.

mortale in die Arme eines strafenden-liebenden Gottes vermag das (lyrische Text-)Subjekt hinter sich zu lassen, was dem "Fleische bitter" eingeht.

4.2.3 "still I". Richard Crashaws "A Song"

Die Lyrik des (konvertierten) Katholiken und Mystikers[126] Richard Crashaw wurde und wird von der Forschung weniger beachtet und geschätzt als die der anderen Metaphysical-Poets. Dazu trägt wohl einerseits Crashaws Orientierung an nicht-englischen Dichtungstraditionen,[127] andererseits die häufige Verwendung von "images of physical love - of 'birth, milk and all the rest'"[128] bei. Diese scheinen ebenso gegen den 'guten' (englischen) Geschmack zu verstoßen, wie der (mit dieser sensualistisch-erotischen Bildlichkeit verbundene) "obsessive Zwang" Crashaws "to contemplate, even luxuriate in, bodily torment" (Willy 1967, 12 f.).[129] Überdies entzieht sich Crashaws Lyrik, mehr noch als die argumentierenden Gedichte Donnes oder Herberts, weitgehend der (kommentierenden) Paraphrase.[130]

---

[126] Barbara K. Lewalski ist zuzustimmen, wenn sie schreibt: "Whether or not he was a mystic in any strict sense, it is obvious that he craved the mystical union" (Lewalski/Sabol 1973, 615).

[127] V.a. der Dichtung Gianbattista Marinos verdankt Crashaws Werk wichtige Impulse. Insofern ist Crashaw, wie öfters festgestellt, tatsächlich einer der wenigen Barockdichter Englands im kontinental-euopäischen Sinn.

[128] "Any reader could readily list Crashaw's favorite rhymes, nouns, and descriptive terms: breasts and nests, wounds [...]; kisses, blood, tears; [...] blushing, bleeding, warm, soft. [...] [T]heir very frequency give to Crashaw's verse the soft luxuriance, [...] the suggestion of unwholesomeness" (Lewalski/Sabol 1973, 614 f.).

[129] Wenn Margaret Willy diesen Zug der Lyrik Crashaws jedoch als "undoubted trait of Crashaw's poetic individuality" (Willy 1967, 13) versteht, dann übersieht sie, daß Crashaw gerade in dieser Hinsicht innerhalb einer Tradition kontinental-barocker Religiosität steht, für die eine Verschränkung von Lust und Schmerz nicht untypisch und die Darstellung sinnlicher Erfahrungen als Sinnbild mystischer Verzückung bezeichnend ist. Man denke z.B. an Berninis berühmte Skulptur "Die Verzückung der hl. Teresa von Avila" in S. Maria della Vittoria in Rom.

[130] Was G. A. E. Parfitt in bezug auf die Hymne "To the name [...] of Jesus" bemerkt, gilt cum grano salis für alle nicht-epigrammatischen Texte Crashaws: "in a real sense, 'To the name ...' is beyond paraphrase: its meaning is its whole, the presentation and definition of the name of Jesus by all the words and rhythms of the poem" (Parfitt 1974, xii).

Um den Leser mystischer Erfahrungen teilhaftig werden lassen zu können,[131] verwendet Crashaw hauptsächlich umfangreiche (Gedicht-)Formen wie Hymne und Ode. Auch der kurze, sechzehnzeilige "Song"[132] steht, am Ort seiner ersten Veröffentlichung,[133] in einem größeren Zusammenhang. Er beschließt eine Sequenz von drei längeren, der heiligen Teresa gewidmeten, Gedichten. Nach "The Hymne", "An Apologie" und "The Flaming Heart", "'A Song' [...] is set forth as Teresa's formulation of her own mystical experience or else the speaker's imaginative identification with that experience" (Lewalski/Sabol 1973, 620 f.).

A SONG.

LOrd, when the sense of thy sweet grace
Sends vp my soul to seek thy face.
Thy blessed eyes breed such desire,
I dy in loue's delicious Fire.
O loue, I am thy SACRIFICE.
Be still triumphant, blessed eyes.
Still shine on me, fair suns! that I
Still may behold, though still I dy.

Second part.

Though still I dy, I liue again;
Still longing so to be still slain,
So gainfull is such losse of breath,
I dy euen in desire of death.
Still liue in me this louing strife
Of liuing DEATH & dying LIFE.
For while thou sweetly slayest me
Dead to my selfe, I liue in Thee.

(Crashaw 1968, 327)

[131] Im Vorwort zur Sammlung *Steps to the Temple* (1646), welches möglicherweise von Crashaws Freund Joseph Beaumont stammt, heißt es ausdrücklich: "*these Poems can*, viz. *They shal lift thee Reader, some yards above the ground*" (Crashaw 1968, 75).

[132] Eine anonyme Vertonung des Texts befindet sich in der Bodleian Library, Oxford (abgedruckt in: Lewalski/Sabol 1973, 1222 ff.).

[133] "A Song" erschien erstmals 1648 in der zweiten Auflage der *Steps to the Temple* unter dem Titel "A Song of divine Love".

Die beiden Motive, die in Crashaws "Song" zum alleinigen Rede-Anlaß und -Ziel werden, die postulierte Identität von Leid und Lust, Tod und Leben und die 'Selbst-Vernichtung' als Voraussetzung 'wahren' Lebens (in Gott), sind Topoi mystischen Schrifttums[134] und finden sich bereits in den vorangehenden Teresa-Texten.[135] Die Bitte an Gott um "Selbstvernichtung", um "Der Ichheit Tod"[136] spricht z.B. aus den Schlußzeilen des Gedichts "The Flaming Heart", das dem "Song" unmittelbar vorangeht: "Leaue nothing of my SELF in me. | Let me so read thy life, that I | Vnto all life of mine may dy" (Crashaw 1968, 327).

Stirbt, wie es in der Sprache der Mystik heißt, das Selbst sich selbst ab, um in Gott (wieder)geboren zu werden, dann stirbt als Folge auch die Welt (des Selbst) ab. Diesen Welt-Verlust demonstriert/simuliert die Entsemantisierung der Sprache,[137] wie sie sich in allen Teresa-Texten Crashaws findet. In wenigen, sich wiederholenden Bildern, Worten und Wort-Verbindungen spricht sich das lyrische Text-Subjekt auch in "A Song" aus: achtmal erscheint das Wort "still", viermal der (Binnen-)Schlagreim "I dy", je zweimal spricht das

[134] In der deutschsprachigen Barocklyrik findet es seinen wohl schlüssigsten Ausdruck in Angelus Silesius' *Heilige[r] Seelenlust*. Die erste Strophe des *geistliche[n] Hirtenlied[es]* "Sie begehrt verwundet zu sein von ihrem Geliebten" lautet: "Jesu, du mächtiger Liebesgott, | Nah dich zu mir, | Denn ich verschmachte fast bis in Tod | Vor Liebesbegier. | Ergreif die Waffen und in Eil | Durchstich mein Herz mit deinem Pfeil, | Verwunde mich." (Angelus Silesius 1924a, 89)

[135] In "The Hymne" heißt es beispielsweise: "O how oft shalt thou complain | Of a sweet & subtle PAIN. | Of intolerable IOYES; | Of a DEATH, in which who dyes | Loues his death, and dyes again. | And would for euer so be slain. | And liues, & dyes; and knowes not why | To liue, But that he thus may neuer leaue to DY." (Crashaw 1968, 319)

[136] Der Begriff "Selbstvernichtung" und die Formulierung "Der Ichheit Tod" stammen aus Angelus Silesius' *Cherubinische[m] Wandersmann* (vgl. Angelus Silesius 1924b, 76, 194). Auch das Motiv der "Selbstvernichtung" durchzieht das mystische Schrifttum. Es findet sich darüberhinaus, vielfältig variiert, auch bei Autoren, die nicht als Mystiker zu bezeichnen sind. Ausgesprochen gewaltsam ist der "Ichheit Tod" bzw. die Befreiung des 'wahren Selbst', in John Donnes berühmtem Sonett "Batter my heart" gedacht ("for I | [...] never shall be free, | Nor ever chast, except you ravish mee" [Donne 1969, 11]). Völlig undramatisch dagegen Johann Heermanns "Täglicher Seufzer", in dem es heißt: "Gib mir, daß ich zu dir mich herzlich könne neigen, | Und endlich nimm mich mir und gib mich dir zu eigen" (zitiert nach: Pörnbacher o. J., 158).

[137] G. A. E. Parfitt beschreibt dies so: "A reader's mind is drawn away from individual words towards the total complex of sound, an effect increased by a syntax which is rhetorical rather than logical, embodying an emotional response to a metaphysical experience" (Parfitt 1974, xii).

lyrische Text-Subjekt von "blessed eyes" und von "desire".[138] Das lyrische Text-Subjekt scheint aus der Welt herausgenommen bzw. auf sich selbst verwiesen. Konkret heißt das: es entwirft sich weder - wie z.B. das lyrische Text-Subjekt in Gerhardts "Morgen=Lied" - in einer bestimmten (Tages-) *Zeit* noch - wie z.B. dasjenige in Günthers "ZUVERSICHT DES GEISTES ZU GOTT" - in einem bestimmten (sozialen) *Raum*. Das lyrische Text-Subjekt ist - außerhalb von Zeit und Raum - ein abstraktes, ein abstraktes 'Opfer der Liebe' (Z. 5). Damit verhindert einerseits zwar kein konkret benannter (zeitlicher/gesellschaftlicher) Umstand die Identifikation des Lesers/Sängers mit dem lyrischen Text-Subjekt. Doch bleiben dadurch dem Rezipienten andererseits auch keine Umstände mehr, in die er sich lesend/singend hineinfinden könnte.

Crashaws Text umkreist den ersehnten Tod des Selbst. Das (lyrische Text-) Subjekt aber, das in diesen acht Paarreimen sich zu verlieren sucht, konstituiert sich v.a. als Subjekt im Text, d.h. als überbestimmtes. Zweimal (Z. 3, 11) erweist sich sogar das unpersönliche Paradigma im Nachsatz (Z. 4, 12) als Teil des persönlichen Paradigmas. Die Aussagen über die gnadenvollen Augen Gottes bzw. den gewinnbringenden Verlust des Atems werden so ebenfalls Bestandteil der subjektiven Erfahrungen.[139] Darin spiegelt sich das (unlösbare) Problem aller Versuche wider, mystische Erfahrungen zu beschreiben. Dies wird vollends in den letzten vier Zeilen deutlich. Indem das lyrische Text-Subjekt in Z. 13/14 einen Wunsch (auch) als *seinen* benennt, konterkariert es fast schon wieder, was in Z. 15/16 als (vorweggenommene) Erfüllung aufscheint: den Tod des Selbst. Die Schlußzeile schließlich reflektiert das paulinische Leben in Gott,[140] sie formuliert jedoch insofern notwendig paradox, als eben doch ein Selbst *selbstlos* in Gott zu sterben und zu leben wünscht. Das Subjekt in diesem Text mag noch so emphatisch Abschied nehmen von seinem 'Ich'/'Selbst': seine 'Schatten', die Pronomen der 1. Pers. Sing., verraten, daß dieser Abschied (sprachlich zumindest) nichts ist als Illusion.

---

[138] Ein solches repetierendes, tendenziell permutatives, Verfahren erreicht seinen barocken Höhepunkt wohl in Quirinus Kuhlmanns *Kühlpsalter* (vgl. z.B. den "60. Kühlpsalm").

[139] Nur einmal formuliert das lyrische Text-Subjekt in Z. 13/14, indem es *seinen* Wunsch ausspricht ("Still liue in me this louing strife [...]"), gleichsam eine *allgemeine* Bitte ("Still liue [...] this louing strife [...]") mit.

[140] Im Galaterbrief (2, 20) heißt es: "Ich lebe aber / doch nu nicht ich / sondern Christus lebet in mir" (Biblia 1967, CCCLIX).

Hält uns, um Ludwig Wittgensteins bekannte Bemerkung abzuwandeln, ein Selbst-Bild gefangen, das in unserer Sprache liegt? Und wiederholen uns Bild und Sprache in der Tat, 'unerbittlich'?[141]

[141] Vgl. die Nummer 115 von Wittgensteins *Philosophischen Untersuchungen*.

5 Das lyrische Text-Subjekt des 17. Jahrhunderts

5.1 Im Rückblick: Die Struktur des lyrischen Text-Subjekts (zwanzig) deutscher und englischer Gedichte des 17. Jahrhunderts I

Im Mittelpunkt des vorangegangenen Kapitels stand das Subjekt im und als Gedicht des 17. Jahrhunderts. Untersucht wurden zwanzig Gedichte von elf Autoren, in denen ein persönliches Paradigma vorhanden und damit die Voraussetzung gegeben ist, nach den Bestimmungen in Abschnitt 3.3 von einem lyrischen Text-Subjekt zu sprechen. (Darüberhinaus wurde Flemings Sonett "Er redet sich selber an" als Beispiel eines *ausschließlich* im unpersönlichen Paradigma verfaßten Texts näher betrachtet.)

5.1.1 Das unterbestimmte lyrische Text-Subjekt in deutschen und englischen Gedichten des 17. Jahrhunderts. K/ein Nachtrag zu Kapitel 4

Mit Vorbedacht wurde in der Text-Auswahl des vierten Kapitels kein Gedicht-Text mit unterbestimmtem lyrischen Text-Subjekt berücksichtigt. So, d.h. ausschließend, zu verfahren, legte die dieser Arbeit vorausgehende Untersuchung eines größeren Corpus potentieller Beispiel-Texte nahe. Kann von diesem vorab untersuchten Text-Corpus auf die Mehrzahl deutscher und englischer Gedichte des 17. Jahrhunderts geschlossen werden, dann sind Gedichte mit unterbestimmtem lyrischen Text-Subjekt nicht typisch für dieses Jahrhundert: unter den Gedichten des 17. Jahrhunderts, die ein lyrisches Text-Subjekt aufweisen, scheinen diejenigen mit überbestimmtem lyrischen Text-Subjekt zu überwiegen. In den (wenigen) Gedicht-Texten aber, in denen das *unpersönliche Paradigma überwiegt*, in Texten also mit *unterbestimmtem lyrischen Text-Subjekt*, nimmt das persönliche Paradigma ein im Verhältnis zum unpersönlichen Paradigma so verschwindend geringen Raum ein, daß es zu keiner semantisch wirkungsvollen Interaktion zwischen den beiden Paradigmen kommt. Mit anderen Worten: Gedicht-Texte des 17. Jahrhunderts mit unterbestimmtem lyrischen Text-Subjekt ähneln strukturell nicht selten einem reinen Text als Subjekt.[1] Eine Analyse von Texten mit unterbestimmtem lyrischen Text-Subjekt wäre für den Untersuchungszeitraum dieser Arbeit in dieser Hinsicht also unergiebig.[2]

5.1.2 Die Struktur des lyrischen Text-Subjekts (zwanzig) deutscher und englischer Gedichte des 17. Jahrhunderts II

Da die Unterteilung lyrischer Text-Subjekte in über-, unter- oder bestimmte lyrische Text-Subjekte eine Unterteilung in Typen darstellt, ist mit ihr zunächst nur der strukturelle Rahmen bezeichnet, innerhalb dessen sich ein individuelles lyrisches Text-Subjekt konkretisiert.[3] Die Bedeutung von Strukturen und ihre Klassifikation wird durch die Einsicht, daß *einer* Struktur *mehrere* Funktionen zukommen können, jedoch nicht geschmälert. Gilt 1. doch keineswegs der Umkehrschluß, daß jede Struktur beliebig funktionalisiert werden kann, legt 2. die (überdurchschnittliche) Häufigkeit eines Text-Subjekt-Typus durchaus eine potentielle Affinität zwischen diesem und seiner Funktion einerseits und einer Epoche andererseits nahe.

Aufgrund dieser Überlegungen sind in der folgenden Tabelle zwanzig der einundzwanzig in Kapitel 4 untersuchten Texte[4] hinsichtlich ihrer Oberflächenstruktur aufgeschlüsselt. Und zwar

- nach der jeweiligen Tendenz zu einem der von mir postulierten Ideal-Typen des lyrischen Text-Subjekts (= l. T.-S.): (unterbestimmt)[5] - überbestimmt - bestimmt;

---

[1] Beispielsweise steht in dem für diese Erscheinung nicht untypischen Epicedium Paul Flemings "Auf eines Kindes Ableben" von sechzehn Alexandrinern nur ein einziger Halbvers im persönlichen Paradigma (nämlich: "Beklagt es doch mit mir.") (Fleming 1965, 41).

[2] Der gleiche Tatbestand, Minimalisierung des Subjekt-im-Text-Anteils, kann freilich in anderem Kontext und/oder bei größerer Häufigkeit von ganz anderer, entscheidender Bedeutung sein, so z.B. in der Lyrik des 20. Jahrhunderts.

[3] Mit anderen Worten: die hinsichtlich der Funktion nicht-eindeutige Struktur des (idealtypischen), über-, unter- oder bestimmten lyrischen Text-Subjekts ist die Voraussetzung für die Individualität des einzelnen lyrischen Text-Subjekts.

[4] Als vollständig unterbestimmter Gedicht-Text wurde Flemings Sonett "Er redet sich selber an" in der Tabelle und Auswertung nicht berücksichtigt.

[5] Vgl. 5.1.1.

- nach Grundmerkmalen der jeweiligen Paradigmen-Konfiguration, d.h. der Konfiguration von persönlichem Paradigma (= p.P.) und unpersönlichem Paradigma (= u.P.). Vermerkt wird:
  1. das Paradigma des Eingangs- und des Schluß-Verses (= E.V. und Sch.V.),[6]
  2. das Vorkommen sich abwechselnder Paradigmen (= p.P. - u.P. etc.) (deren konkrete Abfolge wird in der Tabelle jedoch nicht berücksichtigt),
  3. das Vorkommen sich überschneidender Paradigmen (= p.P./u.P.).

Tabellarische Übersicht:

Text	*l. T.-S.*	*Paradigmen-Konfiguration*
Gryphius: "Trawrklage"	überbest.	1. E.V. und Sch.V.: p.P. 2. p.P. - u.P. etc. 3. p.P./u.P.
Gryphius: "Threnen"	überbest.	1. E.V. und Sch.V.: p.P. 2. p.P. - u.P. etc. 3. p.P./u.P.
Gryphius: "An sich Selbst."	überbest.	1. E.V.: p.P., Sch.V.: p.P. (1. Pers. Pl.) 2. p.P. - u.P. etc. 3. p.P./u.P.
Dach: "Anno 1647"	überbest.	1. E.V.: u.P., Sch.V.: p.P./u.P. 2. u.P. - p.P. etc. 3. p.P./u.P.
Milton: Sonett XXII	best.	1. E.V.: u.P., Sch.V.: p.P. 2. u.P. - p.P. etc. 3. p.P./u.P.
Fleming: "Grabschrift"	überbest.	1. E.V. und Sch.V.: p.P. 2. p.P. - u.P. etc. 3. p.P./u.P.
Donne: "The Triple Fool"	best.	1. E.V.: p.P., Sch.V.: u.P. 2. p.P. - u.P. etc. 3. p.P./u.P.

[6] Die Anfangs- und Schlußzeile eines Gedichts gilt es besonders zu beachten, bilden sie doch - auch im Falle wiederholter Lektüre - den Anfangs- und Endpunkt eines Schreib- bzw. Lese-Prozesses, innerhalb dessen ein lyrisches Text-Subjekt zu (re)konstruieren ist.

Günther: "ALS ER SEINE LIEBE NICHT SAGEN DURFTE"	überbest.	1. E.V.: p.P., Sch.V.: u.P. (indirekte Rede) 2. p.P. - u.P. etc. 3. p.P./u.P.
Carew: "In the person of a Lady"	überbest.	1. E.V.: p.P./u.P., Sch.V.: u.P., p.P. 2. p.P. - u.P. etc. 3. p.P./u.P.
Marvell: "The Mower's Song"	überbest.	1. E.V. und Sch.V.: p.P. 2. p.P. - u.P. etc. 3. p.P./u.P.
Donne: "His Picture"	überbest."	1. E.V.: p.P., Sch.V.: u.P. (Redevorgabe des Subjekt im Texts) 2. p.P. - u.P. etc. 3. p.P./u.P.
Günther: "ALS ER SICH [...] ERINNERTE"	best.	1. E.V.: p.P./u.P., Sch.V.: u.P. (indirekte Rede) 2. p.P. - u.P. etc. 3. p.P./u.P.
Fleming: "Auf eben selbiges"	überbest. (v.a. durch die 1. Pers. Pl.)	1. E.V.: p.P., Sch.V.: p.P. (1. Pers. Pl.) 2. p.P. - u.P. etc. 3. p.P./u.P.
Donne: "To Mr. T. W."	überbest.	1. E.V.: p.P., Sch.V.: p.P./u.P. 2. p.P. - u.P. etc. 3. p.P./u.P.
Hoffmannswaldau: "Eines Alchimisten"	vollständig überbest.	1. E.V. und Sch.V.: p.P. 2. - 3. -
Hoffmannswaldau: "Eines Mohren"	best.	1. E.V.: u.P., Sch.V.: p.P. 2. u.P. - p.P. etc. 3.. p.P./u.P.
Hoffmannswaldau: "Eines Sclaven"	best.	1. E.V. und Sch.V.: p.P. 2. p.P., u.P., p.P. 3. -
Gerhardt: "Morgen=Lied"	überbest.	1. E.V. und Sch.V.: p.P. 2. p.P. - u.P. etc. 3. p.P./u.P.

Günther: "DIE ZUVERSICHT [...] ZU GOTT"	überbest.	1. E.V. und Sch.V.: p.P. 2. p.P. - u.P. etc. 3. p.P./u.P.
Crashaw "A Song"	überbest.	1. E.V.: u.P., p.P., Sch.V.: p.P. 2. u.P. - p.P. etc. 3. p.P./u.P.

In fünfzehn von zwanzig untersuchten Gedichten konstituiert sich ein überbestimmtes, in fünf ein bestimmtes lyrisches Text-Subjekt. Während in zehn der dreizehn deutschen Gedicht-Texte (also in rund 80 %) das lyrische Text-Subjekt überbestimmt ist, halten sich in immerhin zwei von sieben untersuchten englischen Gedichten persönliches und unpersönliches Paradigma in etwa die Waage.

Bei fünfzehn der zwanzig Gedichte sind Eingangs- und Schluß-Vers jeweils nur einem Paradigma vorbehalten. Und zwar steht:

- bei zehn Texten sowohl der Eingangs- als auch der Schluß-Vers im persönlichen Paradigma,
- bei vier Texten der Eingangs-Vers im unpersönlichen, der Schlußvers im persönlichen Paradigma,
- bei einem Text der Eingangs-Vers im persönlichen, der Schluß-Vers im unpersönlichen Paradigma.

Mit Ausnahme eines Texts konstituiert sich das lyrische Text-Subjekt stets im mehr oder weniger klar strukturierten Wechsel von persönlichem und unpersönlichem Paradigma; in allen Texten, außer in zweien, kommt es auch zur Überschneidung der Paradigmen. Die in den deutschen Gedichten vorherrschende Paradigmen-Konstellation der Eingangs- und Schlußverse - in neun der dreizehn Texte stehen beide im persönlichen Paradigma - findet sich allerdings nur bei einem der sieben englischen Gedichte.

Sicher ist spätestens an dieser Stelle zu fragen, ob eine solche Auswertung der in Kapitel 4 analysierten Texte lohnt; ob - in anderen Worten - Ergebnisse, die aus der Untersuchung von lediglich zwanzig Gedicht-Texten gewonnen wurden, überhaupt gültig für die Mehrzahl der Texte des 17. Jahrhunderts interpretiert werden können. Schließlich führen Untersuchungen auf verhältnismäßig schmaler Text-Basis leicht zu Verzerrungen des Gesamtbilds. Doch wieviele Beispiel-Texte 'garantierten' 'objektive' Erkenntis? Auch wenn sich die folgenden Beobachtungen v.a. auf die Text-Analysen des vierten Kapitels stützen, so gibt es doch Grund zur Annahme,[7] daß sie für die deutsche und englische Lyrik des 17. Jahrhunderts insgesamt relevant sind. Wenn dem so ist, dann können die Grundstrukturen der in dieser Arbeit untersuchten Gedichte bzw. lyrischen Text-Subjekte als paradigmatisch für die *Grundstrukturen des lyrischen Text-Subjekts im deutschen und englischen Gedicht des 17. Jahrhunderts* angesehen werden und es gilt folgendes:

1. Das lyrische Text-Subjekt eines ideal-typischen[8] *deutschen* Gedichts des 17. (bzw. des frühen 18.) Jahrhunderts läßt sich als *überbestimmtes* (re) konstruieren.
2. Am Anfang und Ende des ideal-typischen *deutschen* Gedicht-Texts dieser Zeit steht jeweils (nur) das Subjekt im Text. Sowohl zu Beginn als auch am Schluß des Prozesses, in dessen Verlauf sich ein lyrisches Text-Subjekt konstituiert, findet sich also eine Welt, die von der 1. Pers. Sing. als unmittelbar eigene markiert ist und damit nicht als problematisch fremde verstanden wird. Die Welt der Objekte / die Welt als Objekt im unpersönlichen Paradigma liegt (nur) auf dem Weg, auf den das Subjekt (im Text) sich macht, um sich seiner (als 1. Pers. Sing.) und seiner Welt zu vergewissern.
3. So eindeutige Tendenzen wie im deutschen Gedicht des 17. Jahrhunderts lassen sich im *englischen* Gedicht dieses Jahrhunderts nicht feststellen. Das lyrische Text-Subjekt englischer Gedichte konstituiert sich in quantitativer und qualitativer Hinsicht stärker über den Text als Subjekt. Weder bildet das persönliche Paradigma den bevorzugten Ausgangs- und Schlußpunkt des lyrischen Diskurses, noch kommt dem überbestimmten lyrischen Text-Subjekt die gleiche Bedeutung zu wie in deutschen Texten. Das lyrische Text-Subjekt englischer Gedichte des 17. Jahrhunderts läßt sich also häufiger als in deutschen Gedichten als *bestimmtes* (re)konstruieren. Diese Beobachtung, wenn sie denn richtig ist, kann folgendermaßen interpretiert werden: eher als in den meisten zeitgleichen deutschen Texten setzt sich das (lyrische Text-)Subjekt in englischen Gedichten des 17. (bzw. späten 16.) Jahrhunderts[9] unmittelbar zur Welt (d.h. zum unpersönlichen Paradig-

---

[7] Vgl. 1.5.

[8] Dieser Begriff ist keinesfalls wertend zu verstehen. Als 'Ideal-Typus' bezeichne ich im folgenden einen Text, der die für eine Text-Gruppe oder -Reihe typischen Merkmale aufweist.

[9] bzw. des späten 16. Jahrhunderts

ma) in Beziehung. Die Welt, die Welt der Objekte, wird nicht überwiegend und im vornherein als 'eigene' vereinnahmt,[10] sondern mit einem gewissen, wenn man so will: naturwissenschaftlichen, Abstand registriert. - Läßt sich die immer wieder festgestellte, vergleichsweise stark ausgeprägte, 'Modernität', 'Individualität' und 'Welt-Haltigkeit' mancher englischer Gedicht-Texte des 17. Jahrhunderts[11] mit Strukturen ihrer lyrischen Text-Subjekte in Verbindung bringen? Ist es der heutige Leser - gar als Folge (literatur)geschichtlicher Veränderungen[12] - gewohnt, (lyrische Text-)Subjekte, die sich gleichermaßen über *ihre* Welt als auch *die* Welt, d.h. als *bestimmte*, konstituieren, als 'moderner', 'subjektiver' oder 'individueller' anzusehen, als solche, die sich vorwiegend über das Subjekt im Text konstituieren?[13]

Bereits in Abschnitt 3.3.4.1 wurde angedeutet, daß die Individualität eines (Gedicht-)Texts hinsichtlich seines lyrischen Text-Subjekts nicht primär in seiner Oberflächenstruktur, d.h. aufgrund seiner Tendenz zum unter-, über- oder bestimmten (lyrischen) Text-Subjekt, sondern in der konkreten Konstellation und Binnen-Konstellation[14] von persönlichem und unpersönlichem Paradigma zu suchen ist.

In der folgenden Untersuchung dreier Gedichte des 18. Jahrhunderts soll nochmals deutlich werden, daß stets sowohl die Oberflächenstruktur als auch die konkreten Konstellationen und Binnen-Konstellationen des persönlichen und unpersönlichen Paradigmas in bezug auf das Text-Ganze zu beachten sind. Gleiche Grundmuster des lyrischen Text-Subjekts können ebensowenig *unmittelbar* als Zeichen (literar)historischer Kontinuität gesehen werden, wie Abweichungen vom Grundmuster unmittelbar als Zeichen von Diskontinuität zu interpretieren sind.

Selbstverständlich kann in Abschnitt 5.2 nicht *das* lyrische Text-Subjekt in der ersten Hälfte des 18. Jahrhunderts zur Diskussion stehen. An den folgen-

---

[10] D.h. nicht durch Personalpronomen der 1. Pers. Sing. direkt und womöglich ausschließlich als eigenes Sein und Haben markiert.

[11] Vgl. 1.6.2.

[12] D.h. der Favorisierung des *bestimmten* lyrischen Text-Subjekts innerhalb einer Entwicklung, die zu einem mehr oder minder 'klassischen' Lyrik-Kanon führte.

[13] Abseits solcher Vermutungen stünde - wenn man es denn überhaupt als lyrisches Text-Subjekt bezeichnen wollte - das *unbestimmte*, d.h. *vollständig unterbestimmte*, lyrische Text-Subjekt. Solche lassen sich in Gedichten des 17. Jahrhunderts ebenso (re)konstruieren wie in Texten anderer Jahrhunderte, mutmaßlich v.a. der Moderne.

[14] Gemeint sind die semantischen und formalen Verhältnisse *innerhalb* der verschiedenen Anteile der jeweiligen Paradigmen (vgl. 3.3.4.1).

den Gedichten von Samuel Johnson, Johann Peter Uz und Friedrich Gottlieb Klopstock untersuche bzw. behaupte ich vielmehr (erneut):

- die komplexe Beziehung von Text-Subjekt-Typus und konkreter Paradigmen-Konstellation und ihre Bedeutung für den einzelnen Text;
- die Applizierbarkeit der in dieser Arbeit vorgestellten Theorie des lyrischen Text-Subjekts für Gedicht-Texte verschiedenster Epochen und Stile;
- (rückblickend) ideal-typische Merkmale und Besonderheiten des lyrischen Text-Subjekts im 17. Jahrhunderts.

5.2 Im Ausblick: Drei Gedichte des 18. Jahrhunderts

5.2.1 Die Schrecken des Winters und des Lebens. Samuel Johnsons "THE WINTER'S WALK"

1649, zu einer Zeit also, in der Marvell und Milton ihre in Kapitel 4 analysierten Gedichte schrieben, erschien als erste Veröffentlichung eines noch nicht Zwanzigjährigen eine Elegie ganz im Stil der späten Metaphysical-Poets,[15] das Gedicht "Upon the death of the Lord *Hastings*". Als der Dichter dieser reichlich exaltierten Totenklage, John Dryden, im Jahr 1700 starb, hinterließ er ein literarisches Werk, das seine metaphysischen Anfänge weit hinter sich gelassen hatte. Mehr noch: mit seinen Dramen, Vers-Satiren und Übersetzungen hatte Dryden nicht nur die Literatur der Restauration entscheidend geprägt, sondern auch dem Neoklassizismus Popes und anderer den Weg gewiesen. Kaum fünfzig Jahre nach Drydens Tod - zur Jahrhundertmitte - erwuchs auch den augusteischen (Stil-)Idealen Konkurrenz. Strebten Pope und seine Anhänger in ihrer Vers-Dichtung nach Klarheit und 'wit', belehrten sie im satirischen Ton, indem sie aktualisierend die römischen Klassiker aufgriffen und den Menschen als Maß aller Dinge verstanden, so überließen sich Lyriker wie z.B. William Collins, Thomas Gray und die Brüder Warton willig den *Pleasures of Imagination*[16] und dem Nachklang Miltonscher Verse. Neben klassizistische

---

[15] Z.B. John Clevelands (1613-1658).

[16] Dies der ist auch der Titel einer Blankversdichtung in drei Büchern von Mark Akenside, die 1744 erstmals erschien.

Eleganz und Didaxe, neben die geschliffenen Gelegenheitsverse eines Matthew Prior, traten "Uncouth Words in Disarray: | Trickt in Antique Ruff and Bonnet, | Ode and Elegy and Sonnet".[17] *Die Lyrik und ihr Publikum im England des 18. Jahrhunderts*[18] waren also im Wandel begriffen, als 1747 die folgenden Verse erschienen.

THE WINTER'S WALK

[I]
Behold my fair, **where-e'er we rove,**
What ***dreary prospects round us rise,***
The naked hills, the leafless grove,
The hoary ground, the frowning skies.
[II]
Nor only through the wasted plain,
Stern winter is thy force confest,
Still wider spreads thy horrid reign,
I feel thy pow'r usurp my breast.
[III]
Enliv'ning hope, and fond desire,
Resign the heart to spleen and care,
Scarce frighted love maintains his fire,
And rapture saddens to despair.
[IV]
In groundless hope, and causeless fear,
Unhappy man! behold thy doom,
Still changing with the changeful year,
The slave of sunshine and of gloom.
[V]
Tir'd with vain joys, and false alarms,
With mental and corporeal strife,
Snatch me, my Stella, to thy arms,
And screen me from the ills of life.

(Johnson 1964, 83 f.)

---

[17] So höhnte Samuel Johnson in seinen "Lines on Thomas Warton's Poems" (Johnson 1971, 132).

[18] An dieser Stelle sei auf Victor Langes so überschriebene - zwar ältere, aber materialreiche - *geschmacksgeschichtliche Untersuchung englische[r] Anthologien von 1670-1780* hingewiesen (Lange 1935).

Als Autor dieser Verse und fünf weiterer im *Gentleman's Magazine* abgedruckter und ebenfalls mit drei Sternchen ("***") unterzeichneter Gedichte gilt Samuel Johnson.[19] Doch selbst wenn "THE WINTER'S WALK" nicht aus der Feder Johnsons stammen sollte, wäre das Gedicht einer näheren Betrachtung wert. Als - besonderes - Produkt einer Übergangszeit ist es einerseits von der 'Schilderkunst' und dem letztlich unerschütterlichen Optimismus der Aufklärung[20] ebenso entfernt wie von der sozusagen klassizistischen Emotionalität der Oden William Collins'; als zeittypischer Text spiegelt es andererseits deutlich das herrschende Natur-Verständnis wider, das in der Betrachtung der Natur letztlich (nur) wieder auf den Menschen zielt. Als zeittypisches macht es ferner um einer größtmöglichen Allgemeinheit willen vielfältigen Gebrauch von (personifizierten) Abstrakta.

Bereits eine erste Lektüre des Texts läßt erkennen, daß dem lyrischen Text-Subjekt die winterliche Landschaft zum Anlaß und Vorwand allgemeinerer Betrachtungen dient, daß es nicht nur aufgrund der äußeren winterlichen Öde blinder Verzweiflung anheimfällt. Gewiß sind die winterliche Erde und der winterliche Himmel (Z. 3/4) ein traurige Umgebung. Doch beschränkt sich die schreckliche Herrschaft des harten Winters (Z. 7) nicht allein auf einen äußeren Raum und eine (Jahres-)Zeit. Der Winter übt seine Macht widerrechtlich - als mächtiger Tyrann[21] - auch über die Psyche des Menschen aus. Indem das lyrische Text-Subjekt ausspricht, was es sieht ("the wasted plain" etc.), spürt es, wie durchlässig die Grenzen der äußeren und der inneren Welt sind (Z. 8). Weist in Strophe I das Subjekt (im Text) ein anderes Subjekt ("my fair") auf die bedrohliche Natur der winterlichen Landschaft hin ("Behold my fair"),

---

19 James Boswell, Johnsons Freund und Biograph, der sich der Johnsonschen Urheberschaft dieser "short poetical pieces" (Boswell 1970, 128) nicht ganz sicher ist, schreibt: "'The Winter's Walk' has never been controverted to be his". Tatsächlich ist "THE WINTER'S WALK" in mehrfacher Hinsicht "Johnsonian" (Boswell 1970, 129). So sind z.B. die Ähnlichkeiten mit Johnsons berühmter Juvenal-Nachahmung *The Vanity of Human Wishes* (1749) unübersehbar. (Zur - mutmaßlichen - Autorschaft Johnsons vgl. die Johnson-Ausgaben von McAdam/Milne und Fleeman [Johnson 1964, 80 und Johnson 1971, 206]).

20 Man denke nicht nur an Popes *An Essay on Man* (1733/34), sondern im Zusammenhang von "THE WINTER'S WALK" v.a. an James Thomsons "Winter" (1726). In seinem Lehrgedicht schildert Thomson zwar durchaus auch die Schrecken des Winters (vgl. z.B. die später eingeschobene Episode des verirrten und erfrierenden Landmanns), läßt jedoch insgesamt keinen Zweifel am gerechten Walten Gottes bzw. der Natur aufkommen.

21 Personifiziert wird der 'Winter' weitgehend im Wortfeld der Politik ("reign", "usurp", eventuell auch "force" und "power").

verbindet sich also das (hier) vollständig überbestimmte lyrische Text-Subjekt in der Betrachtung der Umgebung mit einem Mitmenschen, der Geliebten (1. Pers. Pl.), so fühlt es sich in Anbetracht der evozierten Schrecken in Strophe II auf sich selbst verwiesen. Ausgeliefert und allein angesichts der Macht des Winters, die - so legt es der Text als Subjekt in Z. 5-7 nahe - unabhängig vom Subjekt (im Text), und damit um so bedrohlicher, waltet.

(Personifizierte) Gefühle verselbständigen sich (z.B. Z. 9/10); was der einzelne, das lyrische Text-Subjekt, erfährt (Z. 8), wird im durchgehend unpersönlichen Paradigma der Strophen III und IV als allgemeine Erfahrung gedeutet. Steht Strophe III, die in allgemeinen (freilich personifizierten) Begriffen die Folgen eines depressionsähnlichen Gemütszustandes schildert, noch lose mit den anfänglichen Winter-Bildern in Verbindung,[22] so tritt Strophe IV in ihrer Allgemeinheit beinahe aus dem Gedicht-Zusammenhang heraus.[23] Die Autorität des Texts als Subjekt vertritt eine für das Jahrhundert erstaunlich pessimistische Welt-Sicht.[24] Hatte in Strophe I das lyrische Text-Subjekt im persönlichen Paradigma - wie erwähnt: im kommunikativen Akt - auf die (gemein-same) Umwelt hingewiesen, so beschwört hier der Text als Subjekt den Menschen und sein grundsätzlich wechselhaftes und daher unsicheres Schicksal (Z. 14).

Der Gang des lyrischen Text-Subjekts hinaus in die Natur erwies sich bis hierher als Weg der fortschreitenden Verallgemeinerung, die begleitende 'Schöne' könnte - bis hierher - als simple Identifikationsfigur verstanden werden, der stellvertretend für den Leser/die Leserin die (beinahe schon barocke) Verachtung der Welt gelehrt werden soll. In Umkehrung gängiger physicotheologischer Argumentation wird nicht die Vollkommenheit, sondern die Unvollkommenheit der Welt behauptet. Das Gedicht endet jedoch nicht mit der düsteren Vision des Menschen als Sklaven von Natur und Schicksal und der daraus resultierenden psychischen und physischen Erschöpfung des lyrischen Text-Subjekts.

---

[22] Z. 11/12 erläuternd, schreibt J. D. Fleeman: "Love, frightened by the appearance of Winter can hardly keep his fire burning (i.e. maintain his ardour)" (Johnson 1971, 204).

[23] Als Indiz für die relative Unabhängigkeit dieser Strophe kann auch gelten, daß Joseph Haydn diese - und nur diese - vier Zeilen des Texts vertont hat (vgl. Johnson 1964, 84).

[24] Derselbe tiefe Pessimismus prägt auch Johnsons Roman *The Prince of Abissinia* [*Rasselas*], der nicht zu Unrecht mit Voltaires ebenfalls 1759 erschienener Erzählung *Candide* verglichen wurde.

Die beiden letzten Zeilen geben dem Text eine grundsätzliche Wendung. Es ist in mehrfacher Hinsicht eine Wendung zurück und ins Konkrete: hin zum Subjekt (im Text) und seinen Gefühlen, hin zur anfangs angesprochenen und jetzt beim Namen genannten 'Schönen', weg schließlich von den Abstraktionen der mittleren drei Strophen und zurück zur körperlichen Sensation: der visuelle Wahrnehmungs-Vorgang (Strophe I) führt zur intellektuellen Wahrnehmung ("behold thy doom") und schließlich zum Wunsch nach taktiler Sensation ("Snatch me [...] to thy arms"). Das Verlangen nach Stellas Umarmung ist freilich mehr als nur ein Wunsch nach schützender Wärme. In der wohl mit geschlossenen Augen vollzogenen Umarmung kann das (lyrische Text-)Subjekt dem *Anblick* der "ills of life" entgehen.[25]

Dem klar gegliederten Gedankengang von "THE WINTER'S WALK" entspricht ein ebenso klar gegliedertes Schema, innerhalb dessen sich das lyrische Text-Subjekt (re)konstruieren läßt: die drei mittleren Strophen - allgemeinen Betrachtungen gewidmet - stehen, von einer signifikanten Ausnahme (Z. 8) abgesehen, im unpersönlichen Paradigma, Einleitungs- und Schlußstrophe - gleichsam rahmend - im persönlichen Paradigma. Das lyrische Text-Subjekt konstituiert sich fast symmetrisch[26] und gleichermaßen über das persönliche wie das unpersönliche Paradigma, mithin (beinahe) als bestimmtes. Bemerkenswert ist, wie sehr die syntaktische Wohlgeordnetheit der Sätze und die auffallende 'Ordnung' der Paradigmen der Darstellung von Gedanken und Gefühlen des lyrischen Text-Subjekts dienen. In dieser strengen Ordnung der Paradigmen, genauer: in der strikten Opposition von persönlichem und unpersönlichem Paradigma,[27] verkörpert sich die (tragische) Welt-Sicht des (lyrischen Text-)Subjekts, das sich als neben der - überdies feindseligen - Welt stehendes erlebt. Versichert sich das lyrische Text-Subjekt englischer Lyrik des 17. Jahrhunderts im gleichgewichteten Blick auf Innen- und Außenwelt (im persönlichen und unpersönlichen Paradigma) nicht selten seiner selbst, so wird dem lyrischen Text-Subjekt in Johnsons "THE WINTER'S WALK" die

---

25 Einen Hinweis darauf, daß in der Umarmung tatsächlich dem Augensinn bzw. dem, was er vermittelt, Einhalt geboten werden soll, gibt die "first edition" des Texts. Nach Boswell lautete die letzte Zeile des Gedichts: "'And *hide* me from the *sight* of life.'" (Hervorhebung Boswells, Boswell 1970, 130).

26 D.h.: entlang einer imaginären Spiegelachse Z. 10/11.

27 Zwischen dem Text als Subjekt und dem Subjekt im Text kommt es zu keiner Überschneidung!

Außenwelt zur Bedrohung. Dem Ideal-Typus des bestimmten lyrischen Text-Subjekts kommt so eine Funktion zu, die der aus Kapitel 4 bekannten geradezu entgegengesetzt ist.[28]

5.2.2 Ein Herz träumt (sich) fort. Johann Peter Uz' "Die Nacht"

Das dichterische Werk von Johann Peter Uz, das einerseits "Formelemente des 17. Jahrhunderts" verarbeitet (Alt 1992, 263), andererseits durchaus auf der Höhe seiner Zeit steht,[29] wird von der Literaturwissenschaft erst allmählich seiner Bedeutung entsprechend gewürdigt.[30] Wie in Uz' bekanntem Gedicht "Der Schäfer",[31] werden auch in dem 1755 erstmals gedruckten Text "Die Nacht" zeittypische Versatz-Stücke und Motive eigenwillig weiterverarbeitet. Anders als in den modischen Anakreontika der Zeit, ist auch hier nicht (nur) "[v]on Mägdchen und von Weine, | [v]on Weine und von Mägdchen" die Rede (Abraham Gotthelf Kästner zitiert nach: Anger 1969, 10).

---

[28] Eine ähnliche Korrelation von mental-emotionaler Verunsicherung und bestimmtem lyrischen Text-Subjekt kennzeichnet z.B. auch Thomas Grays "Sonnet. [On the Death of Richard West.]" (1742). Mit dem Tod des Freundes scheinen Welt und Subjekt, unpersönliches und persönliches Paradigma weitgehend auseinandergebrochen: "My lonely Anguish melts no Heart, but mine" (Gray 1966, 92). - Ebenfalls an Emotionen interessiert, jedoch auf höchst allgemeine - bzw. abstrakte - Weise, zeigt sich die um die Mitte des 18. Jahrhunderts avancierteste lyrische Gattung Englands, die Ode. In vielen Texten dieser Gattung erscheint das Subjekt im Text, gemäß auch den theoretischen Gattungsbestimmungen, sozusagen überwältigt vom thematischen Vorwurf; das Evozierte erscheint im unpersönlichen Paradigma (häufig als personifiziertes Abstraktum) - man denke an die Oden William Collins' (1746) und deren stets unterbestimmtes lyrisches Text-Subjekt.

[29] Mit seinen anakreontischen Gedichten und dem komischen Epos *Der Sieg des Liebesgottes* lieferte Uz einen entscheidenden Beitrag zum deutschen Rokoko, seine religiös-philosophischen Oden lassen darüberhinaus künftige Entwicklungen dieser Gattung (z.B. im Werk Klopstocks) ahnen. U.a. noch Goethe, Heinse, Herder und Wackenroder zeigten Interesse an Uz' Person und/oder Werken. - Mozart hat Uz' Gedicht "An die Freude" vertont (KV 53), Schubert u.a. "Die Nacht" (D. 358).

[30] Vgl. z.B. die Artikel von Theodor Verweyen / Gunther Witting in Walther Killys *Literaturlexikon* (Verweyen/Witting 1991) und Felix Leibrock in *Kindlers Neue[m] Literaturlexikon* (Leibrock 1991).

[31] Uz' Gedicht "Der Schäfer" wurde unlängst von Christoph Perels ausführlich und überzeugend interpretiert (Perels 1988).

Die Nacht.

[I]

Du verstörst uns nicht, o Nacht!
Sieh! wir trinken im Gebüsche;
Und ein kühler Wind erwacht,
Daß er unsern Wein erfrische.

[II]

Mutter holder Dunkelheit,
Nacht! Vertraute süsser Sorgen,
Die betrogner Wachsamkeit
Viele Küsse schon verborgen!

[III]

Dir allein sey mitbewußt,
Welch Vergnügen mich berausche,
Wann ich an geliebter Brust
Unter Thau und Bluhmen lausche!

[IV]

Murmelt ihr, wann alles ruht,
Murmelt, sanftbewegte Bäume,
Bey dem Sprudeln heischrer Fluth,
Mich in wundervolle Träume!

(Uz 1890, 107)

Apostrophiert und damit personifiziert[32] erscheint gleich zu Text-Beginn die 'Titel-Gestalt' des Gedichts, die Nacht. Sie wird weniger beschworen und angerufen als vielmehr - im antwortenden Tonfall der Anfangszeile - vorausgesetzt. Ihre Doppelnatur wird im beruhigenden, sich selbst beruhigenden, Gestus der Anfangszeile, gesprochen vom Subjekt im Text in der 1. Pers. Pl., deutlich, die "Mutter holder Dunkelheit" (Z. 5) kann potentiell auch 'verstören'. Doch die Gefahren der Nacht, die Nacht als Gefahr sind im folgenden kein Thema mehr. Stattdessen entfaltet sich gleichsam unter den Augen der Nacht ("Sieh!") in den folgenden Zeilen ein friedliches Szenario zunächst trinkender, später auch küssender (lyrischer Text-)Subjekte. Das appellierende "Sieh!", die Aufforderung sich das Geschilderte zu vergegenwärtigen, gilt

[32] Nicht weiter nachgegangen werden kann hier dem Problem der Personifikation. Über verwandte Verfahren, genauer: die "Funktion der Allegorie" bzw. den "Gebrauch der Mythologie" bei Uz unterrichten Peter-André Alt (Alt 1992, v.a. 259-282) bzw. Heino Kuhlmann (Kuhlmann 1971/72).

dabei nicht (nur) der so wiederum als Person(ifikation) angesprochenen Nacht, sondern dem Leser/Zuhörer. Dieser übernimmt die Funktion der Nacht, 'hört' und 'sieht' (statt ihrer) dem lyrischen Text-Subjekt zu, wird sein Zeuge.

Gemeinschaft bestimmt die erste Strophe. Es handelt eine Mehrzahl (lyrischer Text-)Subjekte ("wir trinken"). Und auch das, was in dieser Gemeinschaft geschieht - im unpersönlichen Paradigma ("ein kühler Wind erwacht") -, ist auf diese menschliche Gemeinschaft bezogen: der kühle Wind weht - weht, um den Wein der nächtlich Trinkenden zu erfrischen (Z. 4). Welt und (lyrische Text-)Subjekte befinden sich im Einklang, teilweise überschneiden sich persönliches und unpersönliches Paradigma (Z. 3).

Die Überschneidung der Paradigmen wird zum durchgängigen Prinzip der zweiten Strophe. Auch wenn damit ein Merkmal der ersten Strophe aufgegriffen wird, markiert Strophe II doch in gewissem Sinn einen nochmaligen Textbeginn. Angerufen wird (nochmals und entschiedener) die Nacht mit all Ihren positiven Eigenschaften. Und da in Strophe III schließlich ein persönliches Anliegen - des Subjekts im Text in der 1. Pers. Sing. - vorgebracht wird, ergibt sich in den Strophen II und III das odentypische (Eröffnungs-)Schema von Invocatio und anschließender Bitte.[33] Indem das lyrische Text-Subjekt nennt, was es mit Diskretion behandelt wissen will (Z. 9-12), bittet es nicht nur, sondern teilt auch mit: der Nacht und - wiederum - dem Leser.

Die abschließende vierte Strophe erscheint als ein verkürztes Echo der beiden vorangegangenen Strophen II und III. Zwar findet sich in Strophe IV keine eigentliche Anrufung, aber doch Anrede bzw. Bitte. Natur - im unpersönlichen Paradigma - soll dem Subjekt im Text zu *seinen* "wundervolle[n] Träume[n]" verhelfen. Natur ist (wie schon in Strophe I) Mittel zum menschlichen Zweck. - Wie in den Strophen II und III folgt den Zeilen, in denen sich persönliches und unpersönliches Paradigma überschneiden, ein allein dem persönlichen Paradigma vorbehaltener Text, d.h. den Zeilen 13-15 folgt die Schlußzeile im persönlichen Paradigma. Jetzt, mit dem ersten Wort dieser letzten

---

[33] Vgl. die erste Strophe des Hagedornschen Gedichts "An den Schlaf". Auch hier überschneiden sich zunächst persönliches und unpersönliches Paradigma bei der Anrufung, um dann in die vom Subjekt im Text vorgetragene Bitte zu münden: "*Gott der Träume! Freund der Nacht! | Stifter sanfter Freuden! | Der den Schäfer glücklich macht, | Wann ihn Fürsten neiden! | Holder Morpheus! säume nicht, | Wann die Ruhe mir gebricht, | Aug und Herz zu weiden.*" (Hagedorn 1968, 51)

Zeile wird das erste Wort des Strophenanfangs ("[m]urmelt") als transitives Verb erkennbar: "Murmelt [...] Mich [...]". Jetzt erst, mit dem Reflexivpronomen der 1. Pers. Sing. bzw. dem sich anschließenden Satzobjekt werden persönliches und unpersönliches Paradigma als sich überschneidende erkennbar (Z. 13-15).

Über die Struktur des lyrischen Text-Subjekts lassen sich die Strophen II, III und IV des Gedichts "Die Nacht" zu einem (vergleichsweise) eigenständigen Gedicht-Text zusammenschließen. Die Geschlossenheit der Strophen II-IV zeigt sich auch darin, daß in diesen Strophen - in denen von Liebe und Träumen die Rede ist - das Subjekt im Text ausschließlich in der 1. Pers. Sing. verfaßt ist. (Im Gegensatz dazu steht das lyrische Text-Subjekt der ersten Strophe - die vom gemeinsamen Trinken berichtet - ausschließlich in der 1. Pers. Pl.![34]) Es ergibt sich für die Strophen II-IV folgendes Schema:

- Strophe II: - Invocatio der Nacht,
  - persönliches und unpersönliches Paradigma überschneiden sich
- Strophe III: - Bitte an die Nacht im
  - persönlichen Paradigma;
- Strophe IV: - (Invocatio =) Bitte an die Bäume
  - zuerst in der Überschneidung der Paradigmen, dann im
  - persönlichen Paradigma.

Dieser (Soll-)Brüchigkeit der Text-Struktur, d.h. der deutlichen Zweiteilung des Gedichts (Strophe I versus Strophen II-IV), läßt sich ein argumentativer Bruch im Text gegenüberstellen. Er ergibt sich aus Uz' motivischer Arbeit. Die Motive seiner "Nacht" - die Vorzüge des nächtlichen Dunkels (Motiv I) und des Schlafs (Motiv II) - sind, wie erwähnt, zeittypische und finden sich z.B. auch in Hagedorns *Oden und Lieder[n]* von 1742.[35] In Hagedorns "Die Nacht" heißt es u.a.: "Ja, ja! die Nacht ist vorzugswert, | Sie dient und ist verschwiegen | Und liefert dem Vergnügen | Den süßen Mund, den man verehrt" (Hagedorn 1968, 50). Und Hagedorns Gedicht "An den Schlaf" schließt mit der Bitte "Komm nunmehr! O komme bald! | Eil und laß mich die Gestalt |

[34] Den drei Personalpronomen der 1. Pers. Pl. in Strophe I stehen ebenfalls drei Perspnalpronomen der 1. Pers. Sing. in den Strophen II-IV gegenüber.

[35] Weitere Texte zu den im Rokoko besonders beliebten Themen 'Nacht' und 'Traum' enthält und nennt Alfred Angers motivisch geordneten Anthologie deutscher Rokokodichtung (Anger 1969, 23 ff. bzw. 146 und 108 ff. bzw. 155).

Meiner Phyllis sehen!" (Hagedorn 1968, 52). Uz fügt nun diese beiden Motive, die Hagedorn gesondert verarbeitet, zusammen, führt sie in einem Text sozusagen eng und stellt sie damit in Konkurrenz zueinander. So ergibt sich folgende Situation: *obwohl* im Schutz der Nacht und am amönen Ort ein relativ hohes Maß an (sinnlicher) Freiheit möglich ist (Motiv I), wünscht sich das lyrische Text-Subjekt doch "wundervolle Träume" (Z. 16) (Motiv II). Der Wunsch nach einem (Wunsch-)Traum aber läßt auf die Unvollkommenheit der nächtlichen Idylle - verstanden als Situation und Kunstform (Gattung)[36] - schließen: weder genügt dem (lyrischen Text-)Subjekt die trinkende Gemeinschaft (Strophe I), noch gibt ihm das "Vergnügen [...] an geliebter Brust" (Z. 10/11) letzte Erfüllung. Nicht einmal in der nächtlichen Idylle also[37] ist der Wunsch nach vollkommener erotischer und/oder freundschaftlicher Gemeinschaft erfüllbar. Selbst in ihr noch muß er im Schlaf erträumt werden.

Wenn ich das Gedicht "Die Nacht" ungeachtet seiner stilistischen Homogenität als einen in mehrfacher Hinsicht brüchigen Text darstellen konnte, dann nicht zuletzt aufgrund der Besonderheiten seines lyrischen Text-Subjekts. Es konstituiert sich im Gedicht als ein *bestimmtes* lyrisches Text-Subjekt, das sich mit den Gegebenheiten der Natur ("Nacht", "Bäume", "Fluth") - dem unpersönlichen Paradigma - in Übereinstimmung zu bringen vermag, weil es sich aus der Gesellschaft (der 1. Pers. Pl.) in Nacht und Traum und in sich selbst (die 1. Pers. Sing.) zurückzieht.

5.2.3 Die Ordnung der Gefühle oder Friedrich Gottlieb Klopstocks "Das schlafende Mägdchen"

Das folgende Gedicht Klopstocks - entstanden 1753, gedruckt 1762[38] - ist heute unter dem Titel "Das Rosenband" bekannt. Bereits ein erster Blick auf den typographisch ausgezeichneten Text macht eine auffallende Relation der Strophen augenfällig:

---

36 Daß noch der in Uz' Gedichten manifeste *Traum* vom Glück Anstoß erregte, belegt die von Bodmer und seinem damaligen Strohmann C. M. Wieland initiierte Kampagne gegen Uz als Menschen und Dichter (vgl. Uz 1890, XX-LXII, d.h. die diesbezüglichen Ausführungen August Sauers in der Einleitung seiner ausgezeichneten Werkausgabe).

37 Und damit auch: in der Welt literarischer Gattungen und Konventionen.

38 In Christian Ernst Rosenbaums *Lieder mit Melodien, für das Clavier* [...] *Zweeter Theil* (vgl. Killy 1977, 347).

Das schlafende Mägdchen.

[I]
Im Frühlings Schatten fand ich sie;
Da band ich sie mit Rosenbändern:
Sie fühlt es nicht und schlummerte.
[II]
Ich sah sie an; mein Blick hieng
Mit diesem Blick an ihrem Leben:
Ich fühlt es wohl und wußt es nicht.
[III]
Doch lispelt ich ihr sprachlos zu,
Und rauschte mit den Rosenbändern:
Da wachte sie vom Schlummer auf.
[IV]
Sie sah mich an; ihr Leben hieng
Mit diesem Blick an meinem Leben:
Und um uns wards Elysium.

(Klopstock 1762 in: Killy 1977, 305)

Der "kreuzförmige[n] Beziehung" der Strophen in inhaltlicher, grammatikalischer und rhythmischer Hinsicht (Hinderer 1984, 34) läßt sich eine Überkreuzstellung hinsichtlich der das Text-Subjekt konstituierenden Paradigmen zur Seite stellen:

- In Strophe III wird die Paradigmenabfolge von Strophe I aufgegriffen. In diesen beiden Strophen schildert das Subjekt (im Text) in den jeweils ersten zwei Zeilen vergangenes Handeln (Z. 1/2, Z. 7/8). Die jeweils dritte Zeile ist allein dem Text als Subjekt vorbehalten: dem Gegenüber (und seinem Tun).
- Strophe IV steht ebenso wie Strophe II ganz im persönlichen Paradigma. Sie variiert diese jedoch insofern bedeutungsvoll, als in Z. 12 statt der 1. Pers. Sing. die 1. Pers. Pl. steht.[39] In beiden Strophen ist v.a. von Gefühlen die Rede; äußere Handlung ist auf ein Minimum, die Bewegung der Augen: das Sehen, reduziert.

[39] Wenn Walter Hinderer bemerkt, daß sich "[a]uf dem Höhepunkt der Ode sich die Ich-Du-Erfahrung [verdichtet]" (Hinderer 1984, 34), dann ist dem zuzustimmen. Den Text beim Wort nehmend, könnte man auch (vielleicht treffender) von einer Ich-Du-Erfahrung sprechen, die in ein Wir-Erlebnis, eine zumindest sprachliche Vereinigung (Z. 12) mündet.

Die beschriebene Überkreuzstellung der Strophen hinsichtlich ihrer persönlichen und unpersönlichen Paradigmen kann auch als Verdoppelung oder Wiederholung des Paradigmenschemas der Strophen I und II verstanden werden (Strophe I, II - I', II'). Dieser geradzahligen Anordnung der Strophen wirkt die ungewöhnliche, dreizeilige Strophen*form* entgegen. Dem spannungsvollen Verhältnis von Strophenabfolge und Strophenbau (2 x 2 Strophen à 3 Zeilen) entspricht sinnig die Personenkonstellation im Gedicht: zwei Menschen finden zusammen und bilden zusammen ein Drittes, ein Paar.

Die strenge Konstruktion, in der das lyrische Text-Subjekt sich in diesem Text entwickelt, die fast mathematische Präzision, mit der sich dessen Elemente entsprechen, die vielen auffälligen Echos einzelner Worte und ganzer Wortgruppen[40] - all das scheint zunächst wenig zum Bild des hingerissenen und hinreißenden 'Sängers' Klopstock zu passen. Irren Klopstocks Interpreten[41] also, wenn sie das "Schlafende Mägdchen" zu den "ersten Seelenlieder[n] des neuen Erlebnistypus" (Müller 1959, 191) zählen?[42] Wie passen das gleichsam unendliche (Liebes-)Gefühl des lyrischen Text-Subjekts bzw. seine Wirkung und der durchdachte Strophen-Raum, in dem es sich (re)konstruieren läßt, zusammen? Letzterer, so behaupte ich, ist nicht nur kein Gegensatz zu jenem, sondern eine seiner Bedingungen. Gerade der präzise Aufbau der Klopstockschen Strophen und ihres lyrischen Text-Subjekts trägt wesentlich zu ihrer oft beschriebenen Wirkung und Einschätzung (s.o.) bei. Indem Klopstock nämlich seinen Text und dessen lyrisches Text-Subjekt auf erprobte und vertraute Formen und Formeln aufbaut, vermag er diese sozusagen neu zu instrumentieren. Was heißt das?

Als Text mit überbestimmtem Text-Subjekt steht Klopstocks Gedicht zunächst in einer (historischen) Reihe mit anderen, ebenfalls vom Subjekt im

---

40 Vgl. z.B. Z. 3/6. Das Verfahren, nach dem die Z. 4/5, Z. 10/11 konstruiert sind, möchte man beinahe als Vor-Form der Permutation bezeichnen.

41 Genannt seien hier nur Wolfgang Kayser (Kayser 1968, 40 ff.), Jörg Hienger (Hienger 1969), Walter Hinderer (Hinderer 1984) und Gerhard Kaiser (Kaiser 1988, 57 ff.).

42 Wenn Wolfgang Kayser "Echtheit des Ausdrucks, [...] Vollgültigkeit" der "Entzückung und Entrückung" "spürt" (Kayser 1968, 43), dann reflektiert er damit letztlich Günther Müllers, bereits aus dem Jahr 1925 stammendes, ebenfalls auf Klopstocks Verse gemünztes Wort von der "unmittelbare[n] Aussprache des Ich" (Müller 1959, 191). Noch Walter Hinderer attestiert dem Klopstockschen Gedicht die Vorwegnahme einer "schulemachende[n] neue[n] Erlebnisqualität [...], wie man sie dann erst wieder beim jungen Goethe und Schiller findet" (Hinderer 1984, 34). - Lediglich Gerhard Kaiser hebt Klopstocks Gedicht "noch von dem Erlebnisgedicht des Sturm und Drang ab" (Kaiser 1988, 59).

Text dominierten, Gedicht-Texten. Dieser Typus des Text-Subjekts erwies sich als der dominante in der Lyrik des 17. Jahrhunderts. Darüberhinaus läßt sich "Das schlafende Mägdchen" aufgrund seiner auffallend deutlich gegliederten Paradigmenabfolge in eine besondere (Formen-)Tradition stellen: in die Tradition der Sonett-Form nämlich, die in Deutschland bereits im 17. Jahrhundert auch zur Erörterung 'privater' Inhalte geeignet schien (vgl. 4.1.1). (Womöglich ist sogar die ungewöhnliche Strophenform des "Schlafende[n] Mägdchen[s]" als Nachhall oder Variation der Terzette des Sonetts zu verstehen.) Soweit erinnert Klopstocks Text den Leser an eine bekannte und vertraute Form.

Während jedoch in den Gedicht-Texten des 17. Jahrhunderts, v.a. im Sonett, im persönlichen oder unpersönlichen Paradigma *Argumente* bzw. physische und psychische Befindlichkeiten als Argumente genannt werden - das lyrische Text-Subjekt sich und die Welt also abwägend in Beziehung setzt -, werden in Klopstocks Gedicht im persönlichen und unpersönlichen Paradigma überwiegend *Gefühle* beschrieben. Das lyrische Text-Subjekt kommt *empfindend* zu sich selbst. Als wiederum, nun freilich in seinen Gefühlen, überbestimmtes. Welt, wie sie der Text als Subjekt (re)konstruiert, ist in Klopstocks Text reduziert auf die Geliebte. Der abschließende Plural der 1. Person (Z. 12) dient folgerichtig nicht, wie z.B. in Gryphius' "An sich Selbst" (4.1.1.1), der Verallgemeinerung. Vielmehr kommen die beiden Liebenden, sozusagen im inklusiven Dual,[43] der Welt abhanden, finden und sind ihre eigene Welt, mehr

---

[43] So muß es in Klopstocks Text zu keiner Überschneidung der Paradigmen kommen. - Die Verbindung von dualer 1. Pers. Pl. *und* sich überschneidenden Paradigmen kennzeichnet Goethes 1771 entstandes, später unter dem Titel "Mit einem gemalten Band" bekannt gewordenes, Sesenheimer Lied "KLEINE BLUMEN, Kleine Blätter", das deutlich auf Klopstocks älteren Text Bezug nimmt:

KLEINE BLUMEN, Kleine Blätter
Streuen mir mit leichter Hand
Gute junge FrühlingsGötter
Tandlent auf ein luftig Band

Zephier nimms auf deine Flügel
Schling s um meiner Liebsten Kleid
Und dann tritt sie für den Spiegel
mit zufriedener Munterkeit

Sieht mit Rosen sich umgeben
Sie wie eine Rosse jung

noch: ihr Elysium. In der liebenden Bindung eines Einzelnen an einen Einzelnen scheint religiöse Erlösung auf.

5.2.4 Nachbemerkung

Das "individuelle Ich, das in der Epoche des jungen Goethe die Bühne der Literatur betritt" (Kaiser 1988, 103), suchte sich bekanntlich auch in der Lyrik neue Formen (z.B. freie Rhythmen) und Themen: das schreibende Subjekt konnte (und mußte) sich ab der Mitte des 18. Jahrhunderts in einer von philosophischen, politischen und sozialen Veränderungen geprägten Situation neu (er)finden.[44] *Der Ort des lyrischen Text-Subjekts in den Jahren zwischen 1750 und 1770 ist folgerichtig und häufig die reflektierte oder imaginierte Situation.*[45] (Hingegen [be]fand sich das lyrische Text-Subjekt in der Lyrik des 17. Jahrhunderts - v.a. in Deutschland - oft in der *situierten und/oder imaginierten Reflexion* von *bestehenden Normen in bestehenden Formen.*) Hatte das (lyrische Text-)Subjekt des 17. Jahrhunderts oft umstandslos sich selbst im Blick - freilich zumeist nicht als Subjekt, sondern als Objekt einer (göttlichen) Ordnung -, war überbestimmt, so galt seit der Mitte des 18. Jahrhunderts das Interesse des (lyrischen Text-)Subjekts in größerem Maß auch seinen Umständen, seiner Situation: der - neu zu erkundenden - Um-Welt. Im Gedicht gewinnt der Text als Subjekt an Bedeutung, das lyrische Text-Subjekt - als

---

- einen Kuß geliebtes Leben
Und ich bin belohnt genu[n]g,

Schicksal Segne diese trieben
Laß mich ihr und laß Sie mein
Laß das Leben unsrer Liebe
Doch kein Rossen Leben sein

Mädgen das wie ich Empfindet
Reig mir deine Liebe Hand
Und das Band das uns verbindet
sei kein schwages Rossen Band.
(Goethe 1985, 159 f.)

[44] Vgl. das gewandelte Selbstverständnis des Dichters wie es z.B. in Goethes "Prometheus" zum Ausdruck kommt.

[45] Man denke z.B. an Klopstocks Oden "Der Zürchersee" (1750), "Die Frühlingsfeier" (1759) und die Sturm-und- Drang-Lyrik Goethes.

bestimmtes - bedenkt und betrachtet sich (nun) als Teil einer (eben im Text als Subjekt) genannten und nennenswerten Welt.

5.3 Zum Abschluß: Das Subjekt im und als Gedicht

"LOQUERE, UT TE VIDEAM"

Beobachtendes 'Subjekt' und beobachtetes 'Objekt', sie sind nicht zu trennen, sie 'entstehen' gemeinsam. Sprechen - Fortsetzung des Handelns mit neuen Mitteln - schafft Distanz, unterscheidet. In und mit Sprache zu handeln und zu beschreiben, so argumentieren Systembiologie und handlungsbezogene Kognitionswissenschaft weiter, bedeutet: sich und den (durch sprachliche Unterscheidungen entstandenen) 'Objekten' gegenüber zum Beobachter zu werden. Mehr noch: unser Bewußtsein, sich selbst beobachtend, also sich spaltend, wird (sich) selbst-bewußt. Indem wir uns selbst beobachten und als selbstbeschreibende beschreiben, werden wir zum Schöpfer unseres Ich-Bewußtseins. In diesem *selbstbezüglichen* Beschreibungs- und Schöpfungsakt, so Humberto R. Maturana und Francisco J. Varela, spielt Sprache eine wichtige, wenn nicht sogar die entscheidende Rolle. Ich-Bewußtsein entsteht in einem Prozeß rekursiver sprachlicher Beschreibungen. (Zur Kommunikation taugt Sprache freilich wenig, wenn die Sprechenden nicht eine gemeinsame, d.h. gemeinsam durch Sprache erzeugte, Welt teilen.)

Gerade die Thesen der Systembiologie und handlungsbezogenen Kognitionswissenschaft, die sich zu einer komplexen Theorie des Subjekts und der (sprachlichen) Welterzeugung verbinden, versprachen eine teils festgefahrene, teils abgebrochene Debatte in andere Bahnen zu lenken bzw. neu zu beleben: die Frage nach dem sogenannten lyrischen Ich oder, um genauer zu sein, dem Subjekt im und als Gedicht. Eine Debatte, deren Bedeutung nicht zuletzt darin besteht, daß sie die Frage nach dem Konnex von Literatur und Leben (neu) provoziert und simplifizierenden Antworten entgegenwirkt.

Wer mit Systembiologie und Kognitionswissenschaftler das Subjekt als Subjekt (re)konstruiert, d.h. den Bedingungen seiner Konstitution, seinen Konstituenten und seiner Struktur nachfrägt, der kann *Subjekte* und *Text-*

Subjekte strukturhomolog (re)konstruieren, d.h. als (sich) differenzierende, selbstbezügliche Strukturen.

Als besonders geeignet, *das Struktur-Phänomen Subjekt* bzw. (Selbst-) Bewußtsein *als Rekursionsphänomen* zu verkörpern, erwies sich das Subjekt im und als Gedicht, d.h. das *lyrische Text-Subjekt*. Schließlich kann eine Vielzahl von *lyrischen Verfahren*, v.a. Reim und Metrum, als *Rekursionsfiguren* beschrieben werden - und die Gattung Lyrik insofern tatsächlich als die subjektive Gattung schlechthin. Die oft verpönte Möglichkeit der identifikatorischen Lektüre scheint im Gedicht-Text und seinem scheinbar subjekthomologen Prozeßcharakter ebenso strukturell angelegt zu sein wie dessen Eigenart, Text-Subjekt, Leser-Subjekt (und Autor-Subjekt?) zur momentanen 'Einstimmigkeit' bringen zu können.

Doch indem das lyrische Text-Subjekt Strukturmerkmale des Subjekts sozusagen simuliert, vermag es sie auch zu 'überschreiben'. Anders formuliert: (besonders) im kunstvoll-künstlichen Gedicht-Text können Alternativen des (Autor-)Subjekts erschrieben werden. Die Versuche des Subjekts, (sich) im Gedicht-Text wiederholend wiederzuholen, können unter den Gesetzen von Schriftlichkeit und Gattung im Ergebnis zu (lyrischen Text-)Subjekten sui generis geraten.

Das *lyrische Text-Subjekt* wurde in dieser Arbeit verstanden und untersucht als *Produkt* (nicht als Summe) *zweier selbstbezüglicher Strukturen.* Diese sind:

1. Das *Subjekt im Gedicht-Text*, ein fakultatives Kunstmittel. - Diejenigen Sätze (Satzteile) im Gedicht, die Pronomen der 1. Pers. Sing. (und u.U. der 1. Pers. Pl.) enthalten, und - schließt man sie zu einem *persönlichen Paradigma* zusammen - in summa das Subjekt im Gedicht-Text ergeben, sagen: 'Die Welt kommt *mir* ... vor.
2. Sätze (Satzteile), die keine Pronomen der 1. Pers. Sing. enthalten. - Diese Sätze lassen sich zu einem *unpersönlichen Paradigma* zusammenschließen, in summa zum *Gedicht-Text als Subjekt*, und sagen: 'Die Welt kommt ... vor.'

Synthetisieren ließen sich, je nach dem quantitativen Verhältnis von unpersönlichem und persönlichem Paradigma, drei Typen: das

- überbestimmte,
- unterbestimmte und

- bestimmte lyrische Text-Subjekt.

Da unter den genannten Voraussetzungen diese drei Typen des lyrischen Text-Subjekts, bei aller Unterschiedlichkeit, gemeinsamen sprachlichen Bedingungen unterliegen, können innerhalb eines sprachlichen Rahmens die lyrischen Text-Subjekte *verschiedener* Jahrhunderte aus dem Zusammenspiel gleicher - wenn auch verschieden ausdifferenzierter - Einzelphänomene (re) konstruiert werden.

Die hier vorgestellte Theorie legt also nahe, was die Einzelinterpretationen ebenfalls zu zeigen suchten: daß *auch bei Gedichten des 17. Jahrhunderts von einem lyrischen Text-Subjekt ausgegangen werden kann und muß*, von einem lyrischen Text-Subjekt, das - auch wenn es sich anders als beispielsweise im 18. Jahrhundert konstituiert - keineswegs defizitär ist. Seine mögliche strukturelle und semantische Vielfalt und Komplexität zeigte sich u.a. im Vergleich dreier Sonette von Andreas Gryphius zum Thema Krankheit. Wer davon ausgeht, daß das 'lyrische Ich' nicht eine Entdeckung z.B. des 18. Jahrunderts, sondern ein *variables Strukturphänomen* ist, kann (und darf) die Individualität, ja sogar 'Subjektivität' der Texte eines Gryphius, Fleming und Günther anerkennen, ohne die Unterschiede zwischen diesen und durchschnittlichen Texten dieser Zeit bzw. späterer Jahrhunderte verwischen zu müssen.

Allen drei genannten Typen des lyrischen Text-Subjekts kommt Bedeutung zu, weil/wenn das schreibende, hörende, lesende Subjekt sich (und Welt) in ihnen (wieder-er)findet. Subjekt und lyrisches Text-Subjekt, d.h. *Urheber* und *Produkt*, wurden im Rahmen dieser Arbeit in ein *konditionales* und *wechselseitiges* Verhältnis gesetzt.

Die zweifache Nützlichkeit des theoretischen Modells für die Text-Interpretation habe ich in Kapitel 4 und 5 durch die Untersuchung von einundzwanzig Gedichten des 17. und drei Gedichten des 18. Jahrhunderts zu zeigen versucht: als *Instrument*,

- um einen Gedicht-Text und sein lyrisches Text-Subjekt (noch) genauer zu beschreiben bzw. zu verstehen;
- um bestimmte gemeinsame Charakteristika von Gedicht-Texten einer Epoche - auch im Gegensatz zu anderen Epochen - zu bestimmen.

Die lyrischen Text-Subjekte in deutschen Gedichten des 17. Jahrhunderts ließen sich zu einem signifikanten Teil als überbestimmte (re)konstruieren. Wenn englische Gedichte der Epoche heute moderner anmuten als vergleichbare deutsche Texte, so mag das nicht zuletzt an der im Durchschnitt größeren 'Welthaltigkeit' der Gedichte John Donnes und seiner Zeitgenossen, v.a. der Metaphysical-Poets, liegen: In ihnen konstituiert sich das (lyrische Text-) Subjekt in stärkerem Maß über das unpersönliche Paradigma als in den zum Vergleich herangezogenen deutschen Texten. Der Blick nach Außen, auf die (Objekt-)Welt, aufgehoben in der Faktizität des Texts als Subjekt, verleiht dem (lyrischen Text-)Subjekt (des englischen 17. Jahrhunderts) größere Plastizität.

Gewissermaßen zunehmende Plastizität zeigt auch die nachbarocke Entwicklung v.a. der deutschen Lyrik. Besonders die oft als gattungstypisch bezeichnete Lyrik der deutschen Klassik bzw. der deutschen und englischen Romantik schlägt Kapital aus dem spannungsvollen Mit- und Gegeneinander von bestimmtem und unbestimmtem Paradigma.

Vor diesem Hintergrund wird auch die besondere Rolle eines Lyrikers wie beispielsweise Johann Christian Günthers deutlich. Das (lyrische Text-)Subjekt z.B. in seinem Gedicht "ALS ER SICH [...] ERINNERTE" kann insofern als zukunftsweisend verstanden werden, als es sich eines Großteils der Möglichkeiten und Perspektiven, die mit dem Modell von persönlichem und unpersönlichem Paradigma zu verbinden sind, bedient.

Literaturverzeichnis

Adorno, Theodor W. (1967), "Der mißbrauchte Barock", in: ders. (1967): *Ohne Leitbild. Parva Aesthetica*, Frankfurt a. M., 133-157.

Alt, Peter-André (1992), "Funktionen der Allegorie in deutscher Anakreontik und Lehrdichtung des 18. Jahrhunderts", in: *Deutsche Vierteljahrsschrift für Literaturwissenschaft und Geistesgeschichte* 66 (1992) 253-282.

Angelus Silesius (1924a), *Sämtliche poetische Werke*, Bd 2: *Jugend- und Gelegenheitsgedichte. Heilige Seelenlust oder geistliche Hirten-Lieder*, hg. von Hans Ludwig Held, München.

Angelus Silesius (1924b), *Sämtliche poetische Werke*, Bd. 3: *Cherubinischer Wandersmann. Sinnliche Beschreibung der vier letzten Dinge*, hg. von Hans Ludwig Held, München.

Anger, Alfred (1969), *Dichtung des Rokoko. Nach Motiven geordnet* [...], Tübingen.

Ariès, Philippe / Duby, Georges (Hg.) (1989 f.), *Geschichte des privaten Lebens*, Frankfurt a. M.

Ariès, Philippe / Chartier, Roger (Hg.) (1991), *Geschichte des privaten Lebens*, Bd. 3: *Von der Renaissance zur Aufklärung*, Frankfurt a. M.

Austermühl, Elke (1981), *Poetische Sprache und lyrisches Verstehen. Studien zum Begriff der Lyrik*, Heidelberg.

Barner, Wilfried (Hg.) (1975), *Der literarische Barockbegriff*, Darmstadt.

Bauer, Wolfgang (1990), *Das Antlitz Chinas. Die autobiographische Selbstdarstellung in der chinesischen Literatur von ihren Anfängen bis heute*, München/Wien.

Behrens, Irene (1940), *Die Lehre von der Einteilung der Dichtkunst vornehmlich vom 16.-19. Jahrhundert. Studien zur Geschichte der poetischen Gattungen*, Halle a. d. Saale. (Beihefte zur Zeitschrift für romanische Philologie, H. 92.)

Benjamin Neukirchs Anthologie. Herrn von Hoffmannswaldau und andrer Deutschen auserlesener und bißher ungedruckter Gedichte erster theil (1961), hg. von Angelo George de Capua und Ernst Alfred Philippson, Tübingen.

Benn, Gottfried (1959), *Gesammelte Werke*, hg. von Dieter Wellershoff, Bd. 1, Wiesbaden.

Biblia: Das ist: Die gantze Heilige Schrifft / Deudsch / Auffs new zugericht. D. Mart. Luth. [...] M.D.XLV (1967), Stuttgart.

Blake, William (1966), *Complete Writings. With Variant Readings*, ed. by Geoffrey Keynes, London / New York / Toronto.

Böschenstein, Renate (1990), "Das Ich und seine Teile. Überlegungen zum anthropologischen Gehalt einiger lyrischer Texte", in: Buhr, Gerhard / Kittler, Friedrich A. / Turk, Horst (Hg.) (1990), *Das Subjekt der Dichtung. Festschrift für Gerhard Kaiser*, Würzburg, 73-97.

Boswell, [James] (1970), *Life of Johnson*, ed. by R. W. Chapman. A new edition corrected by J. D. Fleeman, London / Oxford / New York.

Browne, Sir Thomas (1955), *Religio Medici*. A new Edition with Biographical and Critical Introduction, ed. by Jean-Jacques Denonain, Cambridge.

Brüll, Lydia (1968), "'Sein' und 'Nichts' - Zwei kunsttheoretische Begriffe aus der Welt des japanischen Kurzgedichts", in: *Poetica* 2 (1968) 79-87.

Carew, Thomas (1964), *The Poems with his Masque Coelum Britannicum*, ed. by Rhodes Dunlap, Oxford.

Carey, John (Hg.) (1990), *The Oxford Authors. John Donne*, Oxford / New York.

Charpa, Ulrich (1985), "Das poetische Ich - persona per quam", in: *Poetica* 17 (1985) 149-169.

Cheng, François (1986), "Some Reflections on Chinese Poetic Language and Its Relation to Chinese Cosmology", in: Lin, Shuen-fu / Owen, Stephen (Ed.) (1986), *The Vitality of the Lyric Voice. Shih Poetry from the Late Han to the T'ang*, Princeton (N. J.), 32-48.

Čivikov, Germinal (1987), *Das ästhetische Objekt. Subjekt und Zeichen in der Literaturwissenschaft anhand einer Kategorie des Prager Strukturalismus*, Tübingen.

Classen, Albrecht (1991), *Die autobiographische Lyrik des europäischen Spätmittelalters. Studien zu Hugo von Montfort, Oswald von Wolkenstein, Antonio Pucci, Charles d'Orléans, Thomas Hoccleve, Michel Beheim, Hans Rosenplüt und Alfonso Alvarez de Villasandino*, Amsterdam / Atlanta (GA.).

Crashaw, Richard (1968), *The Poems. English, Latin and Greek*, ed. by L. C. Martin, Oxford.

Culler, Jonathan (1975), *Structuralist Poetics. Structuralism, Linguistics and the Study of Literature*, London.

Cysarz, Herbert (Hg.) (1937), *Schwund- und Kirchenbarock*, Leipzig.

Cysarz, Herbert (Hg.) (1954), *Deutsche Barock-Lyrik*, Stuttgart.

Dach, Simon (1936), *Gedichte*, Bd. 1: *Weltliche Lieder. Hochzeitsgedichte*, hg. von Walther Ziesemer, Halle a. d. Saale.

Deutsches Wörterbuch von Jacob und Wilhelm Grimm (1984), München.

Donne, John (1966), *The Elegies and The Songs and Sonnets*, ed. by Helen Gardner, Oxford.

Donne, John (1967), *The Satires, Epigrams and Verse Letters*, ed. by W. Milgate, Oxford.

Donne, John (1969), *The Divine Poems*, ed. by Helen Gardner, Oxford.

Donne, John (1982), *The Complete English Poems*, ed. by A. J. Smith, Harmondsworth.

Donne, John (1987), *Selected Prose*, ed. by Neil Rhodes, Harmondsworth.

Dupuy, Jean-Pierre / Varela, Francisco [J.] (1991), "Kreative Zirkelschlüsse. Zum Verständnis der Ursprünge", in: Watzlawick, Paul / Krieg, Peter (Hg.) (1991), *Das Auge des Betrachters. Beiträge zum Konstruktivismus. Festschrift für Heinz von Foerster*, München, 247-275.

Easthope, Antony (1987), "Towards the Autonomous Subject in Poetry. Milton's 'On His Blindness'", in: Machin, Richard / Norris, Christopher (Hg.) (1987), *Post-structuralist Readings of English Poetry*, Cambridge, 122-133.

Engler, Jack (1988), "Therapeutische Ziele in Psychotherapie und Meditation. Entwicklungsstadien der Selbstrepräsentation", in: Wilber, Ken / Engler, Jack / Brown, Daniel P. (Hg.) (1988), *Psychologie der Befreiung. Perspektiven einer neuen Entwicklungspsychologie - die östliche und die westliche Sicht des menschlichen Reifungsprozesses*, Bern/München/Wien, 31-66.

Entner, Heinz (1989), *Paul Fleming*, Leipzig.

Eybl, Franz M. (1985), "Johann Christian Günther: 'Aria. An seine Leonore. Die immer grünende Hoffnung.'", in: *Der Deutschunterricht* 37 (1985) 44-56.

Feldt, Michael (1990), *Lyrik als Erlebnislyrik. Zur Geschichte eines Literatur- und Mentalitätstypus zwischen 1600 und 1900*, Heidelberg.

Fischer, Ernst (1990),: "Das lyrische Werk von Johann Christian Günther", in: Jens, Walter (Hg.) (1990), *Kindlers Neues Literaturlexikon*, Bd. 7, 20-22.

Fleming, Paul (1863), *Lateinische Gedichte*, hg. von J. M. Lappenberg, Stuttgart.

Fleming, Paul (1965), *Deutsche Gedichte*, Bd. 1, hg. von J. M. Lappenberg, Darmstadt.

Frank, Manfred (1983), *Was ist Neostrukturalismus?*, Frankfurt a. M.

Frank, Manfred (1986), *Die Unhintergehbarkeit von Individualität. Reflexionen über Subjekt, Person und Individuum aus Anlaß ihrer 'postmodernen' Toterklärung*, Frankfurt a. M.

Frank, Manfred (1988), "Subjekt, Person, Individuum", in: Frank, Manfred / Raulet, Gérard / Reijen, Willem van (Hg.) (1988), *Die Frage nach dem Subjekt*, Frankfurt a. M., 7-28.

Frank, Manfred (1991), *Selbstbewußtsein und Selbsterkenntnis. Essays zur analytischen Philosophie der Subjektivität*, Stuttgart.

Frank, Manfred / Raulet, Gérard / Reijen, Willem van (Hg.) (1988), *Die Frage nach dem Subjekt*, Frankfurt a. M.

Frankel, Hans H. (1951), "The 'I' in Chinese Lyric Poetry", in: *Oriens* 10 (1951) 128-130.

Fulda, Ludwig (Hg.) [o. J.], *Die Gegner der zweiten schlesischen Schule. Erster Teil. Johann Christian Günther*, Berlin/Stuttgart.

Gardner, Helen (Ed.) (1985), *The Metaphysical Poets*, Harmondsworth.

Gauchet, Marcel / Westerwelle, Karin (1990), "Für eine historisch wahre Geschichte des Subjekts. Ein Gespräch über die Lage der Intellektuellen, Foucaults Unaufrichtigkeit und die Notwendigkeit des Konflikts", in: *Merkur* 498 (1990) 664-678.

Gerhardt, Paul (1991), *Geistliche Lieder*, hg. von Gerhard Rödding, Stuttgart.

Glasersfeld, Ernst von (1985), "Einführung in den radikalen Konstruktivismus", in: Watzlawick, Paul (Hg.) (1985), *Die erfundene Wirklichkeit. Wie wissen wir, was wir zu wissen glauben? Beiträge zum Konstruktivismus*, München/Zürich, 16-38.

Gnüg, Hiltrud (1983), *Entstehung und Krise lyrischer Subjektivität. Vom klassischen lyrischen Ich zur modernen Erfahrungswirklichkeit*, Stuttgart.

Goethe, Johann Wolfgang (1985), *Sämtliche Werke nach Epochen seines Schaffens.* Münchner Ausgabe, hg. von Karl Richter [...], Bd. 1.1: *Der junge Goethe 1757-1775*, hg. von Gerhard Sauder, München.

Goldberg, Jonathan (1986), *VOICE TERMINAL ECHO. Postmodernism and English Renaissance Texts*, New York / London.

Goodman, Nelson (1990), *Weisen der Welterzeugung*, Frankfurt a. M.

Gray, Thomas (1966), *The Complete Poems [English, Latin and Greek]*, ed. by H. W. Starr and J. R. Hendrickson, Oxford.

Greenblatt, Stephen (1980), *Renaissance Self-Fashioning. From More to Shakespeare*, Chicago/London.

Grierson, Herbert J.C. (Hg.) (1966), *Metaphysical Lyrics and Poems of the 17. Century*, London.

Grubmüller, Klaus (1986), "Ich als Rolle. 'Subjektivität' als höfische Kategorie im Minnesang?", in: Kaiser, Gerd / Müller, Jan-Dirk (Hg.) (1986), *Höfische Literatur, Hofgesellschaft, Höfische Lebensformen um 1200. Kolloqium am Zentrum für Interdisziplinäre Forschung der Universität Bielefeld (3. - 5. November 1983)*, Düsseldorf, 387-408.

Gryphius, Andreas (1963), *Gesamtausgabe der deutschsprachigen Werke*, Bd. 1; *Sonette*, hg. von Marian Szyrocki, Tübingen.

Gryphius, Andreas (1979), *Gedichte. Eine Auswahl*, hg. von Adalbert Elschenbroich, Stuttgart.

Günther, Johann Christian (1964a), *Sämtliche Werke*, Bd. 1: *Liebesgedichte und Studentenlieder in zeitlicher Folge*, hg. von Wilhelm Krämer, Darmstadt.

Günther, Johann Christian (1964b), *Sämtliche Werke*, Bd. 2: *Klagelieder und geistliche Gedichte in zeitlicher Folge*, hg. von Wilhelm Krämer, Darmstadt.

Gumbrecht, Hans Ulrich (1988), "Rhythmus und Sinn", in: Gumbrecht, Hans Ulrich / Pfeiffer, K. Ludwig (Hg.) (1988), *Materialität der Kommunikation*, Frankfurt a. M., 714-729.

Guttmann, G. / Langer, G. (Hg.) (1992), *Das Bewußtsein. Multidimensionale Entwürfe*, Wien / New York.

Händl, Claudia (1987), *Rollen und pragmatische Einbindung. Analysen der Wandlung des Minnesangs nach Walther von der Vogelweide*, Göppingen.

Haenisch, E. (1988), *Lehrgang der klassischen chinesischen Schriftsprache I/II. Studienausgabe*, Leipzig.

Hagedorn, Friedrich von (1968), *Gedichte*, hg. von Alfred Anger, Stuttgart.

Hamburger, Käte (1987), *Die Logik der der Dichtung*, München.

Hammond, Gerald (1990), *Fleeting Things. English Poets and Poems 1616-1660*, Cambridge (Mass.) / London.

Hannaford, Renée (1986), "Self-Presentation in Carew's 'To A.L. Perswasions to Love'", in: *Studies in English Literature 1500-1900* 26 (1986) 97-106.

Harman, Barbara Leah (1982), *Costly Monuments. Representations of the Self in George Herbert's Poetry*, Cambridge/London.

Haufe, Eberhard (Hg.) (1985), *Wir vergehn wie Rauch von starken Winden. Deutsche Gedichte des 17.Jahrhunderts*, 2 Bde., München.

Hauptmeier, Helmut / Schmidt, Siegfried J. (1985), *Einführung in die empirische Literaturwissenschaft*, Braunschweig/Wiesbaden.

Hayward, Jeremy W. (1990), *Die Erforschung der Innenwelt. Neue Wege zum wissenschaftlichen Verständnis von Wahrnehmung, Erkennen und Bewußtsein*, Bern/München.

Hegel, Georg Wilhelm Friedrich (1984), *Vorlesungen über die Ästhetik. Dritter Teil: Die Poesie*, Stuttgart.

Hejl, Peter M. (1991), "Soziale Systeme: Körper ohne Gehirne oder Gehirne ohne Körper? Rezeptionsprobleme der Theorie autopoietischer Systeme in den Sozialwissenschaften", in: Riegas, Volker / Vetter, Christian (Hg.) (1991), *Zur Biologie der Kognition. Ein Gespräch mit Humberto R. Maturana und Beiträge zur Diskussion seines Werkes*, Frankfurt a. M., 205-236.

Heller, Erich (1976), "Das lyrische Ich seit Schopenhauer", in: *Schopenhauer-Jahrbuch* 57 (1976) 58-70.

Helsper, Werner (1989), *Selbstkrise und Individuationsprozeß. Subjekt- und sozialisationstheoretische Entwürfe zum imaginären Selbst der Moderne*, Opladen.

Herrick, Robert (1968), *The Poetical Works*, ed. by L. C. Martin, Oxford.

Herzog, Urs (1985), "Kunst als 'Widertod'. Paul Flemings (1609-1640) 'Grabschrift'", in: *Der Deutschunterricht* 37 (1985) 38-43.

Hienger, Jörg (1969), "Friedrich Gottlieb Klopstock 'Das Rosenband'", in: Hienger, Jörg / Knauf, Rudolf (Hg.) (1969), *Deutsche Gedichte von Andreas Gryphius bis Ingeborg Bachmann. Eine Anthologie mit Interpretationen*, Göttingen.

Hinck, Walter (1979), "Das lyrische Subjekt im geschichtlichen Prozeß oder der umgewendete Hegel. Zu einer historischen Poetik der Lyrik", in: ders. (1979), *Von Heine zu Brecht. Lyrik im Geschichtsprozeß*, Frankfurt a. M., 125-151.

Hinderer, Walter (1984), "Irdische Gesänge eines Cherubs", in: Reich-Ranicki, Marcel (Hg.) (1984), *Frankfurter Anthologie. Achter Band. Gedichte und Interpretationen*, Frankfurt a. M., 32-34.

Höfele, Andreas (1985), "Rollen-Ich und lyrisches Ich", in: *Literaturwissenschaftliches Jahrbuch* 26 (1985) 185-204.

Hoffmannswaldau, Christian Hoffmann von (1984), *Deutsche Übersetzungen und Getichte*, 2 Tl., hg. von Franz Heiduk, Hildesheim / Zürich / New York.

Hoffmeister, Gerhart (1987), *Deutsche und europäische Barockliteratur*, Stuttgart.

Hoffmeister, Gerhart (1988), "Paul Fleming", in: Grimm, Gunter E. / Max, Frank Rainer (Hg.) (1988), *Deutsche Dichter*, Bd. 2: *Reformation, Renaissance und Barock*, Stuttgart, 212-224.

Holenstein, Elmar (1982), "Die eigenartige Grammatik des Wortes 'Ich'", in: *Zeitschrift für philosophische Forschung* 36 (1982) 327-343.
Hook, Judith (1976), *The Baroque Age in England*, London.
Illich, Ivan / Sanders, Barry (1988), *Das Denken lernt schreiben. Lesekultur und Identität*, Hamburg.
Iser, Wolfgang (1979), "Figurationen des Lyrischen Subjekts", in: Marquard, Odo / Stierle, Karlheinz (Hg.) (1979), *Poetik und Hermeneutik*, VIII: *Identität*, München, 746-749.
Izutsu, Toshihiko / Izutsu, Toyo (1988), *Die Theorie des Schönen in Japan. Beiträge zur klassischen japanischen Ästhetik*, Köln.
Jantsch, Erich, 1978: "Erkenntnistheoretische Aspekte der Selbstorganisation natürlicher Systeme", in: Hejl, Peter / Köck, Wolfram K. / Roth, Gerhard (Hg.) (1978), *Wahrnehmung und Kommunikation*, Frankfurt a. M. / New York, 99-127.
Japp, Uwe (1980), *Beziehungssinn. Ein Konzept der Literaturgeschichte*, Frankfurt a. M.
Johnson, Samuel (1964), *Poems*, ed. by E. L. McAdam, Jr., with George Milne, New Haven / London.
Johnson, Samuel (1971), *The Complete English Poems*, ed. by J. D. Fleeman, Harmondsworth.
Kaiser, Gerhard, (1987), *Augenblicke deutscher Lyrik. Gedichte von Martin Luther bis Paul Celan*, Frankfurt a. M.
Kaiser, Gerhard (1988a), *Geschichte der deutschen Lyrik von Goethe bis Heine. Ein Grundriß in Interpretationen*, Frankfurt a. M.
Kaiser, Gerhard (1988b), "Das Ich im Gedicht. Wandlungen seit der Goethezeit", in: *Seminar* 24 (1988) 97-131.
Kayser, Wolfgang (1968), *Das sprachliche Kunstwerk. Eine Einführung in die Literaturwissenschaft*, Bern/München.
Kelletat, Alfred (Hg.) (1986), *Simon Dach und der Königsberger Dichterkreis*, Stuttgart.
Kelletat, Alfred (1988), "Simon Dach", in: Grimm, Gunter E. / Max, Frank Rainer (Hg.) (1988), *Deutsche Dichter*, Bd. 2: *Reformation, Renaissance und Barock*, Stuttgart, 174-183.
Kemper, Hans-Georg (1987), *Deutsche Lyrik der frühen Neuzeit*, Bd. 2: *Konfessionalismus*, Tübingen.
Kemper, Hans-Georg (1989), "Gerhardt, Paul", in: Killy, Walther (Hg.) (1989), *Literaturlexikon. Autoren und Werke deutscher Sprache*, Bd. 4, Gütersloh/München, 125-127.
Kienzle, Bertram / Pape, Helmut (Hg.) (1991), *Dimensionen des Selbst. Selbstbewußtsein, Reflexivität und die Bedingungen von Kommunikation*, Frankfurt a. M.
Kiesant, Knut (1986), "Erlebnis- oder Gelegenheitsdichtung? Zur Problematik der literaturhistorischen Einordnung der Lyrik Flemings", in: Rat des Bezirkes Karl-Marx-Stadt, Abteilung Kultur, und Pädagogische Hochschule "Ernst Schneller" Zwickau (Hg.) (1986), *Paul Fleming. Werk und Wirkung, Wissenschaftliches Kolloquium anläßlich des 375. Geburtstages des Dichters am 5.Oktober 1984 auf Schloß Stein in Hartenstein/Erzgeb.*, Zwickau, 21-26.
Killy, Walther (Hg.) (1977), *Epochen der deutschen Lyrik*, Bd. 5: *Gedichte 1700-1770*, hg. von Jürgen Stenzel, München.
Killy, Walther (1983), *Elemente der Lyrik*, München.
King, Bruce (1974), "The Strategy of Carew's Wit", in: Maclean, Hugh (Hg.) (1974), *Ben Jonson and the Cavalier Poets*, New York / London, 540-548.
Klotz, Volker (1972), "Spiegel und Echo, Konvention und Individualität im Barock. Zum Beispiel: Paul Flemings Gedicht 'An Anna, die spröde'", in: Rasch, Wolfdietrich / Geulen,

Hans / Haberkamm, Klaus (Hg.) (1972), *Rezeption und Produktion zwischen 1570 und 1730. Festschrift für Günther Weydt zum 65.Geburtstag*, Bern/München, 93-119.

Köck, Wolfram K. (1990), "Kognition - Semantik - Kommunikation", in: Schmidt, Siegfried J. (Hg.) (1990), *Der Diskurs des Radikalen Konstruktivismus*, Frankfurt a. M., 340-373.

Krämer, Wilhelm (1980), *Das Leben des schlesischen Dichters Johann Christian Günther. 1695-1723. Mit Quellen und Anmerkungen zum Leben und Schaffen des Dichters und seiner Zeitgenossen*, Stuttgart.

Krahé, Peter (1987), "Persönlicher Ausdruck in der literarischen Konvention. Paul Fleming als Wegbereiter der Erlebnislyrik?", in: *Zeitschrift für deutsche Philologie* 106 (1987) 481-513.

Kühlmann, Wilhelm (1984), "Sterben als heroischer Akt. Zu Paul Flemings 'Grabschrift'", in: Meid, Volker (Hg.) (1984), *Gedichte und Interpretationen*, Bd. 1: *Renaissance und Barock*, Stuttgart, 168-175.

Kuhlmann, Heino (1971/72), "Die Sprache der Musen. Zum Gebrauch der Mythologie in den Gedichten von Johann Peter Uz. Ein Beitrag aus Anlaß seines 250. Geburtstags", in: *Jahrbuch des Historischen Vereins für Mittelfranken* 86 (1971/72) 277-301.

Lamping, Dieter (1989), *Das lyrische Gedicht. Definitionen zu Theorie und Geschichte der Gattung*, Göttingen.

Lang, Heribert [1981], *Die chinesische Sprache und das "Sprachliche Relativitätsprinzip"*, Frankfurt a. M. [Diss.]

Lange, Victor (1935), *Die Lyrik und ihr Publikum im England des 18. Jahrhunderts. Eine geschmacksgeschichtliche Untersuchung über die englischen Anthologien von 1670-1780*, Weimar.

Lehnert, Herbert (1966), *Struktur und Sprachmagie. Zur Methode der Lyrik-Interpretation*, Stuttgart/Berlin/Köln/Mainz.

Leibrock, Felix (1991), "Das lyrische Werk von Johann Peter Uz", in: Jens, Walter (Hg.) (1991), *Kindlers Neues Literaturlexikon*, Bd. 16, 984-985.

Leishman, J. B. (1959), *The Monarch of Wit. An Analytical and Comparative Study of the Poetry of John Donne*, London.

Lewalski, Barbara K. / Sabol, Andrew J. (Eds) (1973), *Major Poets of the Earlier Seventeenth Century. Donne, Herbert, Vaughan, Crashaw, Jonson, Herrick, Marvell*, New York.

Lewandowski, Theodor (1984), *Linguistisches Wörterbuch*, 3 Bde., Heidelberg.

Lewin, Bruno / Müller-Yokota, Wolfram / Fujiwara, Michio (1990), *Einführung in die japanische Sprache*, Wiesbaden.

Lindley, David (1985), *Lyric*, London / New York.

Link, Jürgen (1974), *Literaturwissenschaftliche Grundbegriffe. Eine programmierte Einführung auf strukturalistischer Basis*, München.

Link, Jürgen (1981), "Das lyrische Gedicht als Paradigma des überstrukturierten Textes", in: Brackert, Helmut / Stückrath, Jörn (Hg.) (1981), *Literaturwissenschaft. Grundkurs 1*, Reinbek bei Hamburg, 192-219.

Logau, Friedrich von (1974), *Sämmtliche Sinngedichte*, hg. von Gustav Eitner, Hildesheim / New York.

Lotman, Jurij M. (1986), *Die Struktur literarischer Texte*, München.

Lüders, Eva M. (1965), "Das lyrische Ich und das gezeichnete Ich. Zur späten Lyrik Gottfried Benns", in: *Wirkendes Wort* 15 (1965) 361-385.

Lüders, Eva M. (1968), "Die Ich-Form und die Tendenzen des Lyrischen", in: Buehne, Sh. Z. / Hodge, J. L. / Pinto, L. B. (Hg.) (1968), Helen *Adolf Festschrift*, New York, 342-352.

Luhmann, Niklas (1986), "Das Kunstwerk und die Selbstreproduktion der Kunst", in: Gumbrecht, Hans Ulrich / Pfeiffer, K. Ludwig [...] (Hg.) (1986), *Stil. Geschichten und Funktionen eines kulturwissenschaftlichen Diskursementes*, Frankfurt a M., 620-672.

Luhmann, Niklas (1989), *Gesellschaftsstruktur und Semantik. Studien zur Wissenssoziologie der modernen Gesellschaft*, Bd. 3, Frankfurt a. M.

Luhmann, Niklas (1991), "Wie lassen sich latente Strukturen beobachten?", in: Watzlawick, Paul / Krieg, Peter (Hg.) (1991), *Das Auge des Betrachters. Beiträge zum Konstruktivismus. Festschrift für Heinz von Foerster*, München, 61-74.

Lyotard, Jean-François (1988), "Der Name und die Ausnahme", in: Frank, Manfred / Raulet, Gérard / Reijen, Willem van (Hg.) (1988), *Die Frage nach dem Subjekt*, Frankfurt a. M., 180-191.

Maché, Ulrich (1989), "Dach, Simon", in: Killy, Walther (Hg.) (1989), *Literaturlexikon. Autoren und Werke deutscher Sprache*, Bd. 2, 1989, 505-507.

Man, Paul de (1984), *The Rhetoric of Romanticism*, New York.

Marotti, Arthur F. (1986), *John Donne. Coterie Poet*, Madison/Wisconsin.

Marvell, Andrew (1971), *The Poems and Letters*, Vol. I: *Poems*, ed. by H. M. Margoliouth. Revised by Pierre Legouis with the Collaboration of E. E. Duncan-Jones, Oxford.

Maturana, Humberto R. (1985), *Erkennen. Die Organisation und Verkörperung von Wirklichkeit: ausgewählte Arbeiten zur biologischen Epistemologie*, Braunschweig/Wiesbaden.

Maturana, Humberto [R.] (1991), "Wissenschaft und Alltag. Die Ontologie wissenschaftlicher Erklärungen", in: Watzlawick, Paul / Krieg, Peter (Hg.) (1991), *Das Auge des Betrachters. Beiträge zum Konstruktivismus. Festschrift für Heinz von Foerster*, München, 167-208.

Maturana, Humberto R. / Varela, Francisco J. (1987), *Der Baum der Erkenntnis. Wie wir die Welt durch unsere Wahrnehmung erschaffen - die biologischen Wurzeln des menschlichen Erkennens*, Bern/München.

Mauser, Wolfram (1976), *Dichtung, Religion und Gesellschaft im 17. Jahrhundert. Die 'Sonnete' des Andreas Gryphius*, München.

Mauser, Wolfram (1984), "Was ist dies Leben doch? Zum Sonett 'Thränen in schwerer Kranckheit' von Andreas Gryphius", in: Meid, Volker (Hg.) (1984), *Gedichte und Interpretationen*, Bd. 1: *Renaissance und Barock*, Stuttgart, 223-230.

Meid, Volker (1986), *Barocklyrik*, Stuttgart.

Meister, Ulrich (1983), *Sprache und lyrisches Ich. Zur Phänomenologie des Dichterischen bei Gottfried Benn*, Berlin.

Meyer, Kinereth (1989), "Speaking and Writing the Lyric 'I'", in: *Genre* 22 (1989) 129-149.

Milton, John (1966), *The Poetical Works*, Vol. II: *Paradise Regain'd. Samson Agonistes. Poems upon Several Occasions, both English and Latin*, ed. by Helen Darbishire, Oxford.

Morhof, Daniel Georg (1982), *Unterricht Von der Teutschen Sprache und Poesie*, [Ausz.] in: Rötzer, Hans Gerd (Hg.) (1982), *Texte zur Geschichte er Poetik in Deutschland. Von M. Opitz bis A. W. Schlegel*, Darmstadt.

Morley, John David (1987), *Grammatik des Lächelns. Japanische Innenansichten*, Reinbek bei Hamburg.

Muchembled, Robert (1990), *Die Erfindung des modernen Menschen. Gefühlsdifferenzierung und kollektive Verhaltensweisen im Zeitalter des Absolutismus*, Reinbek bei Hamburg.

Müller, Günther (1959), *Geschichte des deutschen Liedes. Vom Zeitalter des Barock bis zur Gegenwart*, Darmstadt.

Müller, Wolfgang G. (1979), *Das lyrische Ich. Erscheinungsformen gattungseigentümlicher Autorsubjektivität in der englischen Lyrik*, Heidelberg.
Münch, Dieter (Hg.) (1992), *Kognitionswissenschaft. Grundlagen, Probleme, Perspektiven*, Frankfurt a. M.
Mukařovský, Jan (1977), "Die Persönlichkeit in der Kunst", in: ders. (1977), *Studien zur strukturalistischen Ästhetik und Poetik*, Frankfurt a. M. / Berlin, / Wien, 66-83.
Mukařovský, Jan (1986), "Probleme des Individuums in der Kunst". In: ders. (1986), *Schriften zur Ästhetik, Kunsttheorie und Poetik*, hg. und übers. von Holger Siegel, Tübingen, 42-81.
Nägele, Rainer (1988), "Vatertext und Muttersprache. Pindar und das lyrische Subjekt in Hölderlins späterer Dichtung", in: *Le Pauvre Holterling. Blätter zur Frankfurter Ausgabe* 8 (1988) 39-52.
Naumann, Walter (1966), *Traum und Tradition in der deutschen Lyrik*, Stuttgart/Berlin/Köln/Mainz.
Neumann, Odmar (1992), "Zum gegenwärtigen theoretischen Umbruch in der Kognitionspsychologie", in: *Merkur* 514 (1992) 48-60.
Nietzsche, Friedrich (1973), *Die Geburt der Tragödie*, in: ders., *Werke in 3 Bänden*, Bd. 1, hg. von Karl Schlechta, München.
Opitz, Martin (1986), *Buch von der Deutschen Poeterey (1624)*, hg. von Cornelius Sommer, Stuttgart.
Oppenheimer, Paul (1989), *The Birth of the Modern Mind. Self, Consciousness, and the Invention of the Sonnet*, Oxford etc.
Osterkamp, Ernst (1988), "Johann Christian Günther", in: Grimm, Gunter E. / Max, Frank Rainer (Hg.) (1988), *Deutsche Dichter*, Bd. 2: *Reformation, Renaissance und Barock*, Stuttgart, 449-462.
Ovid, Publius Naso (1955), *Tristivm libri quinque ibis ex ponto* [...], ed. by S. G. Owen, Oxford.
Palmer, D. J. (1975), "The Verse Epistle", in: Bradbury, Malcolm / Palmer, David (Eds) (1975), *Metaphysical Poetry*, London, 73-99.
Parfitt, G. A. E. (Ed.) (1974), *Silver Poets of the Seventeenth Century*, London.
Peil, Dietmar (1989), "Das lyrische Werk von Simon Dach", in: Jens, Walter (Hg.) (1989), *Kindlers Neues Literaturlexikon*, Bd. 4, 371-373.
Pelletier, Kenneth R. (1982), *Unser Wissen vom Bewußtsein. Eine Verbindung westlicher Forschung und östlicher Weisheit*, München.
Peper, Jürgen (1972), "Transzendentale Struktur und lyrisches Ich", in: *Deutsche Vierteljahrsschrift für Literaturwissenschaft und Geistesgeschichte* 46 (1972) 381-434.
Perels, Christoph (1988), "Der Traum des Aufgeklärten. Zu Johann Peter Uz' 'Der Schäfer'", in: Richter, Karl (Hg.) (1988), *Gedichte und Interpretationen*, Bd. 2: *Aufklärung und Sturm und Drang*, Stuttgart, 141-149.
Pestalozzi, Karl (1970), *Die Entstehung des lyrischen Ich. Studien zum Motiv der Erhebung in der Lyrik*, Berlin.
Petrich, Hermann (1914), *Paul Gerhardt. Ein Beitrag zur Geschichte des deutschen Geistes*, Gütersloh.
Pfeiffer, K. Ludwig (1989), "Subjekte, Texte und Geschichte. Momente und Modelle einer historischen Subjekttheorie", in: *Zeitschrift für Germanistik* 10 (1989) 645-669.
Pfister, Manfred (1991), "Die frühe Neuzeit. Von Morus bis Milton", in: Seeber, Hans Ulrich (Hg.) (1991), *Englische Literaturgeschichte*, Stuttgart, 43-148.
Pörnbacher, Karl (Hg.) [o. J.], *Barock. Lyrik, Drama, Predigten*, München.

Rastier, François (1974), "Systematik der Isotopien", in: Kallmeyer, W. et. al. (Hg.) (1974), *Lektürekolleg zur Textlinguistik*, Bd. 2: *Reader*, Frankfurt a. M., 153-190.
Raulff, Ulrich (Hg.) (1986), *Vom Umschreiben der Geschichte*, Berlin.
Ray, Robert H. (1990), *A John Donne Companion*, New York / London.
Reijen, Willem van (1988), "Das unrettbare Ich", in: Frank, Manfred / Raulet, Gérard / Reijen, Willem van (Hg.) (1988), *Die Frage nach dem Subjekt*, Frankfurt a. M., 373-400.
Riedl, Rupert (1992), "Bewußtseins-Lenkung im sprachlichen Denken", in: Guttmann, G. / Langer, G. (Hg.) (1992), *Das Bewußtsein. Multidimensionale Entwürfe*, Wien / New York, 403-416.
Riegas, Volker / Vetter, Christian (Hg.) (1991), *Zur Biologie der Kognition. Ein Gespräch mit Humberto R. Maturana und Beiträge zur Diskussion seines Werkes*, Frankfurt a. M.
Ritter, Joachim (1974), *Subjektivität. Sechs Aufsätze*, Frankfurt a. M.
Rusch, Gebhard (1992), "Auffassen, Begreifen und Verstehen. Neue Überlegungen zu einer konstruktivistischen Theorie des Verstehens", in: Schmidt, Siegfried J. (Hg.) (1992), *Kognition und Gesellschaft. Der Diskurs des Radikalen Konstruktivismus 2*, Frankfurt a. M., 214-256.
Schaefer, Ursula (1989), "A 'Song of Myself'. Propositions on the Vocality of Old English Poetry", in: Müllenbrock, Heinz Joachim / Noll-Wiemannn, Renate (Hg.) (1989), *Anglistentag 1988 Göttingen*, Tübingen, 196-208.
Scheffer, Bernd (1992), *Interpretation und Lebensroman. Zu einer konstruktivistischen Literaturtheorie*, Frankfurt a. M.
Scherer, Wilhelm (1977), *Poetik*, mit einer Einl. und Materialien zur Rezeptionsanalyse hg. von Gunter Reiss, München/Tübingen.
Scherpe, Klaus R. (1971), "Analogon actionis und lyrisches System. Aspekte normativer Lyriktheorie in der deutschen Poetik des 18. Jahrhunderts", in: *Poetica* 4 (1971) 32-59.
Schlaffer, Heinz (1966), *Lyrik im Realismus. Studien über Raum und Zeit in den Gedichten von Mörike, der Droste und Liliencrons*, Bonn.
Schlaffer, Heinz (1990), *Poesie und Wissen*, Frankfurt a. M.
Schleichert, Hubert (1992), *Der Begriff des Bewußtseins. Eine Bedeutungsanalyse*, Frankfurt a. M.
Schmidt, Lothar (1984), "Hertz und Garten-Zier. Paul Gerhardts Sommer-Gesang", in: Meid, Volker (Hg.) (1984), *Gedichte und Interpretationen*, Bd. 1: *Renaissance und Barock*, Stuttgart, 285-302.
Schmidt, Siegfried J. (1988), "Diskurs und Literatursystem. Konstruktivistische Alternativen zu diskurstheoretischen Alternativen", in: Fohrmann, Jürgen / Müller, Harro (Hg.) (1988), Diskurstheorien und Literaturwissenschaft, Frankfurt a. M., 134-158.
Schmidt, Siegfried J. (1990), "Der Radikale Konstruktivismus. Ein neues Paradigma im interdisziplinären Diskurs", in: ders. (Hg.) (1990), *Der Diskurs des Radikalen Konstruktivismus*, Frankfurt a. M., 11-88.
Schmidt, Siegfried J. (Hg.) (1990), *Der Diskurs des Radikalen Konstruktivismus*, Frankfurt a. M.
Schmidt, Siegfried J. (1991), *Grundriß der Empirischen Literaturwissenschaft*, Frankfurt a. M.
Schmidt, Siegfried J. (Hg.) (1992), *Kognition und Gesellschaft. Der Diskurs des Radikalen Konstruktivismus 2*, Frankfurt a. M.
Schöne, Albrecht (1963) (Hg.), *Das Zeitalter des Barock. Texte und Zeugnisse*, München.
Schumann, Hans Wolfgang (1990), *Mahâyâna-Buddhismus. Die zweite Drehung des Dharma-Rades*, München.
Schwanitz, Dietrich (1990), *Systemtheorie und Literatur. Ein neues Paradigma*, Opladen.

Scott, W. Wilson (1980), "Process and Product. Reconstructing Donne's Personae", in: *Studies in English Literature 1500-1900* 20 (1980) 91-103.
Seebaß, Gottfried (1981), *Das Problem von Sprache und Denken*, Frankfurt a. M.
Shawcross, John T. (1989), "The life of Milton", in: Danielson, Dennis (Hg.) (1989), *The Cambridge Companion to Milton*, Cambridge etc., 1-19.
Söring, Jürgen (1980), "'Die Apriorität des Individuellen über das Ganze'. Von der Schwierigkeit, ein Prinzip der Lyrik zu finden", in: *Jahrbuch der Deutschen Schillergesellschaft* 24 (1980) 205-246.
Sorg, Bernhard (1984), *Das lyrische Ich. Untersuchungen zu deutschen Gedichten von Gryphius bis Benn*, Tübingen.
Sperberg-McQueen, Marian R. (1990), *The German Poetry of Paul Fleming. Studies in Genre and History*, Chapel Hill / London.
Spinner, Kaspar H. (1975), *Zur Struktur des lyrischen Ich*, Frankfurt a. M.
Steiner, George (1990), *Von realer Gegenwart. Hat unser Sprechen Inhalt?*, München.
Steinhagen, Harald (1974), "Didaktische Lyrik. Über einige Gedichte des Andreas Gryphius", in: Gaier, Ulrich / Volke, Werner (Hg.) (1974), *Festschrift für Friedrich Beißner*, Bebenhausen, 406-435.
Steinhagen, Harald (1985), "Einleitung", in: ders. (Hg.) (1985), *Deutsche Literatur*, Bd. 3: *Zwischen Gegenreformation und Frühaufklärung. Späthumanismus, Barock. 1572-1740*, Reinbek bei Hamburg.
Stenzel, Jürgen (1984), "Ein anderer Hiob. Johann Christian Günthers 'Als er durch innerlichen Trost bey der Ungedult gestärcket wurde'", in: Meid, Volker (Hg.) (1984), *Gedichte und Interpretationen*, Bd. 1: *Renaissance und Barock*, Stuttgart, 405-414.
Stephens, Anthony (1982), "Überlegungen zum lyrischen Ich", in: Elm, Theo / Hemmerich, Gerd (Hg.) (1982), *Zur Geschichtlichkeit der Moderne. Der Begriff der literarischen Moderne in Theorie und Deutung. Ulrich Fülleborn zum 60. Geburtstag*, München, 53-67.
Stierle, Karlheinz (1979), "Die Identität des Gedichts. Hölderlin als Paradigma", in: Marquard, Odo / Stierle, Karlheinz (Hg.) (1979), *Poetik und Hermeneutik*, VIII: *Identität*, München, 505-552.
Stross, Annette M. (1992), *Ich-Identität. Zwischen Fiktion und Konstruktion*, Berlin.
Summers, Joseph. H. (1968), "Marvell's 'Nature'", in: Lord, George deF. (Ed.) (1986), *Andrew Marvell. A Collection of Critical Essays*, Englewood Cliffs (N.J.), 42-54.
Sus, Oleg (1981), "Individuum - Struktur - Anthropologische Konstante. Randbemerkungen zur Beziehung zwischen dem Strukturalismus und der ästhetisch-semiotischen Anthropologie", in: Zima, Peter V. (Hg.) (1981), *Semiotics and Dialectics. Ideology and the Text*, Amsterdam, 243-281.
Susman, Margarete (1910), *Das Wesen der modernen deutschen Lyrik*, Stuttgart.
Szyrocki, Marian (1987), *Die deutsche Literatur des Barock. Eine Einführung*, Stuttgart.
Taureck, Bernhard (1988), *Französische Philosophie im 20. Jahrhundert. Analysen, Texte, Kommentare*, Reinbek bei Hamburg.
Trautwein, Wolfgang (1987), "'Von Innen zwar ein Paradies, von Außen Unruh, Zanck und Plagen'. Zur Komposition von Johann Christian Günthers Liebesgedichten", in: *Daphnis* 16 (1987), 167-218.
Trilling, Lionel (1974), *Sincerity and Authenticity*, New York / London.
Trunz, Erich (1956), "Andreas Gryphius: Thränen in schwerer Krankheit (Anno 1640)", in: Hirschenauer, Rupert / Weber, Albrecht (Hg.) (1956), *Wege zum Gedicht*, München/Zürich, 71-76.
Trunz, Erich (1992), *Weltbild und Dichtung im deutschen Barock. Sechs Studien*, München.

Tynjanov, Jurij N. (1977), *Das Problem der Verssprache. Zur Semantik des poetischen Textes*, aus dem Russ. übers., eingel. und mit Registern vers. von Inge Paulmann, München.

Uz, Johann Peter (1890), *Sämtliche Poetische Werke*, hg. von A. Sauer, Stuttgart.

Varela, Francisco J. (1990), *Kognitionswissenschaft, Kognitionstechnik. Eine Skizze aktueller Perspektive*, Frankfurt a. M.

Varela, Francisco J. (1991), "Über die Natur und die Natur des Erkennens", in: Dürr, Hans-Peter / Zimmerli, Walther Ch. (Hg.) (1991), *Geist und Natur. Über den Widerspruch zwischen naturwissenschaftlicher Erkenntnis und philosophischer Welterfahrung*, Bern/München/Wien, 90-109.

Varela, Francisco J. / Thompson, Evan [mit Eleanor Rosch] (1992), *Der Mittlere Weg der Erkenntnis. Die Beziehung von Ich und Welt in der Kognitionswissenschaft - der Brükkenschlag zwischen wissenschaftlicher Theorie und menschlicher Erfahrung*, Bern/München/Wien.

Verweyen, Theodor / Witting, Gunther (1991), "Uz, Johann Peter", in: Killy, Walther (Hg.) (1991), *Literaturlexikon. Autoren und Werke deutscher Sprache*, Bd. 11, Gütersloh, München, 500-502.

Vischer, Friedrich Theodor (1923), *Ästhetik oder Wissenschaft des Schönen*, hg. von Robert Vischer, Bd. 6, München.

Wagenknecht, Christian (Hg.) (1969), *Epochen der deutschen Lyrik. 1600-1700*, München.

Wagenknecht, Christian (1984), "Memento mori und Carpe diem. Zu Hoffmannswaldaus Sonett 'Vergänglichkeit der Schönheit'", in: Meid, Volker (Hg.) (1984), *Gedichte und Interpretationen*, Bd. 1: *Renaissance und Barock*, Stuttgart, 332-344.

Walzel, Oskar (1968), "Schicksale des lyrischen Ichs", in: ders. (1968), *Das Wortkunstwerk. Mittel seiner Erforschung*, Darmstadt, 260-276.

Wapnewski, Peter (1979), "Gedichte sind genaue Form", in: ders. (1979), *Zumutungen. Essays zur Literatur des 20.Jahrhunderts*, Düsseldorf, 26-42.

Warning, Rainer (1979), "Lyrisches Ich und Öffentlichkeit bei den Trobadors", in: Cormeau, Christoph (Hg.) (1979), *Deutsche Literatur im Mittelalter - Kontakte und Perspektiven. Hugo Kuhn zum Gedenken*, Stuttgart, 120-159.

Watzlawick, Paul (Hg.) (1985), *Die erfundene Wirklichkeit. Wie wissen wir, was wir zu wissen glauben? Beiträge zum Konstruktivismus*, München/Zürich.

Watzlawick, Paul (1991), "Einleitung", in: Watzlawick, Paul / Krieg, Peter (Hg.) (1991), *Das Auge des Betrachters. Beiträge zum Konstruktivismus. Festschrift für Heinz von Foerster*, München, 7-11.

Watzlawick, Paul / Krieg, Peter (Hg.) (1991), *Das Auge des Betrachters. Beiträge zum Konstruktivismus. Festschrift für Heinz von Foerster*, Müchen.

Webber, Joan (1968), *The Eloquent 'I'. Style and Self in Seventeenth-Century Prose*, Madison/Milwaukee/London.

Wehrli, Max (Hg.) (1967), *Deutsche Barocklyrik*, Basel/Stuttgart.

Weimar, Klaus (1980), *Enzyklopädie der Literaturwissenschaft*, München.

Weiß, Wolfgang (1991), "John Donne", in: Fabian, Bernhard (Hg.) (1991), *Die englische Literatur*, Bd. 2: *Autoren*, München, 125-128.

Weisz, Jutta (1979), *Das deutsche Epigramm des 17. Jahrhunderts*, Stuttgart.

Wellek, René / Warren, Austin (1972), *Theorie der Literatur*, Frankfurt a. M.

Werlen, Iwar (1989), *Sprache, Mensch und Welt. Geschichte und Bedeutung des Prinzips der sprachlichen Relativität*, Darmstadt.

White, Hayden (1991), *Auch Klio dichtet oder die Fiktion des Faktischen. Studien zur Tropologie des historischen Diskurses*, Stuttgart.

Wieckenberg, Ernst-Peter (1984), "Logau - Moralist und Satiriker", in: Meid, Volker (Hg.) (1984), *Gedichte und Interpretationen*, Bd. 1: *Renaissance und Barock*, Stuttgart, 257-266.

Wiedemann, Conrad (1984), "Andreas Gryphius", in: Steinhagen, Harald / Wiese, Benno von (Hg.) (1984), *Deutsche Dichter des 17. Jahrhunderts. Ihr Leben und Werk*, Berlin, 435-472.

Willms, Eva (1990), *Liebesleid und Sangeslust. Untersuchungen zur deutschen Liebeslyrik des späten 12. und frühen 13. Jahrhunderts*, München/Zürich.

Willy, Margaret (1967), *Three Metaphysical Poets. Richard Crashaw, Henry Vaughan, Thomas Traherne*, London.

Woodhouse, A. S. P. / Bush, Douglas (1972), *A Variorum Commentary on the Poems of John Milton. The Minor English Poems*, London.

Ziemke, Axel / Stöber, Konrad (1992), "System und Subjekt", in: Schmidt, Siegfried J. (Hg.) (1992), *Kognition und Gesellschaft. Der Diskurs des Radikalen Konstruktivismus 2*, Frankfurt a. M., 42-75.

Zukav, Gary (1987), *Die tanzenden Wu Li Meister. Der östliche Pfad zum Verständnis der modernen Physik. Vom Quantensprung zum Schwarzen Loch*, Reinbek bei Hamburg.

GPSR Compliance

The European Union's (EU) General Product Safety Regulation (GPSR) is a set of rules that requires consumer products to be safe and our obligations to ensure this.

If you have any concerns about our products, you can contact us on ProductSafety@springernature.com

In case Publisher is established outside the EU, the EU authorized representative is:

Springer Nature Customer Service Center GmbH
Europaplatz 3
69115 Heidelberg, Germany

Batch number: 10578186

Printed by Printforce, the Netherlands